Arnold Rehm

Alles über

Schiff und See

Eine fröhliche Verklarung
für Küstenbewohner und Landratten

Ernst Kabel Verlag

20. Auflage

mit freundlicher Genehmigung des
Nordwestdeutschen Verlags Ditzen & Co.,
Bremerhaven
Umschlagentwurf: Theodor Bayer-Eynck
unter Verwendung eines Fotos des
Wasser- und Schiffahrtsamtes Bremerhaven
Zeichnungen: G. D. Schneider, Peter Döhle, Karl Bedal
Gesamtherstellung: Clausen & Bosse, Leck
ISBN 3-8225-0026-7

Inhalt

Vor-Döntje

Zeit um 1910. Dampfer „Delphin“ legt von der Lloydhalle in Bremerhaven ab, im großen „Man of war“-Bogen, nach der Art der Kriegsschiffsleute. In der Mitte des Fahrwassers nimmt er mit seinen Schaufelrädern Kurs auf Wangerooge . . . wupp – wupp – wupp – wupp . . wupp – wupp – wupp – wupp . . . Auf der Brücke steht breitbeinig Kapitän Anton Gerhard Bruns, „Schiffer auf kleiner Fahrt“, für den das Fahrwasser der Außenweser keine Geheimnisse mehr birgt. Mann von 63 Jahren, auch in den Tiefen und Untiefen des Ehelebens wohlerfahren. – Bei Fort Brinkamahof II kommt Frau Klara Budelmann auf die Brücke; alte Stammkundin des Nordseebades, die weiß, daß jetzt der „Erste“ die Wache übernommen hat und sich mit dem „Alten“ ein Mund voll schnacken läßt.
„Guten Tag, lieber Kapitän. Ich fahr mal wieder mit.“
„Dat's fein, Froo . . . Froo . . ?“
„Budelmann, Herr Kapitän! Frau Budelmann geborene Ikels!“
„Richtig . . ., Frau Budelmann . . . Wie geht's?“
„Och, wie soll's gehn? . . . Es geht.“
„Na, denn geht's dscha. – Was auf'n Herzen?“
„Ja, Herr Kapitän, ich wollt mal frag'n, wollt ich, wann wir ankomm'n.“
„Klock twee, Froo Budelmann! Wi hebbt den Strom gegenan.“
„Zo, um zwei Uhr . . . Viel'n Dank. – Wieviel läuft einklich der ‚Delphin‘ noch?“
„Neegen'nhalf.“
„Zo, neuneinhalb Knoten . . . Sie ham dscha 'n neuen ‚Chief‘ gekriecht?! Wie heißt der denn?“
„Puvogel . . ., Hinnerk Puvogel.“
„Is das'n Bremerhavener?“
„Nee, de erste Maschinist is ut Einswarden.“
„Zo, aus Einswarden; hab ich mir gedacht. – Kommt Sturm? . . . Was sagt der Barometer?“
„Kiek nich no'n Glas, kiek de Möwen unnern Steert, un dat seggt: fein Weer.“
„Gott sei Dank . . . Wann passieren wir ‚Rot'n Sand‘?“
„Öberhaupt nich, blifft an Stürbord ligg'n.“
„Och dscha, stimmt dscha auch . . . Wie groß is einklich ‚Delphin‘ noch?“

„Tweehunnertfiefundartig Tons.“
„Dscha richtig, 235 ... Noch eins, Herr Kapitän, was macht denn Kapitän Meyerdierks vom ‚Seeadler‘?“
„Meyerdierks ... De ...? De is d o d.“
„Och nein ...? Tot? Wie traurig ..., so in den besten Dschahren! Was hat ihm denn gefehlt?“
„Wat dem fehlt hett, Froo Budelmann? D e n? Den hebbt se d o d froogt.“
Deshalb wurde dieses kleine Buch geschrieben; aus reiner Menschlichkeit, zur Schonung der Nerven unserer „seefahrenden Brüder“ und zur Befriedigung des unbändigen Wissensdurstes, mit dem die Leute von binnenlands an die Küste und auf die Schiffe kommen. – Auch zur Orientierung der Küstenbewohner, wenn sie in den großen Ferien Besuch aus der „Bickbeerenschweiz“ bekommen sollten.

„Maschine langsam voraus“

Die vielen Anfragen und das daraus erkennbare anhaltende Interesse an diesem bislang auf rund 100 000 Exemplare gekommenen kleinen Schmunzelbuch waren der Anlaß, den vom inzwischen verstorbenen Autor eingeschlagenen Weg fortzusetzen. Die nach einer Pause von über 8 Jahren aber notwendige Aktualisierung und Ergänzung besorgte Gerd-Dietrich Schneider, der als früherer Marine-Mann und dann Schiffahrtsredakteur der „Nordsee-Zeitung“ seit über 30 Jahren mit der Materie vertraut ist. Darüber hinaus hat er auch Dr. Rehm bei diesem Buch schon von Anfang an zur Seite gestanden.

Nicht ganz 1000 Worte Seemannsdeutsch

Übrigens *„Bickbeerenschweiz"*. Sie ist nach „Vaccinium myrtillus", der Heidel-, Blau- oder Bickbeere, benannt und beginnt dort, wo sich Ebbe und Flut nicht mehr bemerkbar machen. An dieser Grenze endigt auch der geistige Einfluß der See. – Die Hamburger nennen die Bewohner dieses zunächst ganz unalpinen Küstenhinterlandes *„Quiddjes"*. Der *blaue Peter* – jetzt segeln wir bereits mächtig im *Fahrwasser* der Schiffersprache – ist kein angeheiterter Quiddje oder Fahrgast, der sich bemüht, auf dem *Kompaßstrich* zu balancieren, sondern eine weltbekannte Signalflagge, die, im Hafen wehend, die Mannschaft an die Rückkehr zum Schiff erinnert. Für Gläubiger beiderlei Geschlechts regt sich beim Vorheißen des blauen Peters gesunder Wirklichkeitssinn, der in spontaner Sperrung des Personalkredits und Ablehnung des bargeldlosen Zahlungsverkehrs seinen Ausdruck findet. – Vor dem ersten Weltkrieg sicherten sich übrigens die Kapitäne ausländischer Schiffe – natürlich auf Anraten ihrer Makler – gegen Forderungen der „Wasserfront" durch folgendes Inserat ab:

> Hafte nicht für Schulden
> meiner Mannschaft.
> Henry Cushing
> Captain von SS „Caledonian"

Übrigens kann man „Karl" und eine *Flagge* heißen; ersteres ist ein standesamtlich beglaubigter Zustand, letzteres eine heraldisch schmückende Tätigkeit. – Seeleute sind wie Jäger: Sie beurteilen ihre Mitmenschen charakterlich nach ihren sprachlichen Fähigkeiten, wobei die *Fahrensmänner* entgegenkommend ihre Anforderungen nicht so hoch schrauben wie die Weidgesellen, sondern ein *Bullauge* – das runde Schiffsfenster – zudrücken. Bei *Janmaat* ist man nur dann abgemeldet, wenn man *Steuerbord* mit *Backbord* verwechselt. Das ist so, als wenn man an Land „sie" und „ihnen" durcheinanderbringt, was den Seemann nun wieder keineswegs erschüttert. Hein Mück weicht bei Zweifeln, ob Dativ oder Akkusativ, vom hochdeutschen *Kurs* ab und segelt *vor dem Winde* im plattdeutschen Fahrwasser. Hier *liegt er richtig,* weil sich die Unterschiede zwischen drittem und viertem Fall längst abgeschliffen haben. Ein

Zeichen für das Alter des Plattdeutschen und, wie gesagt, sehr praktisch.

Backbord und Steuerbord

Ebenso alt sind die Seitenbezeichnungen an Bord. Backbord und Steuerbord sind schon in den Äußerungen rauher Wikinger-Häuptlinge bezeugt. Die steuerten ihre schlanken Drachenschiffe nicht mit einer *mittschiffs* liegenden Vorrichtung wie heutzutage, sondern – wie unsere „Kanuten" – mit einem etwa vier Meter langen, im *Achterschiff* an einem eisernen Bolzen befestigten gewichtigen Riemen von der rechten Schiffsseite aus. So wurde rechts die „Steuerseite". Bei seiner Tätigkeit drehte der Steurer, der beide Hände für seine schwere Arbeit benötigte, seinen Rücken nebst Verlängerung – back in den nordischen Sprachen – der linken Seite zu und sorgte so für eine treffende und gleichzeitig dezente Namensgebung. Sie hätte robuster ausfallen können. Die puritanischen Briten haben diese Gefahr erkannt; sie nennen die linke Seite nicht Rückenseite, sondern Hafenseite – *portside*.

Die Backbordseite

Das *Rudergeschirr, außenbords* angebracht, lag nämlich exponiert und konnte sehr leicht beschädigt werden; deshalb kam für *Anlegemanöver* ausschließlich die linke Schiffsseite, die *portside*, in Frage. – Wird gesprochen wie

„Portsaid“ und gab deshalb vor dem großen Kriege auf MS – Motorschiff – „Milwaukee“ der Hamburg-Amerika-Linie in Genua Veranlassung zu einer kleinen Verwirrung bei Mrs. Smith aus Portland, Oregon. Die hatte nach der Einschiffung ein „kleines“, längere Zeit zurückgestautes Bedürfnis und war an dem „Wo“ wirklich brennend interessiert. Die Stewardeß beantwortete ihre Frage im besten Hamburger Englisch: „Portside, Madam, please.“ – Darauf Mrs. Smith: „Um Gottes willen, so lange kann ich aber nicht warten.“

Die vornehme Seite

Wegen des Hafenbetriebes ist die Steuerbordseite eines Schiffes übrigens die „vornehme Seite“ geworden und geblieben. Dem Kapitän – „Master nächst Gott“, wie es in alten *Konnossementen,* den Seefrachtbriefen, heißt – sollte beim Spaziergang über das Deck kein Hindernislauf über *Poller, Festmachetrossen* und *Ladegut* zugemutet werden. Liegt ein Schiff auf *Reede* zu *Anker,* kommen der Kapitän und seine Gäste stets über das Steuerbord-*Fallreep,* die Schiffstreppe, an Bord, die allen Passagieren beim Ausbooten zu einem „schwankenden Begriff“ wird. – Bei den Kriegsmarinen wird derartiges Brauchtum noch sehr gepflegt, namentlich bei der britischen Navy. Dort ist das *Achterdeck* – hier stand früher der mit religiösen Symbolen versehene *Kreuzmast* – ein Heiligtum, seine Steuerbordseite aber gewissermaßen das Allerheiligste. Dort nahmen um die Jahrhundertwende Unteroffiziere und Mannschaften noch die Mütze ab, denn die „Navy“ grüßte bis dahin noch sehr zivil.
Die Farbe der *Steuerbordseite* ist grün – Gedächtnisstütze: Steuerbord hat zwei „r“, deshalb rechts, Steuer-Beamte tragen grüne Uniformen – und die Höflichkeit der Seeleute geht so weit, daß sie auch den Raum, den Mrs. Smith ohne Lotsenhilfe nicht finden konnte, mit hoffnungsvollem Grün kennzeichnen.

Ausnahme Portugal

Übrigens macht die portugiesische Flotte eine Ausnahme: Für sie ist *Backbord* die vornehme Seite, weil Vasco da Gama auf seiner großen Entdeckungsfahrt nach Indien das „Cabo da boa Esperanza“, das Kap der Guten Hoffnung, an Backbord *peilte.* Sein Vorgänger, Bartholomäus Diaz, hatte übrigens die Stelle, wo der afrikanische Kontinent

hoffnungsvoll nach Norden umbiegt, „Cabo Tormentoso", Sturmkap, genannt, weil die Spitze bei einem Hundewetter in Sicht kam. Sein König aber sorgte mit energischem Federzug dafür, daß ein optimistischer Schwung in die neue Seekarte kam, die Kapitän Diaz ihm vorgelegt hatte. – Seeleute, die das Kap der Guten Hoffnung und Kap Hoorn umrundet hatten, durften in Männergesellschaften pro Kap ein Bein auf den Tisch legen. Selbst der Moses besaß dieses Recht, wenn er entsprechende Beweise vorlegen konnte.
Für Bartholomäus Diaz blieb die Südspitze Afrikas das „Cabo Tormentoso". Auf seiner zweiten Reise nach Indien verlor er zusammen mit sieben anderen Kapitänen hier Schiff und Leben.

Back und Poop

Moses ist der Schiffsjunge und französischer Abstammung. In der Normandie ist er als „mousse" geboren und hat sich unter dem *Backsvolk* zum Gesetzgeber des jüdischen Volkes abgeschliffen. – Aber „Backsvolk", da ist wieder das verflixte Gleichklangwort, diesmal in Bedeutung Nummer drei. Auch der Aufbau im Vorschiff heißt *Back*. Er hat sein Gegenstück *achtern* in der *Poop* – mit langem „u" gesprochen, leider – der *Hütte*. Auf altmodischen Schiffen wohnt die seemännische Besatzung unter der *Back*. Bei *schwerem* Wetter ist es da höllisch ungemütlich. Im Zeitalter des sozialen Wohnungsbaues haben die *Leute vor dem Mast* ihr *Logis* – um Gottes willen nicht französisch aussprechen! – nach *achtern* in die Poop verlegt. Auf großen Schiffen sind sie sogar zum „*Mittschiffsgast*" – Mehrzahl Gasten, denn sie sind nicht eingeladen, sondern *angemustert* und fahren für *Heuer* – befördert. Vorn heißt auch *Bug*, achtern *Heck*, wenn man nicht den von Außenhaut und Aufbauten umschlossenen *Raum* im Auge hat. Der *Bugspriet* ist kein Verwandter des Wodkas, sondern der horizontale Mast im Vorschiff der Segler. Das unter dem Bugspriet befindliche Schutznetz fand in früheren Zeiten als Herrentoilette Verwendung. Bei rauhem Wetter war der Aufenthalt da vorn – wie der Wodka – „eine Sache für harte Männer".

Reede, Reeder, Reederei

Bei diesem Wort geraten die meisten an Grund. Auch Seeleute. – Was ist damit? Doppeltes „e"?! Die Holländer, denen wir dieses Wort in der Seemannssprache verdanken, verzichten auf die demonstrative Dehnungsbetonung; sie sagen schlicht Redde. Die seemännische Reede ist kein eleganter Vortrag und die Reederei kein Gequassel. In Amsterdam heißt „reden" soviel wie ausrüsten, bereitmachen. Der Mann, der ein Schiff ausrüstet und zur Beladung bereit hält, ist somit ein Reeder, und die mittelalterliche Kapital-Gesellschaft zur Betreibung der Seeschiffahrt heißt Reederei. Damit ist die Reede folgerichtig der Ankerplatz von dem Hafen, auf dem der Schiffer des beladenen Seglers auf günstigen Wind wartete. – Als Gedächtnisstütze hilft das englische Wort „ready", klar, fertig und . . . unser aller Freund aus Kreuzworträtseln, das Segelkommando „Ree!", klar zum Wenden.

Die Backskiste ein Horizontalschrank

Von Back sind die *„Backsbeeren"* abgeleitet. Dies sind keine aromatischen Waldfrüchte, sondern das olfaktorisch häufig nicht ganz einwandfreie Kleinzeug, Souvenirs, Unterwäsche, Strümpfe und so weiter, das Hein Mück in seiner *Backskiste fährt.* Die Backskiste ist ein ambulanter horizontaler Kleiderschrank, eine Hochseetruhe, die gleichzeitig als Sitzgelegenheit benutzt wurde. Sie war aus Teak, dem herrlich duftenden Holz der jetzt auch an Land in Mode gekommenen indischen Eiche, angefertigt. Die Innenseiten des Deckels zeigten vorbildliche „kunstgewerbliche" Arbeiten: meistens betörend schöne Frauen im bunten Wechsel mit wehendem Flaggentuch. – Backskiste und Seesack wurden über den Pappkarton durch den eleganten Lederkoffer verdrängt.

Unregelmäßige Verben

Mit diesen wenigen Elementarbegriffen gewinnt man festen Boden unter den *Befahrenen* – es gibt lebende Menschen, tote Menschen und Seeleute, sagt Hein Mück – auf ihrem um die Längsachse *rollenden,* um die Querachse im *Metazentrum stampfenden* oder um die Hochachse *gierenden* Schiff. Damit kommt man notfalls aus, aber welchen Sprachbegabten lockt es nicht, in die Feinheiten, die Ausnahmen des Hochsee-Idioms und seine „unregelmäßigen Verben" einzudringen?

Da haben wir beispielsweise die löffelförmigen Holzstangen, die zur Fortbewegung von Booten dienen. Sie werden binnenlands „Ruder" genannt. Hein Mück bezeichnet sie als *Riemen,* obwohl sie mit Tierhäuten nichts gemein haben, sondern im Wissensbereich der Botanik, Kapitel „Nutzwald", Abschnitt „Esche" behandelt werden. Muß er sich mit dieser unbeliebten körperlichen Arbeit befassen, so „riemt" er nicht etwa den *Kutter* an Land, sondern der *Bootsgast pullt* die Boot. Soll er mit der kleinen, wieder aus Kreuzworträtseln bekannten Kapitäns-*Gig* die Frau des *Alten* abholen, weil das Schiff an einer Pfahlgruppe von *Dukdalben* festgemacht hat, dann *wriggt* er die *Gig* achtern mit einem Riemen aus dem *Rundsel,* einem halbkreisförmigen Ausschnitt im Heck, an die Pier.

Nach der Auffassung unseres Freundes Hein Mück wäre ein „Ruderverein" eine Gesellschaft privaten Rechts, die sich zwecks körperlicher Ertüchtigung ihrer Mitglieder mit der systematischen Bewegung der Einrichtung befaßt, mit der die Kursänderungen des Schiffs hervorgerufen werden. Deshalb sollten solche Vereinigungen „Riemenvereine" und die Sportart „Riemensport" genannt werden. Das, was die „lebenden Menschen" in der „Bickbeerenschweiz" von Kindesbeinen an ein „Steuer" nennen, bezeichnet man an *Bord* seltsamerweise als *„Ruder".* Das dazugehörige Tätigkeitswort heißt aber nicht etwa „rudern", sondern *„steuern"* – klein geschrieben. Dagegen wird der Mann, der diese verantwortungsvolle Tätigkeit ausübt, *Rudergänger* genannt, obwohl er seine Arbeit am *Steuerrad* nicht im Gehen, sondern im Stehen ausübt; bei ganz modernen Einheiten sogar im Sitzen.

Zum Bedauern der Küstenbewohner ist das Wriggen bislang noch nicht in die olympischen Disziplinen aufgenommen worden, obwohl Kraft und Geschicklichkeit dazu gehören. Bei den Halbkreisbewegungen des Riemens aus dem Rundsel jumpt sein Unterende solange aus dem Wasser, bis man im wahrsten Sinne des Wortes den Bogen raus hat. Wenn man lässig den Riemen mit einer Hand wriggen kann, ist man Meister.

Das Schiffsvolk

In der *Musterrolle* erscheint der Rudergänger als *Quartermaster.* Seltsamerweise ist der Abschluß eines Hochseearbeitsvertrages, die *Anmusterung,* ein Vorgang, bei dem sich der Besatzungsangehörige vor dem *Wasserschout,* dem Leiter des Seemannsamtes, durch Unterschrift in der *Musterrolle* zum Dienst an Bord verpflichtet. Der Schiffsmann gibt bei dieser Gelegenheit das *Seefahrtsbuch,* seinen

Arbeitspaß, ab, das er bei Beendigung des Heuervertrages gesiegelt und unterschrieben wieder zurückerhält. Das Seefahrtsbuch trug seine Bezeichnung mit Recht. Bis vor kurzer Zeit hatte es nämlich Gewicht, weil ihm die ganze *Seemannsordnung* beigeheftet war. Die Bestimmungen alter Seemannsgesetze waren verdammt hart. In den „Anordnungen eines ehrbaren Rates der Stadt Bremen für den Kapitän und das Schiffsvolk" vom 15. April 1613 heißt es beispielsweise in Artikel 26 „Wenn einer das Wecken verschläft, soll er auf der ersten Reise sechs Groschen bezahlen und auf der zweiten zwölf Groschen. Auf der dritten Reise aber wird er von der Rah in die See gestürzt, und auf der vierten soll er unter dem Kiel durchgeholt werden." Bis zum Jahre 1957 gab es Bestimmungen, die es im Zeichen des sozialen Aufbruchs und Wirtschaftswunders noch „in sich hatten". Wegen der Schiffsdisziplin, versteht sich, und auf die kam es an Bord der Segelschiffe manchmal an, wenn es bei fliegendem Sturm und verrutschter Getreideladung hart auf hart ging. Deshalb trat auch der „Wasser-Schulze" bei Abschluß der Heuerverträge sehr autoritativ in Erscheinung. – Doch jetzt wieder auf Gegenkurs zu unserem Quartermaster. An Land ist der Quartiermeister bereits „als solcher" ein hoher militärischer Vorgesetzter, der sich um Unterbringung und Verpflegung der Soldaten zu bekümmern hat. Mit dem Schmuckattribut „General" versehen, steht er mit auf dem *Topp,* der Spitze der militärischen Stufenleiter. Er hatte uns den Wehrmachtsbericht zu bescheren und mußte sich bei „Absetzbewegungen" und „Frontbegradigungen" oft als ein Meister der deutschen Sprache, als ein Dichter bewähren. – Die seemännischen Quartermaster sind dagegen Rudergänger im Unteroffiziersrang; sie erweisen sich sozusagen als zweisilbige Naturen. Sie gebrauchen die beiden Silben befehlsgemäß, wenn auf der Brücke Winkelmessungen zum Schiffskurs vorgenommen werden müssen. Die *Peilungen* sind nämlich nur dann brauchbar, wenn der richtige Kurs genau *anliegt.* Dies *singt* der Rudergänger mit den beiden von den Briten entlehnten Silben „recht so" sozusagen „atonal" aus.

Sein Freund und Kollege ist der *Bootsmann.* In der Segelschiffszeit waren die Masten sein Revier und die Takelage, unterschieden nach *laufenden* und *stehendem* Gut. Zum beweglichen gehört der nach ihm benannte *Bootsmannsstuhl,* ein höchst unkomfortabler Mastfahrstuhl, der bei der

Erfindung des modernen Lifts Modell gestanden hat. Das heutige Geschlecht der Bootsleute geht nur noch ungern in die *Wanten.* Sie wurden praktische Verehrer des großen Rembrandt. Farbe und Pinsel sind die heutigen Attribute des Bootsmannes. Er ist die rechte Hand des *Ersten Offiziers,* und wenn der Bootsmann seinen Beruf ernst genommen hat, pflegt er, ähnlich dem großen Archimedes, mit den Worten „Kumm mi nich an 'ne Farw!" von dieser Welt zu scheiden.

Der Dritte im Bunde ist der *Zimmermann.* Er tritt auf großen Schiffen in der Trinität „hölzerner", „eiserner" und „klempnernder" Zimmermann auf. Alle Zimmerleute heißen mit Spitznamen *Blaubüdel,* in vornehmes Hochdeutsch übertragen: „Blauer Pompadour". – Die Herkunft dieses Spitznamens ist etwas nebelhaft. Seinen früher sehr wichtigen Namensvetter, den *Büdelneiher,* den Segelmacher, gibt es praktisch nur noch auf Jachtwerften. Sein Neckname rührt von der Anfertigung von Seesäcken, dem Hochseekoffer der Segelschiffsmatrosen, her, die er in der *Freiwache* aus Segeltuch anfertigte, zu dem er oft kein rechtes Eigentumsverhältnis hatte.

Die „Quartermaster" sterben übrigens in der Amtssprache langsam aus. Sie heißen jetzt meistens „Steurer". Damit werden die sprachlichen Ausnahmezustände um „Steuer und Ruder" weiter verwirrt, weil nunmehr Verwechslungen mit dem *Steuermann* naheliegen. Der hat natürlich früher auch einmal die *Pinne* – den Steuerknüppel – oder das Steuerrad in der Hand gehabt. Seit Einführung der Mathematik in die Navigation haben sich aber die intelligenten Steurer sozial abgesetzt, sie gehören nun zum „gehobenen Zug" und sind sozusagen, ganz modern, „Helfer in Steuer-Sachen" geworden. Zusammen mit dem Kapitän sind sie für die Navigation und Beladung des Schiffes verantwortlich.

Die *Kapitäne* hießen auf Kriegsschiffen im Zeitalter einer gesunden Arbeitsteilung zwischen Seesoldaten und SeeLeuten *„Schiffer"*. Mit dem Abbau dieses arbeitsteiligen Prinzips um die Mitte des 18. Jahrhunderts nahm dann der Schiffer den anspruchsvolleren Titel des inzwischen „ausgebooteten" militärischen Befehlshabers in Anspruch; er wurde zum „Kapitän" und die Steuerleute zu „Offizieren". – In der britischen Navy gibt es noch ein Rudiment aus der Zeit der „Zweigleisigkeit": die „Royal Marines". Auf den „big ships" befindet sich auch heute noch ein kleines

Detachement dieser als besonders zuverlässig geltenden Truppe, und ihr Leutnant wird in der Offiziers-Messe schlicht mit „soldier", „Soldat", angeredet.
Der Zweite Steuermann hieß *Speckschneider,* weil er den Proviant ausgab und auch Verwaltungsarbeiten besorgte, Aufgaben, die später auf den Fahrgastschiffen die *Zahl-* und *Hoofmeister* übernahmen.

Die Schiffsingenieure mustern an

Mit den Dampfern kam ein neuer Berufsstand an Bord. Da vor 120 Jahren in Deutschland kein Mensch mit den „eisernen Engeln", den Dampfmaschinen, umgehen konnte, mußte man die ersten *Schiffsingenieure* aus England und Schottland holen. Diese formten dann erst die jungen deutschen Maschinistenassistenten, die *Assis,* für ihren verantwortungsvollen Beruf zurecht. Zusammen mit ihnen wirkten die *Maschinenwärter* und *Schmierer,* Männer, die nicht den Ehrgeiz hatten, ein „Patent" zu erwerben. Für den nötigen Dampf aber sorgte vor dem ersten Weltkrieg auf den Schnelldampfern des Norddeutschen Lloyd und der Hamburg-Amerika Linie geradezu ein Heer von *Stokern* und *Trimmern,* von *Heizern* und *Kohlenziehern.* 243 *„Feuerleute"* schufen auf den alten Vierschornsteinbooten die Voraussetzungen, damit 30 Ingenieure und Assistenten die Maschinen in Schwung halten konnten. Rudolf Diesel aber haben wir es zu verdanken, wenn die Motoren der gleich großen „Europa", 21 514 BRT, von insgesamt 43 Ingenieuren, Assistenten und *Reinigern* gefahren werden können. Rudolf Diesel sorgte auch für ein Wachstum an Sozialprestige bei den ehemaligen Schmierern: Ähnlich den Putzfrauen sind sie aus der Sphäre des Schmutzes in den Einflußbereich der synthetischen Waschmittel gekommen und zu Reinigern geworden; einige, wie beispielsweise die *Eisbären,* die Betreuer der Kühlmaschinen, zeigen in ihrer Berufskleidung gelegentlich sogar „ein Weiß, das strahlt".

. . . und die Funker

Kurz nach der Jahrhundertwende meldete sich als Folge der Erfindungen von Heinrich Hertz und Guglielmo Marconi wieder ein neuer Berufsstand, die *Funkoffiziere,* die telegrafische und telefonische Verbindung mit den Festlandsküsten aufrechterhalten und damit den Kapitän aus seiner großen Isolierung befreiten; für ihn Gewinn und Verlust zugleich.

Jeder Schiffer begann einmal als Junge

Er hieß früher auch *Kajütswächter* und begann seine seemännische Laufbahn im Alter von 7 bis 9 Jahren, unbeschützt von holder Weiblichkeit, denn die an Bord von Seglern vorhandenen *Jungfern* erweisen sich nicht als menschliche. Als dreilöchrige Holzscheiben waren sie die Vorläufer der heutigen Spannschrauben, mit denen die *Hoofdtaue* der *Wanten* – die Holmen der den Mast stützenden Strickleitern – *steif gesetzt* werden.

Nach einer meist harten Lehrzeit rückt der Junge über den *Jungmann* in den Stand der Matrosen, die gegenüber den vollwertigen noch als zu l e i c h t befunden werden. Nach weiterer Fahrzeit wird der *Leichtmatrose* zum „AB", zum ablebodied seaman, wie die Briten sagen, zum *Vollmatrosen,* ernannt. Der *Matrose* ist sprachlich französischer Abkunft.

Smutje und Kombüse

Smutje, der Schiffskoch, Herr der *Kombüse,* hat seinen wenig schmeichelhaften und von klassenbewußten Hochseeköchen scharf abgelehnten Namen in der Kaiserlichen Marine erworben. Die Kauffahrtei hat mit dieser kleinen Diffamierung nichts zu tun. An Bord kleinerer Einheiten ist der Koch nächst dem Kapitän der wichtigste Mann; er hat die Hand mit am Schalter der „Betriebsklimaanlage". Ist der Koch in Ordnung, dann ist die Grundstimmung an Bord gesichert. Auch die Liebe der Matrosen geht durch den Magen. – Die Gehilfen des Kochs sind die Kochsmaaten und auf den Passagierdampfern die Aufwäscher; deren Chef, der Oberaufwäscher, wird Bambus genannt, und dieser Neckname läßt die Schwere der Beurfsarbeit ahnen.

An Bord

Mit den „Bord"-Begriffen kommt man schnell zurecht; nur eins ist noch zu merken: Kündigen Sie die Absicht eines Spazierganges um das Promenadendeck nie mit den Worten an: „Ich gehe ü b e r Bord!" Die Verwirklichung wäre glatter Selbstmord. „Bord" ist einfach Brett. Die Seeleute haben sprachlich den Bau-Teil für das Ganze, das Schiff genommen; ähnliches erleben wir ja sonntäglich auf dem Fußballplatz, wenn ein Spieler ärgerlicherweise „das Leder" mal gegen die Latte knallt. „Bord" ist als Außenkante eine vorwiegend senkrechte Angelegenheit, das „Deck" aber verbindet die Senkrechten vermittels der

Decksbalken. „Ich gehe *an* Bord, aber *über* Deck.“ Ausrüstung wird von *Bord gegeben, Ladung* wie der Durst *gelöscht.* Den umgekehrten Vorgang im Schiffsraum nennt man schlechthin *laden* ohne Substantiv. Auf den Menschen übertragen, ist „laden“ die Steigerungsform von Durst löschen; ebenso verhält sich *stauen* – das fachgerechte Verpacken der Ladung – zu speisen.

Kabine – Koje

Die Alliteration von *Koje* – Schlafstätte – und *Kabine* verleitet bei gänzlich *Unbefahrenen* gelegentlich zu peinlichen Verwechslungen. Verantwortungsbewußte Mütter von „Teenagern“ sollten deshalb sofort nach der Einschiffung mit diesbezüglichen Sprachübungen beginnen, damit ihnen die Situation von Ursula Wilkens erspart bleibt. Die hatte ihren Bordfreunden mit strahlendem und ein wenig schadenfrohem Lächeln erzählt, sie sei nach der Brückenbesichtigung noch in der Koje des Ersten Offiziers gewesen.

Luv und Lee

Luv und *Lee* sind uns aus Kreuzworträtseln bekannt; sie bringen Verwirrung in die unveränderlichen „Borde“, weil sie für Seitenwechsel sind. Dennoch gebraucht man die Wörter, weil sie die Grundlage des „Bord-Knigge“ bilden. Unerwünschte Gegenstände des täglichen Bedarfs, brennende Zigarettenreste, überschüssige Nahrung und ähnliches soll man stets mit dem brausenden Winde in Lee über Bord geben. „In Lee in die See“, niemals auf der luftigen, der Luvseite, von der der Wind kommt. Hier macht Übung den Meister. Fliegt Zigarettenasche auf deinen Nachbarn zurück, war es Luv. Ein *Befahrener* wird dich dann vielleicht einen *Lümmel* nennen. Eine Beleidigungsklage wäre aber sinnlos, denn dieser wird sich darauf berufen, daß „Lümmel“ – stählerne Gelenkzapfen eines *Ladebaumes* – durchaus heroische Obertöne enthalten.

Kleine Möwen, nach Helgoland fliegend, kümmern sich übrigens wenig um den „Lee-Sitten-Kodex". Faul wie sie sind, strafen sie den Schlagerdichter Lügen, fliegen nicht, sondern segeln möglichst im Aufwind der Luv-Seite nach Helgoland. Die bekannten, beim Segelflug dieses Seegeflügels besonders häufig auftretenden „weißen Beweise" einer vorzüglichen Verdauung sind leider keine Zierde der Bekleidung und schwer zu entfernen. Sie bedeuten aber viel Glück im Lotto, Toto und in der Liebe. Deshalb: „take it easy", Ruhe bewahren, aber laß sofort chemisch reinigen: „Lohnend, weil schonend."

Spannend im denksportlerischen Sinne wird die Sache, wenn man bei Nordwestwind auf der *Reede* von Helgoland ankert. Dann liegen MS „Wappen von Hamburg" und „Roland von Bremen" in Lee der Insel, aber mit ihrer Luvseite. Bevor man beginnt, dieses Problem zu durchdenken, sollte man gut frühstücken, aber nicht mit dem *„nautischen Besteck"* denn λ und φ, die geographische Länge und Breite, sind kein geeignetes „Schanzzeug" – siehe oben unter „stauen". Vorsicht bei *Labskaus*, einem spezifisch avitaminosen Schiffsgericht aus Kartoffeln und Pökelfleisch, das grenzenloses Vertrauen in den Chef der *Kombüse* voraussetzt. Kapitän Hinrich Park pflegt zu sagen: „'n Eeten for fule Gasten. Kummt bi mi nich up de *Back!* Gott alleen un de *Smutt* weet wat'er in is!" – *Wahrschau!* Vorsicht! Gleichklangwort. *Back*, diesmal nicht Rücken, sondern Tisch. – *„Backen und Banken!"* heißt der durch ein „Flötenkonzert" musikalisch betonte Essensruf bei der Kriegsmarine.

Auch gegen „IG-Farben-Pudding" hat Janmaat eine ausgesprochene *Mißweisung* wie der Kompaß, und Bootsmann Karl Mittag – beim *Backsvolk* hieß er „Charly Dinnertime" – sagte zu Christian Feldhausen, dem *Moses:* „Krischan, dat du mi den Pudding holst. Wi mögt em jo nich, un du kannst em över Bord smieten, obers wie hebbt em to verlangen!", nämlich nach der gesetzlichen *Speiserolle*, am Sonntag und am Donnerstag, dem zweiten *Schiffssonntag.* Dann gibt es seit undenklichen Zeiten an Bord einen *vollen Schlag*, das heißt Festtagsverpflegung.

Donnerstag – Schiffssonntag

Bei der Auszeichnung des Donnerstags als Schiffssonntag handelt es sich übrigens, wie erst kürzlich ermittelt wurde, um uraltes Brauchtum, das bis auf die Zeiten des frühen

Mittelalters zurückgeht. Die christlichen Missionare lagen bei ihrer religiösen Tätigkeit in harter Konkurrenz mit den Priestern des Gottes Donar oder Thor, und deshalb gaben sie klugerweise dem Donnerstag, dem Thorsdag der Skandinavier, eine besondere Weihe und verlegten auch neue christliche Feste auf diesen Wochentag. Die Festtagsverpflegung am zweiten Schiffssonntag ist ein markantes Kennzeichen für die traditionsbedingte Handlungs- und Denkweise der Seeleute schlechthin.

Ahoi?

Nun ist Ihr Bedarf wahrscheinlich gedeckt. Doch noch eins: „ahoi" – „a hoy", englisch, „ein Schiff" bedeutend – kann ich Ihnen nicht ersparen. Diesen Aufschrei vermeiden Sie besser ganz. Sein Gebrauch wird an Bord übel vermerkt und kann die ganze Sphäre des mühsam geschaffenen Vertrauens zerstören. Dieses schon gestorbene Wort haben die Schlagerdichter wieder aufpoliert, die von dem Seemann annehmen, daß er in einer Nacht „auf der Reeperbahn nachts um halb eins" seine Dreimonatsheuer verjubelt. Diese Dichter glauben an den Weihnachtsmann.
Ich kenne einen von der Küste, der hat auch einen Job von diesem Märchen gemacht und verbreitet es in D-Dur zum *Quetschbüdel* Abend für Abend, angetan mit *Troyer*-Hemd und pudelmütziger *Fischklott* auf dem Kopf. Er hat mir im Vertrauen gesagt, daß er nicht einmal in Helgoland gewesen wäre. Zu dem können Sie ruhig „ahoi" sagen. Sie aber sollten die Insel auf alle Fälle besuchen. Es lohnt sich bestimmt!

Lenz und Liebe

„Von lenz und Liebe" weiß er auch nichts. *Lenz* – klein geschrieben – wurde aus Holland importiert. In diesem wasserdurchströmten Lande ist auch heute noch das Wort „ik ben lens" das Bekenntnis einer trostlosen Kassenlage, sozusagen der Offenbarungseid: „Ich bin leer, ich habe keinen Cent mehr in der Tasche." In der Segelschiffszeit aber war dies der Jubelruf des Tages: „Die Pumpen *schlagen* lenz!" bedeutete das Ende einer ebenso regelmäßigen wie unfreiwilligen „Morgengymnastik". Alte Holzschiffe *„zogen Wasser"* wie ein Schwamm, und ihre Keller, die *Bilgen*, mußten täglich von Hand ausgepumpt, *gelenzt*, werden.

Leinen und Trossen, Spleiße und Knoten
Übrigens „Reeperbahn" ... diese ist wie der „Marterberg" in Paris von Natur aus keine Stätte, die zu betont lustigem Lebensgenuß herausfordert, sondern die Großwerkstatt der Seiler oder, wie man hierzulande sagt, der *Reepschläger.* Dieser verspinnt zunächst die Faser von Hanf, von Manila, einer philippinischen Bananenstaude, der Sisalagave, von Kokospalmen oder Baumwolle zu *Kabelgarnen,* und zwar meistens rechts herum. Aus diesen Kabelgarnen entstehen durch Linksdrall als nächst höhere Einheiten des Tauwerks die *Kardeele,* in denen sich das oberdeutsche Wort Kordel versteckt hält. Drei- oder vierschäftig wurden dann schließlich die Kardeele auf der Reeperbahn rechts herum zu *Leinen* oder *Trossen* von einer *Kabellänge,* das sind rund 180 m, zusammengedreht. Heute macht man sie noch um 40 m länger. – Die Trosse ist lateinischer Abkunft, während das Kabel arabischen Ursprungs ist; vor Erfindung der Ankerketten im 19. Jahrhundert diente es als Verbindungsglied zwischen Schiff und Anker. Jetzt ist es zur Elektrizität abgewandert. Das *Reep,* von der der Berufsstand den Namen bekommen hat, führt nur noch ein verträumtes Dasein als Netzträger in der Heringfischerei alter Art.
In ungebrauchtem Zustand heißt das Erzeugnis des Reepschlägers *Tauwerk.* Das Tau als solches ist sprachlich an Bord tabu geworden; es tritt nur noch in der Verbindung *Streck-Tau* auf, das ist gewissermaßen eine zusätzliche *Reling,* ein Geländer, das bei schwerem Wetter auf Deck gespannt wird, damit man bei hartem Überholen des Schiffes einen zusätzlichen Halt hat.
Die *Leine* ist ein übergeordneter Begriff; sie schwankt in den Abmessungen zwischen der kleinfingerdicken Flaggenleine und den *Festmache-Trossen,* die den Durchmesser

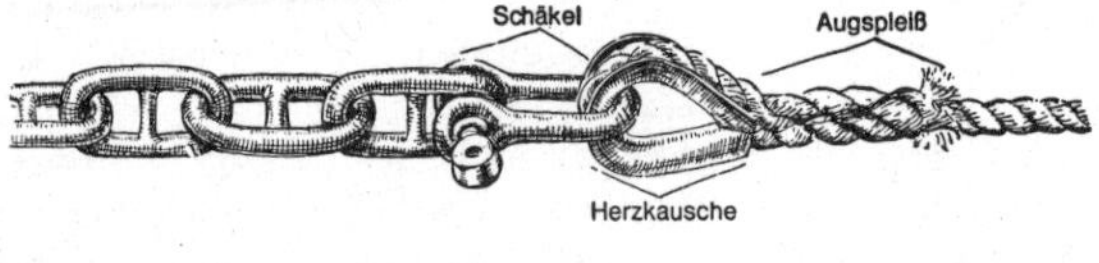

schöner Mädchenwaden aufweisen. – Das Wort *„Ende"* läßt sich auch für Tauwerk jeder Art verwenden; meint der Bootsmann aber das Ende vom Ende, dann heißt es *„Tampen".* Auch ein kurzes Ende, mit dem früher die

„Seefahrtszulagen“ auf dem Achtersteven „undöchter“ Schiffsjungen ausgeteilt wurden, heißt Tampen. – Dünner als Flaggenleinen sind *Hüsing* und *Schiemannsgarn;* letzteres hält die Erinnerung an den ausgestorbenen jüngeren Kollegen des Bootsmannes wach, der den Fockmast, den Vormast, unter sich hatte. Mit Hüsing und Schiemannsgarn nähern wir uns langsam der landesüblichen Ware zum Verschnüren sozialer und postalischer Pakete, für die in der Bickbeerenschweiz der Ausdruck „dicker Bindfaden“ üblich ist.

Näharbeiten an „Enden“ und am Segeltuch betreibt der Seemann mit *Segelgarn* unter Verwendung einer haarscharf geschliffenen dreikantigen *Segelnadel.* Ein Knopf mit diesem Hochseezwirn an die Bux genäht, hält „ewig und drei Tage“. Dasselbe gilt von der *Bootsmannsnaht,* einer textilischen Verbindung zur Reparatur von Rissen, die seltsamerweise weder von den Frauen noch von der „Do it yourself“-Bewegung übernommen worden ist, obwohl sie sich über Jahrhunderte an Bord bewährt hat und ihre Machart überzeugend wirkt.

Taljen-Reep mit Jungfern

Für das „*stehende Gut*“, die „Extremitäten“ des Schiffes wie Masten und ähnliches abstützenden Taue, wird heute ausschließlich Drahttauwerk benutzt. Es wird kurz „Draht“ genannt und findet auch als Festmacher neben der Manilaleine Verwendung. Der Draht bedarf zur „inneren Vollendung“ einer *hanfenen „Seele“;* er kann daher mit Recht noch unter dem Begriff Tauwerk segeln. – Stehendes Gut wird heutzutage mit Spannschrauben steifgesetzt, früher bediente man sich zum Ansetzen der *Wanten,* der „Mast-Strickleitern“, sogenannter „hölzerner Jungfrauen“; das waren Holzscheiben mit drei Löchern, die,

paarweise gebraucht, die Wirkung von Flaschenzügen ausübten. Ihr Name soll von dem Gesichtsausdruck „gußeiserner" Jungfrauen hohen Alters herrühren.
Sehr vornehmes *„laufendes Gut"* wie Flaggenleinen, *Fallen* und *Schoten* – das sind Leinen zum Segelheißen und Segelstellen – bestehen auf modernen Sportfahrzeugen meistens aus Baumwolle oder Nylon. Teilweise sind sie geflochten und nicht gedreht. Die Kunstfaser ist in der Anschaffung teurer, aber im Gebrauch wirtschaftlicher, weil Nylonleinen nicht verrotten. Die seidige Glätte der Kunstfaser bereitet aber bei der Herstellung von Verbindungen gelegentlich Schwierigkeiten, weil besondere Knoten erfunden werden mußten.
Seemännische Knoten zeichnen sich durch Haltbarkeit bei gleichzeitiger leichter Lösbarkeit aus. Sie heißen auch „Stege" oder „Stiche", obwohl bei ihrer Herstellung nie

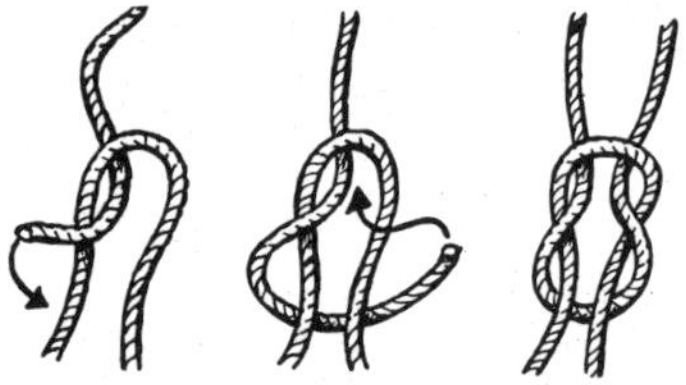

Kreuz- oder Refknoten

gestochen wird. Es gibt zahlreiche Seemannsknoten, aber noch mehr *„fancy work"*, Zierknoten, die das heutige Geschlecht der Seeleute nicht mehr kennt. Dennoch sprechen sie alle mit tiefer Verachtung vom *Altweiberknoten*, der falschen Verbindung, die allen Kindern von unbefahrenen Müttern beigebracht wird, obwohl *Kreuz-* und Weiberknoten ganz ähnlichen Bildungsgesetzen unterliegen. Man kommt vom Weiberknoten zum Kreuzknoten, wenn man nach der ersten Schlinge den vorderen und hinteren Tampen – umgekehrt, wie man es gelernt hat – miteinander verschlingt. Dann liegen sie schön parallel, während beim Altweiberknoten die Tampen sich geradezu ekelhaft nach der Seite sträuben. Versuchen Sie mal den Kreuzknoten nach der hier abgebildeten quasi organischen Methode. Wenn Sie's begriffen haben, werden Sie auch zu den Verächtern des Weiberknotens gehören, weil der Kreuzknoten

formschön und zweckmäßig zugleich ist. Er hält und bekneift sich nicht.
Die Reparatur einer *gebrochenen* Leine durch kunstvolles Flechtwerk nennt man *Spleißen*. Das Gerät, das hierbei gebraucht wird, um die einzelnen Kardeele durcheinander zu stecken, heißt „*Marlspieker*". Dieser Großpfriemen läßt sich übrigens bei harten Auseinandersetzungen auch als konventionelle Waffe verwenden. – Einen *Kurzspieß* erkennt man ohne weiteres an seiner Verdickung, den gut gemachten Langspleiß sollte man nur mit Hilfe eines Vergrößerungsglases entdecken können.
Der Langspleiß ist auch in die Kombüsensprache eingegangen. Reicht die Suppe oder das Eintopfgericht nicht, dann macht der Smutje einen Langspleiß. Sein Marlspieker ist der „*Politikus*", die Schöpfkelle, und sein Spleißgut klares Wasser. Köche mit ständiger Neigung zum kulinarischen Langspleiß haben keine Chance, die Zuneigung der Besatzung zu erobern oder bei Berufswettkämpfen auf den Siegerpodien zu erscheinen. Falls Äquator- oder Polartaufen in Sicht sind, sollten sie schleunigst abmustern.

Der rote Faden

Das auf Schiffen der Royal Navy, der britischen Kriegsflotte, gebrauchte Tauwerk zeichnet sich übrigens durch eine Besonderheit aus, die Goethe bereits in den „Wahlverwandtschaften" beschäftigt hat. Dort heißt es im zweiten Kapitel des zweiten Teils: „Sämtliche Tauwerke der königlichen Flotte sind dergestalt gesponnen, daß ein roter Faden das Ganze durchgeht, den man nicht herauswinden kann, ohne das Ganze aufzulösen . . . So zieht durch Ottiliens Tagebuch ein Faden der Neigung und Anhänglichkeit, der alles verbindet und das Ganze bezeichnet."
Nach dem Erscheinen des Buches ging dieses „rote Kabelgarn" als „Leitgedanke" in die deutsche Sprache ein. Die Angelsachsen benutzen dagegen den „red tape" nicht so „hoch und hehr", sondern zur Kennzeichnung jeder Art von Amtsbürokratie.

Dem Glücklichen schlägt kein Glas

Und nun wäre noch „*glasen*" zu deuten. Das Tätigkeitswort gibt es auch als Substantiv mit grammatisch schwacher Mehrzahl. „*Glasen*", nicht „Gläser", weil auch aus dem Holländischen stammend. Der deutsche Seemann sagt für gewöhnlich *Glas*. Acht Glas in der Bar und acht Glas auf der Brücke bedeuten Verschiedenes, lösen aber in beiden Fällen Glücksgefühle aus: Einmal „in Promille“ und das andere Mal jugendselige Schlaftrunkenheit. Rudergänger und *Ausguck* werden dann *„verfangen“*, d. h. nach vier Stunden Wache abgelöst. Nur die *Hundewachen* haben zwei Stunden. Sie leiten ihren Namen nicht vom „Hundeleben“ her. Im Gegenteil, sie sind eine soziale Einrichtung. Beide dauern von 16 bis 18 und von 18 bis 20 Uhr. Ihr Sinn ist, den *Wachstropp* der *Wachgänger* zu beleben und sie von dem harten Schicksal zu befreien, immer zu den gleichen Zeiten auf der Brücke zu stehen. Der für die Wachgänger immer zu langsame Verlauf des Dienstes wird durch halbstündige Schläge mit einer kleinen Glocke von der Brücke aus angezeigt. Ist der Ausguck am *Fockmast* besetzt, wiederholt der Mann im *Krähennest* das Zeitzeichen mit der großen Mastglocke. Er tut dies nicht aus musischer Freude am Geläut, sondern auf Befehl. Die „Brücke“ merkt dann an dem sonoren „Da capo“, daß der Sehgehilfe da oben noch hellwach ist.

Die Bezeichnung *„glasen“* wurzelt im Stundenglas, unserer alten „Eieruhr“. Vor der Erfindung der in unseren Armbanduhren schwingenden „Unruhe“ waren mechanische Uhren an Bord nicht verwendbar. Pendelwerke gingen auf See zwar auch, aber kaputt, wegen der Schlingerbewegungen, die das Pendel aus dem rechten Kurs bringen. Deshalb mußte man sich früher mit Sanduhren behelfen. Diese waren auf eine bedächtige Laufzeit von dreißig Minuten geeicht und mußten nach einer halben Stunde *getörnt*, das ist gedreht, werden. Eine Wache hat somit acht Glas. Wachbeginn um Mitternacht.

Vorzeitiges Drehen der Sanduhr zur fröhlichen Verkürzung der eigenen Wache galt an Bord als ausgesprochen asoziales Verhalten. Bei rückfälligen „Zeitraffern“ erschien der Klabautermann, der „heilige Geist“ der Seeleute, und vermöbelte sie.

Kluge Seeleute regeln übrigens auch die Hauswirtschaft zeitlich in Wachen und schaffen sich eine Glasenuhr an. Die gongt auf seemännische Art, immer die beiden Schläge der vollen Stunde in fein abgewogenem Stakkato zu einem Doppelschlag zusammenfassend. 22 Uhr klingt so: Dong / dong . . . dong / dong. Anderhalb Stunden später tönt es: Dong / dong . . . dong / dong . . . dong / dong . . . dong.

Übrigens ist die deutsche Seemannssprache nicht eigenständig, sondern ein „Cocktail", in dem das nordische Element den Gin und die holländische Sprache den Wermut vertreten. Es ist bezeichnend, daß es weder in Norwegen noch in den Niederlanden Wortverklarungen der Seemannssprache gibt, weil diese Bestandteil der Umgangssprache ist. Die „dips", die kleinen pikanten Beigaben dieses linguistischen Mischgetränkes, lieferten die romanischen Völker und die Araber. – *Admiral* wird aber beispielsweise nicht aus dem lateinischen „admirabilis", der Bewunderungswürdige, weil die breiten „*Kolbenringe*" auf den Ärmeln der Flaggoffiziere „viel hergeben", abgeleitet, sondern der Dienstgrad ist von den arabischen Hafenstädten nach Europa gekommen. „Amir al Bahr", Herr der See, ist auch viel eindrucksvoller. Bewunderungswürdige Admirale aber, das heißt solche, die es von innen und außen und nicht nur kraft Bestallungsurkunde sind, besitzen Seltenheitswert. – Die Holländer sorgten für numerische Begrenzung in ihrer Flotte und haben nur zwei „Herren der See" gehabt. Der „Vize" befehligte die Aufklärungsgruppe und der Admiral die Linienschiffe. Den Befehlshaber aber, der hinten sichernd segelte, nennen unsere Nachbarn *Schout bij nacht,* den „Nachtschulzen" oder, profan übertragen, „Nachtwächter". Dieser Dienstjüngste unter den „Flaggoffizieren" mußte nämlich früher die Nachtwache schieben. – „Rear Admiral", Nach-

Die Admiralsflagge

hutadmiral der Briten, klingt schon etwas besser, erinnert aber irgendwie an Rückzug, und der kam bekanntlich im „Wörterbuch" des deutschen Soldaten nicht vor. „Absetzbewegungs-Admiral" ging auch schlecht, obwohl die Kaiserliche Marine sonst keine Angst vor Wortungetümen hatte. Es gab beispielsweise früher den „Verschlußplattenhalteschraubenschlüssel". Wir verstehen deshalb, wenn das Kaiserliche Marinekabinett eine sprachliche Anleihe beim

„Erbfeind" machte, als es nach einer standesgemäßen Dienstgradbezeichnung für den „dritten Mann" suchte. *Konteradmiral* ist schon etwas und klingt sonor. – Aber nenn mal – selbst heute im Schatten der „unbewältigten Vergangenheit" und in der Morgensonne der „inneren Führung" – deinen Konteradmiral „Herr Nachtschulze". Die Wirkung ist nicht auszudenken, Freunde, n i c h t auszudenken!

Je weniger Beiwerk, um so höher ist ihr heraldischer Wert. Vize-, Konter- und Flottillen-Admirale müssen diesem schönen Symbol ein, zwei oder drei schwarze Bälle hinzufügen. Ebenso wie die Fürstenstandarten werden die Admiralsflaggen und die Kommandanten-Wimpel bei Sonnenuntergang nicht niedergeholt. Kein Mensch weiß warum.

„Lloydseliges“

Die Sache begann in London mit einem Café; ohne Musik, versteht sich, denn das unterhaltende Salonorchester war damals noch nicht erfunden worden.
Aber Zeitungen gab es schon oder, richtiger gesagt, eine Zeitung, die „London Gazette“. Das war ein recht bescheidenes Blatt und mehr Gesetzesorgan als Nachrichtenmittel. Was heute den Inhalt unserer Tagespresse ausmacht, die politischen Meldungen und Sensationsnachrichten, der Klatsch um Stars und Starlets, fehlte. Die wurden damals von Mund zu Mund weitergegeben, und das Kaffeehaus von Edward Lloyd in der Towerstreet zu London war so etwas wie eine Zentralstelle, in der sich nachrichtenhungriges Volk traf. Es lag an der Zufahrtsstraße zum Themsebollwerk. Hier verkehrten – die Lage brachte es so mit sich - vorzugsweise Kapitäne, Reeder, Makler, „Waterclerks“ und sonstiges Hafenvolk. Klar, daß Nachrichten aus der aufgeregten, größer werdenden Welt hier zusammenströmten und . . . listigerweise auch fabriziert wurden, wenn es dem geschäftlichen Interesse nützlich schien.

Edward Lloyd schafft sich einen vorbildlichen Service

Dieser Edward Lloyd war ein patenter Kerl. Er brachte System in den naturgegebenen Durst und Nachrichtenhunger seiner Gäste und schuf sich einen vorbildlichen Kunden-Service; er sammelte Schiffsnachrichten aus aller Welt, verbreitete sie von Mund zu Mund und brachte sie auch am Schwarzen Brett des Lokals zum Aushang.
Der Ursprung dieses Kaffeehauses ist – historisch gesehen – dunkel. Man weiß nicht, wer dieser Edward Lloyd war und woher er gekommen ist. Sicher ist nur, daß seine Gaststätte bereits im Jahre 1688 existierte, denn in Nummer 2429 der „London Gazette“ vom 18. Februar findet sich eine Anzeige, in der nach einem Dieb gefahndet wurde, der fünf Uhren hatte mitgehen heißen. „Nachrichten über den Verbleib der Uhren nimmt Mr. Edward Lloyd entgegen“, heißt es am Schluß des Inserates.

Die Konkurrenz auch auf Draht

Edward Lloyd war übrigens nicht konkurrenzlos. Eine ähnliche Gaststätte befand sich in der Nähe und firmierte als „Virginia und Maryland Coffee House“, das später als

„Baltic Exchange“ ebenso Geschichte gemacht hat wie Lloyd's.
Von diesem „Kaffeehaus“ hat sich ein köstliches Dokument erhalten, das höchst eindrucksvoll beschreibt, was in diesen, von den „richtigen“ Gastronomen hart bekämpften modischen Gaststätten eigentlich gespielt wurde. In der „Daily Post“ vom 27. Mai 1774 lesen wir:

Es wird hiermit bekanntgemacht,
daß das ehemalige „Virginia and Maryland Coffee House“ heute unter dem Namen „Virginia and Baltick-Coffee House“ in der Threadneedle Street dicht bei der Börse wieder eröffnet worden ist.
Wir sammeln Nachrichten über das In- und Ausland. Briefe und Pakete an Kaufleute und Kapitäne, die am Virginia- und Ostsee-Verkehr interessiert sind, werden gemäß Anweisung sorgfältig ausgehändigt. Aufmerksame Bedienung sichern zu

Raynalds & Winhoult.

Achtung: Punsch wird in jeder Quantität und mit großer Sachkenntnis ohne Verfälschung hergestellt, was bekanntlich in anderen Gaststätten selten der Fall ist. Ebenso wird Brandy, Rum und Arrak – reine Importware! – zu den niedrigsten Preisen in den Kellerräumen unter dem Kaffeehaus abgegeben. Wir hoffen, daß alle Kunden der alten Gaststätte uns auch in unserem neuen Lokal weiter beehren werden.
Es sind bereits Säcke mit Briefen und Paketen angekündigt worden, die an unser Kaffeehaus adressiert sind.

Jack
früher bei Grigsby.

Ob der Vorwurf der Grogfälschung auch auf Lloyd‘s gemünzt war – Edward hatte damals bereits das Zeitliche gesegnet –, ist nicht festzustellen. Übrigens war er mit einem Umzug aus der Hafengegend in die City sozusagen als Schrittmacher im Jahre 1692 vorausgegangen. Er hatte bei diesem Wechsel zwar einige Stammtische ausgesprochener „Hafenlöwen“ eingebüßt, aber dafür zahlreiche neue einflußreiche Kunden aus der Wirtschaftsprominenz gewonnen. Hier im neuen Lokal wurden auch die ersten Schiffsverkäufe im Auktionsverfahren getätigt.

Edward Lloyd wird Verleger

Am Schluß des Jahrhunderts hatte Edward Lloyd bereits Korrespondenten auf den britischen Inseln und in den wichtigsten ausländischen Häfen angestellt, die ihn regelmäßig mit Schiffahrtsnachrichten versorgten. – Er krönte die nachrichtentechnische Sparte seiner gastronomischen Tätigkeit mit der Herausgabe einer dreimal wöchentlich erscheinenden Hauszeitung, die im Jahre 1696 als „Lloyd's News" vom Stapel lief. Ihr Erscheinen stellte er jedoch nach Nr. 76 wieder ein, weil er eine unklare Meldung über eine Sitzung des Oberhauses nicht berichtigen wollte. Dreißig Jahre später aber ist die Zeitung als „Lloyd's List" wieder da; als eine der ältesten Zeitungen Londons ist sie am 7. August 1971 mit Nr. 48 860 ebenso lebendig wie vor mehr als 250 Jahren, jedenfalls für jeden Schiffahrtsmann.

Spekulationsfieber

Man darf sich Lloyd's Kaffeehaus im ersten Jahrhundert seiner Existenz nicht als eine Gaststätte mit der kühlen Atmosphäre eines Londoner Clubs vorstellen. Es ging dort gelegentlich ungezwungen zu, und die Ladies waren durchaus nicht erfreut, wenn ihre Ehemänner den berüchtigten Tabaksqualm und eine „Lloyd-Fahne" von unverfälschtem Arrak mit nach Hause brachten. Die Schilderungen der Reporter aus dem Beginn des 18. Jahrhunderts über den Betrieb bei Lloyd's sind nicht immer freundlich; fast jeder,

Das Wappen von Lloyd's Register

der über einige Pfunde verfügte, spekulierte zur Zeit des großen „South Sea Bubble" in den Werten dieses gesegneten Gebietes. Innerhalb eines Tages wurden Vermögen gewonnen oder verloren. Wir dürfen annehmen, daß es bei größeren Objekten auf dem Gebiete der Seeversicherung, eines Geschäfts, das bei Lloyd's besonders gepflegt wurde, nicht ohne beschwingende Lokalrunden abgegangen sein wird. Edward Lloyd war geschäftlich an diesen Transaktionen nicht beteiligt, er lieferte nur Nachrichten und Getränke zu angemessenen Preisen und in vorzüglicher Qualität.

Julius Angerstein bringt Schwung in das Geschäft

Ein neues Gesicht bekam Lloyd's Kaffeehaus durch den Holländer Mijnheer von Mierop. Der kaufte für die bereits berühmt gewordene Gaststätte ein eigenes Haus im Herzen der Stadt. Für den letzten großen Schwung und den Start zum Weltunternehmen sorgte auch wieder ein Ausländer: Julius Angerstein. Der war 1733 in St. Petersburg, dem jetzigen Leningrad, geboren, wahrscheinlich als Sohn deutschbaltischer Eltern. Mit 14 Jahren war er nach London gekommen, lernte im Versicherungsfach und wurde schon in jungen Jahren zu den versierten Fachleuten gerechnet. Wir sehen ihn bald als Chairman des „Stammtisches" bei Lloyd's, und er war unter seinem Vornamen eine City-bekannte Persönlichkeit. Die von ihm gezeichneten Policen liefen als „Julians" um und trugen unsichtbar den Stempel „sicher wie Gold". Julius Angerstein hat 1774 den Umzug des Kaffeehauses in die Royal Exchange, in die Börse, veranlaßt. Er ist es auch gewesen, der für einige wichtige Reformen im Seeversicherungsgeschäft verantwortlich ist, die den Ruf der bei Lloyd's tagenden Vereinigung von „Assecuradeuren" beträchtlich hoben. Unter anderem setzte Angerstein ein Verbot der Änderung von Schiffsnamen durch. Diese Namenswechsel waren bis zu seinem Wirken ein außerordentlich beliebtes Mittel zur „Aufmöbelung" alter Schiffe und damit eine Quelle manchen anrüchigen Vermögenszuwachses gewesen.
Zum besonderen Ruhm von Julius Angerstein muß noch gesagt werden, daß sich sein Instinkt für geschäftliche Möglichkeiten mit feinsinnigem Kunstverständnis paarte: Er hat den Grundstock zur englischen Nationalgalerie geschaffen.

Stolz auf die ehemalige „Kneipe"

Zu seinen Lebzeiten gab es in Lloyd's Kaffeehaus 29 Versicherer, die in dieser Gaststätte im eigenen Namen Versicherungspolicen zeichneten. Der „Stammtisch" selbst oder Lloyd's traten nicht als Versicherer auf. Dieses Verfahren wurde auch nicht geändert, als die lose „Society of Underwriters", die Vereingiung der Seeversicherer,

durch Parlamentsakt vom Jahre 1871 „incorporiert" wurde und damit sozusagen halbamtlichen Charakter bekam. – Man hat sich übrigens bei Lloyd's niemals der Herkunft aus dem Gaststättengewerbe geschämt: Im Jahre 1926 lautete die Anschrift auf den Umschlägen, die die Gesellschaft ihren Agenten zur Verfügung stellte, immer noch „Lloyd's Coffee House, Royal Exchange".
Deshalb war es auch üblich, daß sich bis vor kurzem alle Kaufleute bedeckten Hauptes im Hause bewegten. Neuerdings haben sich aber die Gentlemen aus Besorgnis vor der Glatze das Vorrecht der „Waiter", der kaufmännischen Nachfolger der ehemaligen Kaffeehauskellner, verkauft.

Jedes „vernünftige" Risiko versichert

Die bei Lloyd's abgeschlossenen Versicherungsgeschäfte erstreckten sich übrigens nicht allein auf Schiffe und Ladungen, sondern es wurde und wird bis heute fast jedes Risiko versichert. Als besonders kurios mag uns die Versicherung gegen Zwillingsgeburten erscheinen, die auch heute noch im Schwange sein soll. Noch seltsamer mutet uns die Lebensversicherung von prominenten Persönlichkeiten, die zu dem Versicherungsnehmer in keinen verwandtschaftlichen oder freundschaftlichen Beziehungen standen. Nach unseren Begriffen liegt hier überhaupt keine Versicherung mehr vor, sondern eine Art Wette, ein Glücksspiel auf den Tod eines Dritten, das für den also gegen seinen Willen Versicherten lebensgefährlich werden konnte. Das Archiv von Lloyd's hat als Kuriosum eine Police auf das Leben Napoleons I. aufbewahrt, in der drei „Underwriters" sich verpflichteten, gegen eine Prämie von 12 Guineas – 1 Guinea gleich 21 Schilling – an Mr. Dorrington den Betrag von 400 Pfund zu zahlen für den Fall, „daß Napoleon Bonaparte am 21. Juni 1813 nicht mehr lebt oder gefangengenommen ist". Die Police ist auf den 20. Mai 1813 datiert. – Heute ist diese Versicherungsart nicht mehr üblich.

Totalverlust des Goldschiffes

Als einer der betrüblichsten Schiffsverluste, die von den bei Lloyd's organisierten Versicherten abzudecken waren, wird auch heute noch die Standung des britischen Kriegsschiffes „Lutine" bewertet. Die „Lutine", ein in den napoleonischen Kriegen gekapertes französisches Schiff, hatte den Auftrag, beträchtliche Mengen Barren- und Münzgoldes für englische Kaufleute nach Hamburg zu befördern. Die genaue Höhe des Ladungswertes ist ebenso unbekannt geblieben wie der Grund, warum für diesen zivilen Transport ein Kriegsschiff benutzt worden ist. Die „Lutine" versegelte am 9. Oktober 1799 von Great Yarmouth, geriet aber kurz nach Verlassen der englischen Küste in einen Orkan und strandete vor der Insel Vlieland am Eingang zur Zuidersee. Von der Besatzung wurde nur ein Mann gerettet, der jedoch später an Erschöpfung gestorben ist. Es spricht für die vorzügliche Organisation bei Lloyd's, daß man vier Tage früher von diesem nationalen Unglück Kenntnis erhielt als die Lords der Admiralität. Die Versicherer von Lloyd's, alle miteinander durch Rückversicherungsabschlüsse verbunden, mußten diesen bis dahin härtesten Verlust verkraften, und sie haben, wie es dem Ruf des Hauses entsprach, die Versicherungssumme innerhalb der üblichen Frist ausgezahlt.

Bis zum Jahre 1801 wurden etwa 80 000 Pfund aus dem Wrack des Unglücksschiffes geborgen. In der Mitte des Jahrhunderts gelang es noch einmal, 40 000 Pfund aus dem Rumpf herauszuholen. Bei dieser Gelegenheit wurde auch die Glocke der „Lutine" gefunden; sie hängt jetzt im „Room" von Lloyd's neben der Rednertribüne und wird nur angeschlagen, wenn besonders wichtige Meldungen zu machen sind, wie der Totalverlust eines Schiffes. In diesem Augenblick wird die Versicherungsprämie fällig, und die Besatzung gilt als tot.

Tote werden wieder lebendig

Nur einmal ist es bislang passiert, daß Lloyd's sich geirrt hatten, und die Bemannung der Glasgower Bark „Red Rock" durch einen Rechtsakt wieder ins Leben zurückgerufen werden mußte. Das Schiff hatte im Januar 1899 Townsville in Queensland/Australien in Ballast für Neu-Kaledonia verlassen. Normalerweise hätte das Schiff etwa am 4. Februar eintreffen müssen. Als man aber am 7. Juni 1899 noch nichts von der Bark gehört hatte und die Rückversicherungsprämien auf 92 % des Wertes geklettert waren, wurde die „Red Rock" für verschollen erklärt. Ihre 23 Männer starben gleichzeitig den „standesamtlichen" Tod. Fünf Tage später traf jedoch zur Freude von Hinterbliebenen und Versicherern ein Kabel ein, daß das Schiff am 12. Juni doch noch sein Ziel erreicht hätte.
Die Zeitungen berichteten unter den Schlagzeilen: „Wie-

der auferstanden von den Toten" über dieses in der Geschichte von Lloyd's einmalige Ereignis. Die Erklärung für die Länge der Reise war einfach; der Segler war in windstillen Gebieten *bekalmt* gewesen und hatte sich nach Erklärung seines Kapitäns „wochenlang nicht mehr bewegt als ein Schiff auf einem ‚Ölgemälde'".

Lloyd's schließen im Augenblick etwa 110 verschiedene Versicherungen ab. Die Texte der Policen für die alten Geschäftszweige wurden im Jahre 1779 formuliert; sie haben sich bis auf den heutigen Tag in der Urfassung erhalten. Bislang wurden nur zwei Klauseln hinzugefügt und die religiöse Präambel durch eine weltliche Formel ersetzt.

Lloyd's Register of Shipping

Zu Beginn des „Kaffeehausjahrhunderts" machte es einem Seeversicherer keine große Schwierigkeit, die Güte eines Schiffes und die Qualität seines „Masters" zu beurteilen. Jeder Assecuradeur war selbst Fachmann und in der Lage, sich mit dem Taschenmesser eine klare Vorstellung von dem Zustand der Spantung und Beplankung des Risikoobjektes zu machen. Die Eigenschau bildete damals die Grundlage für die Prämienberechnung. Als sich aber nach Erfindung der berühmten Diskriminierung fremder Schiffe durch die Cromwellsche Navigationsakte von 1651 der englische Welthandel ausdehnte und die britische Tonnage erheblich zunahm, waren die Versicherer mit ihrem Latein zu Ende. Der Ruf nach dem technisch gebildeten Schätzer, der sich als Treuhänder zwischen Seeversicherer und Reeder schob, wurde laut. Deshalb wurden 1726 erstmalig Schiffslisten in Buchform zusammengestellt. Rund 40 Jahre später gründeten die Versicherer ein besonderes Büro, das „Register of Shipping", in dem den Schiffen ein Klasse-, das heißt Gütezeichen beigelegt wurde. Nach diesem Klassezeichen richtete sich dann die Höhe der Versicherungsprämie. Das nach seinem Einband „Green Book" genannte Verzeichnis bekam um die Wende zum 19. Jahrhundert eine Konkurrenz in Gestalt eines Klassifikationsunternehmens, hinter dem die Reeder standen. Diese fühlten sich durch Maßnahmen der Assecuradeure empfindlich geschädigt und setzten dem „Grünen Register" ihr „Rotes Buch" entgegen. Im Gegensatz zu heute befaßten sich diese beiden Gesellschaften ausschließlich mit der Begutachtung fertiger britischer Schiffe.

Die Franzosen schaffen ein Treuhandinstitut

Gerade deshalb kam es auf dem Festland zur Gründung eines Konkurrenzunternehmens. Im Juli 1828 entstand in Antwerpen unter der Schirmherrschaft von König Wilhelm I. der damals noch vereinigten Niederlande ein Schiffsregister mit dem bescheidenen Namen „Information für Seeversicherer". Ein Jahr später firmierte das Institut als „Bureau Veritas", das 1832 seinen Sitz nach Paris verlegte. Das Geschäftsprinzip der neuen Klassifikationsgesellschaft lautete: Nicht Interessenvertretung, sondern echte, unparteiische Treuhänderschaft auf internationaler Basis und Begutachtung der Versicherungsobjekte durch unabhängige Sachverständige war ihr Ziel. Deshalb wählten die Gründer auch die Firmierung „Bureau Veritas", das Wahrheitsbüro. Dieser französischen Gesellschaft gehörten alle Interessenten an, Seeversicherer, Schiffbauer und Reeder. Unter dem starken Eindruck der Gründung dieser festländischen Konkurrenz verständigten sich die feindlichen Brüder auf den Britischen Inseln im Jahre 1834; sie vereinigten sich zu „Lloyd's Register of British and Foreign Shipping" und schlossen nunmehr auch fremde Schiffe in ihre Tätigkeit ein. – Fast gleichzeitig erließen beide Gesellschaften Bauvorschriften für Schiffe,

Das Wappen von Bureau Veritas

in denen für gewisse Konstruktionsteile bestimmte Mindeststärken vorgeschrieben wurden. „Lloyd's Register" ist an der Konkurrenz vom „Bureau Veritas" mächtig gewachsen und hat sich als Sonderunternehmen von Lloyd's dank zielbewußter Leistung und Übertragung des Soliditätsgedankens aus der Mutterfirma als erfolgreicher Gegenspieler der Leute in Paris durchgesetzt.

Überall Klassifikationsgesellschaften

Das französische Beispiel und das Bestreben, sich von fremden Kontrollorganen frei zu machen, führte in einigen Schiffahrt treibenden Ländern zur Gründung ähnlicher Unternehmungen. Nacheinander entstanden in den Niederlanden, den USA, in Österreich-Ungarn, Italien, Japan und Norwegen eigene Klassifikationsgesellschaften. Als letzte traten die Deutschen auf den Plan. Die Initiative ging von der Ostsee, von Stettin und Rostock aus. 1867 erblickte endlich eine deutsche Klassifikationsgesellschaft in Hamburg das Licht der Welt, die aber erst drei Jahrzehnte später durch endgültiges Abschwenken der Hamburger Reeder vom „Bureau Veritas" die Bedeutung erhielt, die den temperamentvollen Gründern vorgeschwebt hatte; bis dahin saß das französische Unternehmen sehr fest im deutschen Geschäft.

Die Register der Klassifikationsgesellschaften erleichtern das Seeversicherungsgeschäft ungemein. Die Listen – Lloyd's Register ist jetzt in vier Bände gegliedert – enthalten die wichtigsten technischen Daten eines Schiffes, die Art seiner Maschinenanlage, den Namen der Bauwerft und seines Reeders sowie ein formelhaftes Gütezeichen, das für die Höhe der Versicherungsprämien entscheidend ist. Die „Stempel" des britischen Lloyd für die höchste Klasse von Dampfern und Motorschiffen lauten heute „100 A 1".

Eins A

Es spricht für das unbedingte Vertrauen, das die britische Öffentlichkeit den Angaben von Lloyd's Register entgegenbringt, daß der deutsche Qualitätsbegriff „prima" auf den Britischen Inseln mit dem Gütezeichen für die höchste Klasse der alten Segelschiffe ausgedrückt wird. „A 1" – „A one" – bedeutet in England: „unübertrefflich". Wenn der geistige Einfluß der See weiter reichen würde als Ebbe und Flut und die Schiffahrt in den deutschen Landen ebenso als „integrierender Bestandteil" der Volkswirtschaft betrachtet würde wie in England, würden wir in Frankfurt oder München von einer formvollendeten Ledertasche sagen: „Die ist aber wirklich 100 A 4." So lautet nämlich bei uns der „Stempel" erstklassiger Schiffe. Die 4 in der Formel sagt, daß das Schiff sich alle vier Jahre einer Untersuchung durch Sachverständige der Klassifikationsgesellschaft, des Hochsee-TÜVs, unterziehen muß. Der nächste Gütegrad wird in Deutschland durch „90 A 3" gekennzeichnet.

H. H. Meier gründet den Norddeutschen Lloyd

Das deutsche Klassifikationsinstitut legte sich den Namen des alten Edward Lloyd zu. Von den Gründern war die Firmierung „Deutscher Lloyd“ vorgeschlagen worden, da aber ein Jahrzehnt vorher in Bremen der „Norddeutsche Lloyd“ als Schiffahrtsgesellschaft ins Leben gerufen war, lehnte man sich an Tacitus an und nannte die nationale Klassifikationsgesellschaft „Germanischer Lloyd“.

Was Hermann Henrich Meier (nicht Heinrich), den Gründer der späteren bremischen Weltreederei, veranlaßt hat, diese neue deutsche Dampfschiffahrtslinie auf einen britischen Familiennamen zu taufen, ist nicht mehr feststellbar. Die hinterlassenen Urkunden sagen hierüber nichts. „Norddeutscher Lloyd“ stand eines Tages einfach auf dem Papier ohne jeden Kommentar; möglicherweise deshalb, weil der Familienname unseres Freundes Edward so etwas wie Synonym für Schiffahrt geworden war. Lloyd's in London gaben aber nicht *unmittelbar* die Veranlassung zu dieser immerhin ein wenig seltsamen Namensgebung, vielmehr hat das Beispiel des „Österreichischen Lloyd“ in Triest in Verbindung mit der sich damals schon deutlich abzeichnenden politischen Spannung zwischen Preußen und Österreich anregend gewirkt.

Österreichische Kaufleute in Triest sind im Jahre 1836 die ersten gewesen, die den britischen Namen für Schiffahrtsgesellschaften nach dem Kontinent importiert haben. Der „Österreichische Lloyd“ war übrigens urprünglich als Seeversicherungsunternehmen gegründet worden und hat sich erst später in eine sehr angesehene Schiffahrtsgesellschaft verwandelt; sie firmiert heute italienisch als „Lloyds Triestino“.

Was auch immer die Motive für die Firmierung bei der Gründung des Norddeutschen Lloyd gewesen sein mögen, fest steht auf alle Fälle, daß die Übernahme des britischen Namens für die junge Reederei eine hohe Verpflichtung bedeutete, eine Verpflichtung, durch Qualitätsleistungen im Schiffbau und im „Service“ es der grundsoliden britischen Gesellschaft gleichzutun oder sie gar noch zu übertreffen.
Wir dürfen Gründern und Nachfolgern bescheinigen, daß sie sich in diesem Sinne jetzt über hundert Jahre mit Erfolg bemüht haben: Bei Ausbruch des ersten Weltkrieges war der Norddeutsche Lloyd mit 995 000 BRT die zweitgrößte Reederei der Welt. An erster Stelle stand die Hamburg-Amerika-Linie mit rund 1 300 000 BRT. Beide Reedereien hatten sich in manchmal harten Wettbewerbskämpfen zu dieser damals in der Geschichte der Schiffahrt einmaligen Größe entwickelt.
Durch die Niederlage von 1918 wurden die beiden deutschen Weltunternehmen zunächst aus dem Rennen geworfen. Sie existierten praktisch nicht mehr, hatten sich aber dennoch in zehn Jahren eine ähnliche Stellung im Seeverkehr wie vor der ersten großen Auseinandersetzung erworben. Das Ende des zweiten Weltkrieges brachte einen noch katastrophaleren Zusammenbruch, aus dem es erst seit 1950 wieder langsam bergauf ging. Am 31. Dezember 1969 verfügte die Hamburg-Amerika-Linie über 600 Seeschiffe mit 449 771 BRT; der Norddeutsche Lloyd besaß 50 Einheiten mit 416 217 BRT, darunter die beiden Fahrgastschiffe „Bremen“ und „Europa“.

Mächtige Lloydseligkeit in Bremen

Übrigens folgten weitere Schiffahrtsgesellschaften dem österreichisch-deutschen Beispiel. Unter anderen seien folgende Reedereien mit dem berühmten britischen Familiennamen genannt: Rotterdamscher Lloyd, Königlich Holländischer Lloyd, Northamerican Lloyd, Königlich Belgischer Lloyd, Lloyd Americano, Lloyd Adriatico, Lloyd Chilene, Lloyd Mediterraneo, Lloyd del Pacifico, Lloyd Brazileiro, Russischer Lloyd, Schwedischer Lloyd und – do schlagst hi – Bayerischer Lloyd.
Vor einigen Jahren weilte ein englischer Zeitungsreporter in Bremen und wunderte sich mächtig über die Häufigkeit des britischen Familiennamens „Lloyd“ als Bezeichnung von Firmen und Markenartikeln, für die er zunächst keine

Erklärung hatte. Seine damalige Aufzeichnung haben wir inzwischen ergänzt. Zu Beginn des Jahres 1966 zählten wir im Gebiet der Unterweser 32 „lloydselige" Namenskombinationen. Als besonders seltsam registrierten wir „Lloyd-Hosenträger" und „Lloyd-Dachpappe", als geglückt „Lloyd-Kaffee" und „Lloyd-Café", weil an Edward Lloyd's „Coffee House" erinnernd. Für die Lloydseligkeit in Bremen – und dies konnte der englische Journalist nicht wissen – ist aber nicht der Londoner „Gastronom", sondern der Norddeutsche Lloyd mit seinen vorbildlichen Leistungen im Fracht- und Passagierdienst verantwortlich. Was aber die Inhaber der beiden Kaffeefirmen betrifft, so dürften sie wegen beruflicher Bindungen an den alten Edward besondere Verpflichtungen auf sich genommen haben, als sie den Weg zum Handelsregister antraten.

Endlich verheiratet

Im Herbst 1970 schlossen sich die beiden deutschen Schifffahrtsgesellschaften zu einer Ehe unter der Firmierung HAPAG-LLOYD AG, Hamburg, zusammen. Sie hatten sich schon vor dem zweiten Weltkrieg mehrfach mit dem Gedanken einer festen Bindung getragen. Die Verwirklichung dieser Idee scheiterte daran, weil das harte Muß fehlte. In den sechziger Jahren ließ der früher oft harte Konkurrenzkampf nach, und beide Reedereien lebten durch Errichtung von Gemeinschaftsdiensten quasi in einer wilden Ehe. Diese Vereinbarungen wurden jetzt legalisiert. Erhöhte Kapitalinvestierungen für den neuzeitlichen Containerverkehr erzwangen diese Fusion förmlich.

Zu der neuen „Visitenkarte" steuerte jede Gesellschaft ein Haussymbol bei. Die Hamburg-Amerika-Linie stellte den gelben Schornstein mit dem schwarz-weiß-roten Topp, der Norddeutsche Lloyd seine schöne blau-weiße Bildflagge. Mit 43 Frachtern und dem Kreuzliner „Europa" (21 514 BRT) von zusammen 868 384 BRT/839 167 tdw gehört die Reederei auch heute noch zu den führenden in der Welt. Ihre Tochter Kosmos Bulkschiffahrt GmbH, Bremen, steuert weitere 19 Schiffe mit sogar 924 972 BRT/1 869 386 tdw bei, darunter auch 5 z. T. Supertanker sowie 8 Massengutschiffe. Durch die Strukturveränderungen ist aus der reinen Reederei noch beim Neubeginn nach dem letzten Krieg eine breitgefächerte Transportgruppe „auch mit Reederei" und sogar mit Düsenflugzeugen, aber auch z. B. 34 Schleppern, 10 Transportpontons, 4 Offshore-

Fahrzeugen und einer Ewerführerei in Hamburg mit 80 Schuten und 16 000 t Tragfähigkeit geworden.

MS „PETER PAN“ und „NILS HOLGERSSON“
1974/75 Werft Nobiskrug GmbH, Rendsburg
Travemünde-Trelleborg-Linie GmbH & Co., Hamburg – Länge 149 m – 12 528 BRT – 2700 t Tragfähigkeit – 20 800 PS – 22 kn – 1600 Passagiere – 145 Personen Besatzung – 470 Pkw, 45 Lkw.

Dreikampf zwischen James Watt, Mr. Parsons und Rudolf Diesel

Kapitän Rogers versteht sich auf Publicity

An einem Sommertage des Jahres 1818 wurde an der irischen Südküste Alarm geschlagen: „Brennendes Schiff auf See!" Man machte deshalb in Cork den Zollkutter klar, um Hilfe zu bringen und . . möglicherweise sich einen Anteil am Bergungslohn zu sichern. Der Zollkapitän und seine Besatzung erlebten aber eine Enttäuschung. Bei dem qualmenden Fahrzeug handelte es sich um keinen Havaristen, sondern um den Dampfer „Savanah", der in 29 Tagen und 11 Stunden den Atlantischen Ozean überquert hatte. Ihr Kapitän, Moses Rogers, verstand sich auf das, was man heute Publicity nennt. Mit unseren Augen gesehen war die „Savanah" höchstens als „Segler mit Hilfsmotor" anzusprechen. Dieser Motor bestand aus einer klobigen Dampfmaschine, die ein zusammenlegbares Schaufelradpaar antrieb. Während der Reise hatte Kapitän Rogers bereits gemerkt, daß er die Überfahrt allein mit dem Brennstoff fressenden Kessel nicht schaffen würde, weil sie Kiefernholz verfeuerten. 26 Tage hatte man sich deshalb lieber auf die „himmlischen" Kräfte verlassen und sich den Rest des Holzvorrates für den Endspurt in Sicht der Küste aufgespart. Der Erfolg – der publizistische Erfolg – blieb auch nicht aus. Die „Savanah" wurde als Wunder bestaunt und als Sehenswürdigkeit in Großbritannien und in der Ostsee herumgereicht. Nach der zweiten Fahrt war dem Reeder aber der „Feuerzauber" leid. Er bekannte sich wieder zum Gottvertrauen und ließ die Maschine herausreißen. Leider hatte die „Savanah" auch als Segler ein trübes Schicksal; schon im zarten Alter von vier Jahren fand das Schiff ein trauriges Ende auf einer Abwrackwerft.

Ein Maler pfeffert die Palette an Deck und baut einen Dampfer

Dennoch hatte der Gedanke gezündet. Als erster hat der Amerikaner Robert Fulton die Idee des mechanisch bewegten Schiffes erfolgreich verwirklicht. Mit Technik hatte er bislang nichts zu tun gehabt, sondern ziemlich erfolgos mit Pinsel und Palette gearbeitet, nachdem er das Goldschmiedehandwerk erlernt hatte. Ihm fehlte also jegliche Sachkunde, aber er besaß unternehmerische Qualitäten. Im Anschluß an einen Studienaufenthalt in England und Frankreich gewann er Interesse an der Binnenschifffahrt. Auf der Seine war Fulton erfolgreich auch an Versuchen mit mechanisch angetriebenen Schiffen beteiligt. Diese Erfahrungen wertete er nach Rückkehr in die USA aus und ließ im Jahre 1806 am East River von New York ein Flußschiff von 46 m Länge herstellen, in das er eine Maschine von 20 Pferdestärken englischer Herkunft eingebaut hatte. Die Bewegung des Schiffes – nach dem Landsitz des Geldgebers „Clermont" genannt – erfolgte durch ein Schaufelradpaar, das sich ja bis heute auf Flußschiffen bewährt hat. Die Probefahrt auf dem Hudson am 17. August 1807 von New York nach Albany war ein toller Erfolg. Die Strecke von etwa 175 km wurde mit 8,7 km Stundengeschwindigkeit bewältigt. Ein riesiger Boom in Flußschiffen war die Folge. 1823 verkehrten bereits 300 Dampfer auf den Flüssen Nordamerikas. Sie sind die Pioniere einer großartigen Entwicklung in den USA geworden. Noch vor einigen Jahrzehnten sah man älteren Fährschiffen in New York die ehrwürdige Erbmasse an, die Robert Fulton den Erstgeborenen mit auf den Kurs gegeben hatte. Dazu gehörte auch der erste „Kriegsdampfer" der amerikanischen Marine. Das Schiff erhielt den Namen seines Erbauers, ein Zeichen, in welch hohem Ansehen Robert Fulton bei seinen Zeitgenossen stand.

Komet „Pons" wird Schiffspate

Fünf Jahre später hatte Henry Bell in Glasgow das Antriebsproblem auf ähnliche Art gelöst. Er war Ingenieur von Beruf, hatte aber später zum Gastronomen umgeschult, nachdem er ein Hotel in Helensburgh am Clyde erworben hatte. Dessen Frequenz ließ zu wünschen übrig, weil es heruntergewirtschaftet war. Bell brachte deshalb die technische Komponente seines Berufsbildes wieder zur Wirksamkeit und ließ einen kleinen Dampfer bauen, dem er zu Ehren des just entdeckten Schweifsternes „Pons" den Namen „Comet" mit auf den Kurs gab. Mit folgendem Inserat leitete Bell das Zeitalter der europäischen Dampfschiffahrt ein:

> **Dampfverkehrsboot „Comet"**
> zwischen Glasgow, Greenock und Helensburgh nur für Passagiere. Der Unterzeichner hat mit großen Kosten ein schönes Schiff für den Verkehr auf dem Clyde

zwischen Glasgow und Greenock erbauen lassen. Es soll die Kraft des Windes, der Luft und des Dampfes nutzen. Das Schiff wird die Broomielaw (Kai in Glasgow) jeden Dienstag, Donnerstag und Sonnabend gegen Mittag, je nach der Flut, verlassen. Die Abfahrt von Greenock ist für Montag, Mittwoch und Freitag in den Morgenstunden, ebenfalls in Anpassung an die Tide, vorgesehen. Die Eleganz, der Komfort, die Sicherheit und die Geschwindigkeit des Schiffes werden schon beim ersten Versuch dem Publikum bestimmt gefallen. Der Eigner wird alles, was in seiner Macht steht, tun, um sich die Förderung seines Unternehmens durch das Publikum zu verdienen. Das Fahrgeld beträgt zur Zeit für die I. Kajüte 4 Schilling, für die II. 3 Schilling. Weitere Forderungen dürfen vom Schiffspersonal nicht gestellt werden. Der Unterzeichner betreibt seine Gaststätte in Helensburgh Bath nach wie vor. Bei der Ankunft von PS „Comet" in Greenock steht ein Fuhrwerk bereit, um die Gäste nach Helensburgh zu befördern. Über die Abfahrtszeiten erteilen die Büros von Mr. Houston, Broomielaw, und Mr. Thomas Blackney, Greenock, East Quay Head, Auskunft.

Helensburgh Bath, 5. August 1812. Henry Bell

Die Jungfernreise des Dampfers am 6. August 1812 wurde ein technischer Erfolg, der erwartete Pfund-Segen für das Hotel blieb jedoch aus. Deshalb gab Bell den Linienverkehr auf und machte den Raddampfer „Comet" zu einem „jaunting boat", zu einem Schiff, das Gelegenheitsfahrten an allen Küsten Großbritanniens ausführte. Während einer Reise an der Westküste Schottlands strandete der Dampfer und wurde binnen kurzer Zeit von der Brandung zerschlagen. Dennoch zündete das Beispiel: Innerhalb von 10 Tagen paddelten bereits 140 Dampfer an den Küsten des Vereinigten Königsreichs. – Bell brauchte übrigens nicht das übliche harte Schicksal des großen Erfinders hinzunehmen. Die dankbaren Mitbürger setzten ihm nicht nur ein Denkmal, sondern auch eine Pension von 100 £ aus. Von diesem Betrag konnte man damals ganz behaglich leben. – Die Glasgower Nachfahren aber taten noch mehr: Sie ließen im Jahre 1962 PS „Comet" stilgerecht nachbauen und wiederholten die berühmte Fahrt nach Helensburgh. Nach Abschluß der Jubiläumsreisen wurde das Schiff in ein quicklebendiges Museum verwandelt.

Die Berliner und der Bremer Schröder können es auch
Auch in Deutschland wurde man wach. Die von Goethe wegen ihrer Unternehmenslust gelobten Berliner waren die ersten, die Bells Beispiel folgten. Schon 1816 rauschte in Pichelsdorf bei Spandau die von einem Engländer konstruierte „Prinzessin Charlotte von Preußen" in die Havel. Ihr folgte ein Jahr später „Der Kurier" für den Verkehr auf der Elbe. Als dritter Raddampfer paddelte seit dem 20. Mai 1817 die „Weser" auf ihrem Patenfluß. Der Kaufmann Friedrich Schröder aus Bremen sah in einem regelmäßigen Dampferverkehr von Bremen nach Brake eine gute Chance, weil hier die Seeschiffe wegen Versandung der Weser entladen werden mußten. Schröder schickte zunächst eine Studienkommission nach England und bestellte dann bei der berühmten Maschinenfabrik Boulton & Watt in Soho eine neuzeitliche Schiffsmaschine. Gleichzeitig verpflichtete er die Firma zur Lieferung von Bauzeichnungen für den Maschinenraum. Die Herstellung des Schiffes übernahm Johann Lange in Vegesack. Am 6. Mai 1817 fand die repräsentative Abnahmefahrt statt. Leider stellte es sich bald heraus, daß der feste Fahrplan mit Hin- und Rückfahrt an einem Tage wegen der Versandung des Flusses nicht innegehalten werden konnte. Dennoch rentierte sich zunächst das Unternehmen. Ab 1821 aber bereiteten die „zoologischen Pferde" und hellwache Busunternehmer nach Fertigstellung einer Landstraße Schröder erhebliche Schwierigkeiten. Er betrieb trotzdem die Fahrt mit Verlust bis 1833 weiter. Der Bremer Senat hatte eine Beihilfe abgelehnt. Deshalb blieb dieses erfolgreiche Experiment – keiner der Erstlinge ist so lange in Fahrt geblieben – eine Episode. In Glasgow hatte die Fahrt der „Comet" eine Epoche eingeleitet.

Wenn sich die Erfolge der Flußschiffahrt nicht ohne weiteres auf das ozeanische Fahrtgebiet übertragen ließen, so hing dies mit dem empfindlichen Schaufelrad und dem Bebunkerungsproblem zusammen. Die ersten Dampfmaschinen verbrauchten etwa 8 kg Kohle für die Leistung einer Pferdestärken-Stunde. Flußschiffe konnten diese Schwierigkeit durch Bunkerstationen am Flußufer überwinden.

Dort tief im Böhmerwald . . . wuchs die Schiffsschraube
Die Propellerfrage – im weiteren Sinne des Wortes – löste

der österreichische Forstmeister Josef Ressel. Als Schiffbauer, der in den staatlichen Forsten das Bauholz aussuchen mußte, hatte er 1812 die tolle Idee, das Prinzip des Holzbohrers auf das Schiff anzuwenden. So wie eine Schraube sich durch das Holz hindurcharbeitet, so sollte der Dampfer durch das Wasser geschraubt werden. Klar, daß die Leute lachten und nur dem „natürlichen“ Paddelprinzip eine Chance gaben. Aber dieser Mann aus dem Böhmerwald hatte Erfolg mit seiner übrigens aus Holz hergestellten Schraube, die wie eine „richtige“ Schraube aussah; leider bereitete die k. u. k. Polizei von Triest im Jahre 1829 dem „Unsinn“ ein Ende. Diese hatte ja nach den alten Landrechten die Aufgabe, „Gefahren von dem publico, beziehungsweise einzelnen Mitgliedern desselben abzuwenden“. Ein geplatztes Dampfrohr gab Veranlassung, die erfolgreichen Versuche zu verbieten, und so fiel dem Engländer Smith der Ruhm des ersten Propeller*praktikers* in den Schoß. Auch er benutzte eine Holzschraube mit sehr steilem Gewinde und hatte das Glück, im richtigen Augenblick vom Pech verfolgt zu sein. Bei einer Grundberührung brach ein Stück der Schraube heraus, und siehe da, der Wirkungsgrad verbesserte sich erheblich: Der Gedanke der Flügelschraube, wie wir sie heute kennen, war geboren.

James Watt nutzt das „Geltungsbedürfnis“ des Dampfes

Wenn dennoch dieser neue Propeller nur schrittweise in der Schiffahrt an Boden gewann, so hängt dies damit zusammen, daß die ersten Schiffsmaschinen auf den Paddelbetrieb zugeschnitten und konstruktiv als „Langsamläufer“ konstruiert waren. Sie arbeiteten mit Kesseldrucken von 1,5 Atmosphären und hatten, wie gesagt, einen unersättlichen Hunger nach Brennstoff. – Den Weg zur Verbesserung des Wärmewirkungsgrades hatte der Erfinder James Watt schon selbst angegeben. Die Wirkungsweise der Dampfmaschine beruht ja bekanntlich darauf, daß man Dampf abwechselnd auf die beiden Seiten eines im Zylinder beweglichen Kolbens einströmen läßt. Watts Sparidee bestand in der Ausnutzung des „natürlichen“ Ausdehnungsbestrebens des Dampfes: Er sperrte das Ventil schon zu, wenn der Kolben erst die Hälfte des Weges im Zylinder zurückgelegt hatte, und ließ dann das „Geltungsbedürfnis“ des Wasserdampfes arbeiten. Damit hat die sogenannte „Expansionsmaschine“ ihren Siegeszug angetreten. Nachdem man gelernt hatte, Kessel für höhere Drucke zu bauen, ließ man aus wärmewirtschaftlichen Gründen den Dampf sich zunächst in zwei, dann in drei verschiedenen Stufen, den Hoch-, Mittel- und Niederdruckzylindern, „totlaufen". Gleichzeitig wurde die Maschine, die bislang ihre Arbeit ächzend im Liegen verrichtet hatte, auf die Beine gestellt und zum „aufrechten Gang" gezwungen. Mit

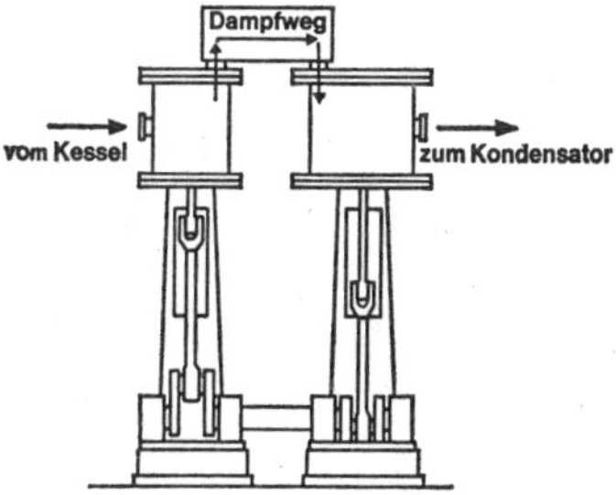

Verbundmaschine

dieser Dreifach-Expansionsmaschine war im Laufe eines halben Jahrhunderts ein betriebssicherer und auch relativ sparsamer Antriebsmotor geschaffen, der bis zum ersten Weltkrieg die Schiffahrt praktisch beherrscht hat. Die Amerikaner haben noch während des letzten Krieges diese Maschine wegen ihrer Robustheit in ihren „Liberty"-Schiffen verwendet und damit auch erfolgreich die Besatzungsfrage gelöst. Diese „unzerbrechliche" Maschine konnte man nämlich auch durchschnittlich begabten Männern bedenkenlos nach einer Kurzausbildung überlassen.

Der Kesselstein bereitet Kummer

Mit dem Übergang zu höheren Kesseldrucken entstand aber gleichzeitig ein drittes Problem: die Wasserfrage. Lokomotiven puffen ihren „müden" Dampf durch den Schornstein in die Luft; haben sie Durst, fahren sie unter eine Wassertankstelle und lassen sich vollaufen. Dieses Verfahren ist auf See nicht brauchbar, weil das Salzwasser sich nicht als Kesselspeise eignet. Solange man mit Niederdruckmaschinen arbeitete, hatte man keine großen Sorgen. Man verdichtete den aus dem Zylinder abgekämpft herausschleichenden Dampf durch Einspritzung von Seewasser und führte das Gemisch erneut dem Kessel zu. Der verdaute diesen Cocktail ohne Schaden und tat bis zum Ende der Reise wacker seine Pflicht. Als man aber die Kesseldruck erhöhte, war plötzlich „Feierabend" an Bord. Die Salze trennten sich in der Höllenqual höherer Drucke und Temperaturen vom nassen Element und besetzten als isolierender Mantel die Kesselwände; das Wasser bespülte jetzt nicht mehr direkt das Stahlgehäuse des Dampferzeugers, der Kessel erglühte in zartem Rot, wurde „schwach" und unbrauchbar.

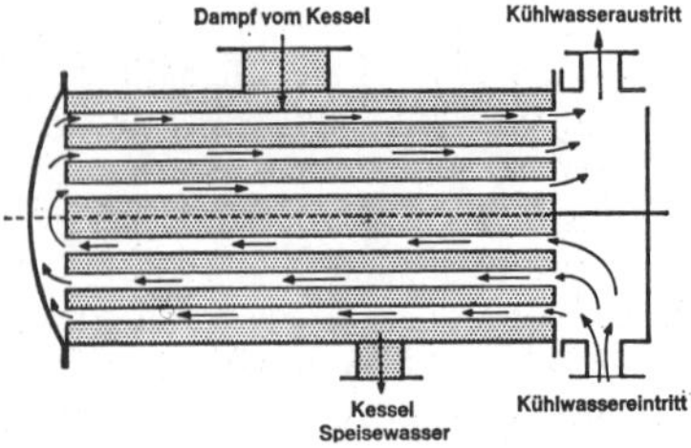

Oberflächen-Kondensator

Mr. Hall lernt von den Schnapsbrennern

Aus dieser Verlegenheit half der Oberflächenkondensator, eine der einfachsten und gleichzeitig genialsten Erfindungen. Samuel Hall hieß der Mann, der 1831 das Verfahren der Whiskydestillateure umkehrte. Diese kühlen bekanntlich die „gebrannten" Alkoholdämpfe in einer von kaltem Wasser umspülten Kupferrohrschlange zu ihrem beschwingenden Destillat ab. Mr. Hall schickte kaltes Seewasser durch ein in einem Kessel angebrachtes Röhrensystem und ließ den ausgepowerten Dampf sich an der kalten „Schlange" zu Wasser verdichten. Auf diese Art wurde im Kreislauf immer wieder Kesselspeisewasser gewonnen, das nicht mit Seewasser in Berührung gekommen war.
Im Laufe eines halben Jahrhunderts waren die Kesseldrucke von 0,8 Atmosphären auf 10, die Maschinenleistun-

gen von 300 PS auf 15 000 PS und die Größe der Schiffe von 700 BRT auf 10 000 BRT angewachsen. Damit konnten die Geschwindigkeiten von 7 auf 17 Knoten gesteigert werden. Gleichzeitig war der Kohlenverbrauch von 8 kg auf 0,65 kg für die Pferdestärke in einer Stunde gesunken. Bei dieser namhaften Ersparnis hatten übrigens auch andere wärmetechnische Verbesserungen, wie Vorwärmung des Speisewassers und Überhitzung des Dampfes, eine entscheidende Rolle mitgespielt.

Britische Admiralität für „göttliche Holzordnung"

Leistungsfähigere Maschinen ließen sich aber nur in größeren Schiffen unterbringen. Dem stand die mangelnde Festigkeit des Holzes als Baumaterial entgegen. Es erwies sich praktisch als unmöglich, Holzschiffe von über 75 m Länge herzustellen. Kühne Geister hatten deshalb schon zu Beginn des Jahrhunderts den Gedanken geäußert, Schiffe aus Eisen zu bauen, als es in England gelungen war, eiserne Platten zu walzen, und das Schiffbauholz – bedingt durch die napoleonischen Kriege – knapp wurde. Unvorstellbare geistige Hemmungen waren jedoch zu überwinden, bevor die Idee des eisernen Schiffes in Großbritannien Allgemeingut werden konnte. Das Rüstzeug der Physik vermochte die öffentliche Meinung nicht zu überzeugen, daß ein „eisernes Schiff" keine „Gotteslästerung" sei. Auch die Herren der Admiralität vertraten für die Navy „eisern" das Prinzip der göttlichen Holzordnung. Erst eine große Schiffskatastrophe im Jahre 1834, bei der ein zu Anker liegendes eisernes Schiff die Strandung verhältnismäßig gut überstand, während die hölzernen Nachbarn in der Brandung kurz und klein geschlagen wurden, brachte einen Umschwung in der öffentlichen Meinung. Damals nahm man auch beifällig zur Kenntnis, daß das eiserne Schiff bedeutend leichter sei als das gleich große Holzfahrzeug und deshalb mehr laden könne.

Das epochale Ereignis des Jahrhunderts war die Indienststellung der „Great Britain" im Jahre 1843. Sie war das erste eiserne Schiff mit Schraubenantrieb, das richtungweisend für die Entwicklung geworden ist. Selbst die Hilfsbesegelung unterschied sich vom gewohnten Bild. Die „Great Britain" bekam deshalb eine schlechte Presse in New York; sie bewährte sich aber gut. Es spricht für die Güte der Konstruktion und des Materials, daß das brave Schiff noch den Beginn des neuen Jahrhunderts erlebt hat. Seit

1886 diente die „Great Britain“ im Anschluß an eine Austral-Reise als schwimmendes Kohlenlager bei den Falkland-Inseln. Im Jahre 1970 wurde das starke Schiff behelfsmäßig repariert, auf einen Ponton gesetzt und von einem deutschen Hochseeschlepper nach Bristol überführt. Hier wurde die „Great Britain“ in ein schwimmendes Schiffahrtsmuseum umgewandelt.

Zwei Rekorde an einem Tag, New York tost

Damit haben wir den Ereignissen ein wenig vorgegriffen, und wir müssen historisch 15 Jahre auf „*Gegenkurs*“ gehen. Die Geschichte der transatlantischen Dampfschiffahrt begann nach dem Mißerfolg der „Savanah“ im Jahre 1838 „hölzern“, aber mit einer Sensation, die man heutzutage einen „Knüller“ nennt. Am 4. April des Jahres hatte die „British and American Steam Navigation Company“ den 700 t großen Paddler „Sirius“, der normalerweise im Küstendienst verkehrte, von Queenstown nach New York abgefertigt. Das Schiff traf am 22. April in New York ein. Als die „Sirius“ zu Anker ging, hatten sie zwar den Kohlenvorrat, 43 Fässer Rosinen und einige Rahen verfeuert, aber sie waren stolz darauf, während der ganzen Reise keinen „Lappen beigesetzt“ zu haben. Die Durchschnittsgeschwindigkeit hatte 6,8 Knoten betragen. New York toste wie beim Empfang der ersten Ozeanflieger. Die Erregung hatte sich noch nicht gelegt, als die Wogen der Begeisterung sich geradezu überschlugen: Die der Great Western Steamship Co. gehörende „Great Western“ – von vornherein als Ozeanschiff konstruiert –, die vier Tage nach der „Sirius“ Europa verlassen hatte, traf 3½ Stunden später in New York ein. Der soeben geschaffene Erstrekord war am gleichen Tage mit einer Überfahrtszeit von 15 Tagen und 10½ Stunden geschlagen worden.
Die „New York Times“ gab folgenden Kommentar: „Die gestern erfolgte Ankunft der Dampfpaket-Schiffe ‚Sirius‘ und ‚Great Western‘ erregte hier eine jener tollen Sensationen, mit denen jedes neue Unternehmen von Bedeutung in dieser bewegten Stadt begrüßt wird.“

Der Dampfer setzt sich durch

Obwohl die stolzen Klippersegler, die schönsten Schiffe, die je gebaut wurden, im Rennen zunächst die verachteten „*Smeuk-Ewer*“ achteraus segelten, ließ sich die Entwick-

lung nicht mehr aufhalten. Sie sei stichwortartig aufgezeichnet:
1840 gründet Samuel Cunard – ein Neuschottländer – die nach ihm benannte berühmte englische Schiffahrtsgesellschaft und eröffnet den Dienst mit der „Britannia", 1154 BRT, 750 PS, 10,5 Knoten, 125 Fahrgäste. Er ist der Begründer des neuzeitlichen Passagierverkehrs auf dem Nordatlantik, und die Cunard Line hat ihre führende Stellung, die ihr um die Jahrhundertwende vom Norddeutschen Lloyd, der Hamburg-Amerika Linie und von der britischen White Star Line mit Erfolg streitig gemacht wurde, gehalten. Beim Start der Linie sicherte die englische Postsubvention, für die Samuel Cunard allerdings einen Aufpasser in Gestalt eines Leutnants der Royal Navy in Kauf nehmen mußte, die Wirtschaftlichkeit des Unternehmens; damals überwachte seltsamerweise die britische Admiralität den überseeischen Post- und Paketverkehr und nicht die Postbehörde. Trotz dieses „Admirality Agents" setzte sich Samuel Cunard durch und die Collins Line, eine beachtliche amerikanische Konkurrenzlinie, matt.

Inzwischen hat auch die Cunard im Nordatlantik-Passagierverkehr die Flagge vor der übermächtigen Konkurrenz der Düsenflugzeuge streichen müssen. Sie konnte aber ihre „Queen Elizabeth II" (65 863 BRT) als z. Z. größtes in Fahrt befindliches Passagierschiff (Skizze siehe Seite 123) erfolgreich in das in den letzten Jahren in vielen Teilen der Welt ungemein attraktiv gewordene Kreuzfahrtgeschäft umdirigieren. Jedes Jahr macht dies große, durch kleinere Umbauten immer wieder „up to date" gebrachte Schiff mindestens eine mehrmonatige – und nicht gerade billige – Kreuzfahrt rund um die Welt. Die kleineren Cunard-Musikdampfer kreuzen in dieser Schiffe beliebtestem Raum, der Karibik, aber auch z. B. von Singapur aus in der indonesischen Inselwelt. Daneben hat sich die jetzt einer der führenden Londoner Grundstücksfirma gehörende Reederei noch mit Frachtern, Massengutschiffen sowie Container- und RoRo-Schiffen eine breitere, sichere Basis geschaffen. Die Kreuzfahrt läuft aber so gut, daß man sogar an den entsprechenden Umbau von Frachtern denkt.

Nach dem britischen Vorbild kam es 1845 auf bremische Anregung zur Gründung der deutsch-amerikanischen Ocean-Steam-Navigation Compagnie, an der sich in Deutschland neben der Freien Hansestadt Bremen auch einige fortschrittliche Staaten des Deutschen Bundes beteiligten. Auch in diesem Fall bildete der Vertrag mit dem Generalpostmeister der Vereinigten Staaten eine solide Grundlage für den Reedereibetrieb. Die beiden Schiffe „Washington" und „Hermann" (der Cherusker) hatten Radantrieb und waren deshalb innerhalb kurzer Zeit durch die stürmische technische Entwicklung veraltet. Die Gesellschaft mußte im Jahre 1857 liquidieren; die deutschen Aktionäre kamen mit einem „blauen Auge" davon. Fast gleichzeitig mit der Ocean-Steam-Navigation Co. wurde im Jahre 1847 die Hamburg-Amerikanische Packetfahrt-Actiengesellschaft aus der Taufe gehoben und eröffnete einen Linienverkehr zwischen Hamburg und New York mit verhältnismäßig großen „Paketseglern". Für diesen Namen, der ja auch heute noch im Stummelwort Hapag auftritt, war die Art der Briefbeförderung verantwortlich; sie erfolgte derzeit nicht in Säcken, sondern in wohlverschnürten Paketen. Es war damals übrigens schwierig, den ersten Bauauftrag, das Vollschiff „Deutschland", 750 BRT, an der Elbe unterzubringen. – Mit diesen gut eingerichteten Seglern war aber bald ebensowenig ein Geschäft zu machen wie mit den Paddlesteamern, und die Hamburg-Amerika Linie – so wurde sie später üblicherweise genannt – ging 1856 zum Bau von Schraubendampfern über.

Ein Jahr später, 1857, wurde in Bremen der Norddeutsche Lloyd von vornherein als Dampfschiffsreederei für den Verkehr nach New York und England gegründet. Die Keimzellen der Aktiengesellschaft, die zusammen mit der HAPAG vor dem ersten Weltkrieg zu den größten Schifffahrtsunternehmen der Erde aufstieg, waren drei Schleppschiffahrtsreedereien und eine Seeversicherungsfirma.
Die nach anfänglichen Schwierigkeiten sich abzeichnenden Erfolge der beiden deutschen Linien führten insbesondere nach Gründung des Deutschen Reiches zur Entstehung zahlreicher neuer Schiffahrtsgesellschaften, die noch heute ihre Hausflagge zeigen können oder in größeren Unternehmungen aufgegangen sind.

Wir zählen kurz auf: An der Elbe entstanden im Jahre 1871 die Hamburg-Südamerikanische Dampfschifffahrts-Gesellschaft, kurz „HASÜD" genannt, für den Personen- und Frachtverkehr nach der Ostküste Südamerikas. 1872 folgte die Deutsche Dampfschifffahrts-Gesellschaft „Kosmos" mit einem Linienverkehr nach der Westküste Nord- und Südamerikas. Im Jahre

1884 eröffnete die Woermann-Linie einen regelmäßigen Dienst nach westafrikanischen Häfen. 1888 begann die Deutsch-Australische Dampfschiffahrts-Gesellschaft mit ihrem Liniendienst nach Australien und Südafrika. Ein Jahr später tauchten die Dampfer der Deutschen Levante-Linie erstmalig im östlichen Mittelmeer auf und hatten schwer gegen eine eingefahrene Konkurrenz zu kämpfen. Im Jahre 1890 erweiterte die Deutsch-Ostafrika-Linie den Afrikadienst auf die Häfen der Ostküste des Kontinents.

An der Weser: 1873 nahm die Dampfschiffahrts-Gesellschaft „Neptun" die einige Jahrzehnte vernachlässigte hansische Tradition durch einen regelmäßigen Verkehr in den Ostseeraum und später nach Spanien und Portugal wieder auf. 1881 wurde die Deutsche Dampfschiffahrts-Gesellschaft „Hansa" gegründet, die sich zunächst auch auf den Ostseeverkehr beschränkte, dann aber ihr Schwergewicht nach Indien und Südamerika verlegte. Die Hansa-Linie ist die drittgrößte Schiffahrtsgesellschaft in der Bundesrepublik. Im Jahre 1882 gründeten der Glasfabrikant August Schultze, Oldenburg, und die alte, seit dem Jahre 1730 in Oporto ansässige Außenhandelsfirma Burmeister die Oldenburger-Portugiesische Dampfschiffs-Rhederei, weil der Oldenburger Teilhaber Flaschen verkaufen wollte und C. Burmeister sie zur Abfüllung des Portweins benötigte. 14 Jahre später, 1896, trennte sich der Norddeutsche Lloyd von seiner Englandlinie und überließ sie der Argo-Dampfschiffahrts-Gesellschaft, die sich zunächst auf den Verkehr nach nordeuropäischen Ländern spezialisierte. Die Argo-Linie war aus einer Privatreederei hervorgegangen. Nach der Jahrhundertwende, im Jahre 1904, erschloß die Roland-Linie, eine Tochter des Norddeutschen Lloyd, sich die Häfen der Westküste Nordamerikas. In demselben Jahr faßte Bremen mit der Atlas-Linie auch im östlichen Mittelmeer Fuß.

Fast alle bedeutenden deutschen Reedereien sind im Gegensatz zu Großbritannien, wo das Familienunternehmen und die Trampschiffahrt vorherrschten, als Aktiengesellschaften der Linienfahrt gegründet worden.

1885 ist ein entscheidendes Jahr für den deutschen Schiffbau. Das mit dem Norddeutschen Lloyd abgeschlossene Reichspostdampferabkommen schreibt den Bau der Schiffe auf deutschen Werften vor. Bis dahin hatten englische und schottische Schiffbauanstalten die großen Dampfer geliefert, mit denen die deutschen Reedereien operierten. 1897 kann der „Stettiner Vulkan" mit einer großartigen Eigenleistung aufwarten. Schnelldampfer „Kaiser Wilhelm der Große" – 14 500 BRT – schlägt im Jahre 1897 mit 23 Knoten die Geschwindigkeitsrekorde auf dem Atlantik. Die deutsche Schiffbauindustrie hat sich von ihrem Lehrmeister frei gemacht und geht eigene Wege. Diesem Rekordschiff – einem Vierschornsteinboot – folgen weitere Schnelldampfer des Norddeutschen Lloyd und der Hapag, die mit ihrer „Deutschland" den Geschwindigkeitsrekord des Lloydschiffes bricht. Bei den letzten in Dienst gestellten Vierschornsteinschiffen arbeiteten je zwei Vierfach-Expansionsmaschinen hintereinander auf zwei Wellen. 46 000 Pferde wirbelten am Heck die beiden Schrauben herum.

Damit war die gute „Hammermaschine" endgültig am Ende ihrer Kräfte oder vielmehr der Schiffskörper; dieser konnte die Erschütterungen noch größerer auf- und niederstampfender Kolbenmassen nicht mehr verkraften.

Die Dampfturbine setzt sich durch

Über das Problem der erschütterungsfreien Schiffsmaschine hatten als erste der Schwede Carl Gustav de Laval und der Engländer Sir Charles Parsons zu Beginn der achtziger Jahre erfolgreich nachgedacht. In Anlehnung an Windmühlen, Wasserräder und technische Spielereien italienischer Gelehrter der Barockzeit erfanden sie unabhängig voneinander eine Dampfströmungsmaschine, die unmittelbar die für den Schiffsantrieb erwünschte Kreisbewegung erzeugt.

Die Dampfturbine ist gewissermaßen eine Windmühle, in der hochgespannter Dampf die Rolle der bewegten Atmosphäre übernimmt und die Flügel – hier Schaufeln genannt – mit ihrer Welle dreht. Sie erzeugt also die von der Schraube geforderte Drehbewegung unmittelbar, während in der Dampfmaschine eine ungleichförmige hin- und hergehende Bewegung erst durch ein kompliziertes Gestänge (Kreuzkopf und Kurbel) in Kreisbewegung verwandelt werden muß. Das mechanische Dilemma war durch die Turbine beseitigt.

Die erste für die Schiffahrt brauchbare Dampfturbine stellte Parsons her. Der Erfinder war wirtschaftlich in der Lage, daß er sich eine Privatjacht, die „Turbinia", bauen lassen konnte, in die er die neue Maschine als Antriebsmotor setzte. Nach anfänglichen Mißerfolgen, die ihren Grund in zu hohen Umlaufzahlen hatten, glückten seine Versuche nach einer konstruktiven Änderung. Die „Turbinia“

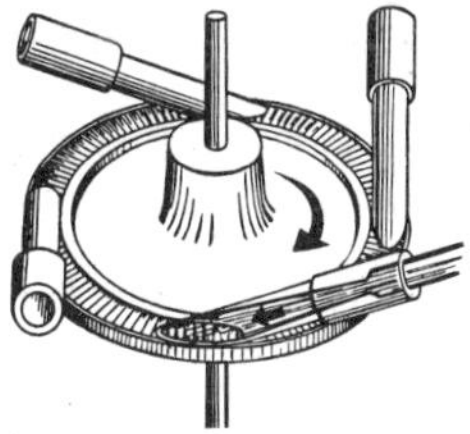

Prinzip der Turbine

brachte es auf Geschwindigkeiten von 34 Knoten, eine für damalige Zeiten phantastische Leistung. Mit den Versuchsergebnissen in der Tasche suchte Parsons die Lords der Admiralität auf; das waren quasi die Söhne der Väter, die schon den Bau eiserner Schiffe abgelehnt und sich weiterhin zur „göttlichen Holzordnung“ bekannt hatten. Die jüngere Generation bewahrte unter nachdrücklichem Hinweis auf die Bewährung der Dreifach-Expansionsmaschine in der Königlichen Flotte ihre ebenfalls konservative Haltung und ließ den Turbinenkonstrukteur höflich abblitzen. Sir Charles Parsons aber, fanatisch überzeugt von der Nützlichkeit seines Projekts und auf dem Gebiet, das wir heute „Public relations“ nennen, voller Ideen, gab nicht klein bei. Er beschloß, den Lords quasi im eigenen Hause ein Knockout zu verpassen. Die Gelegenheit bot ihm eine Flottenschau der Royal Navy, die 1897 vor Portsmouth im Spithead, dem Meeresarm zwischen der Ostküste der Isle of Wight und dem Festland, stattfinden sollte. Diese Flottenparaden, die das britische Herz höher schlagen ließen, wenn die alte Queen Victoria auf ihrer Staatsjacht unter den Klängen der Nationalhymne und dem Donner der Salutgeschütze an den grauen Stahlkolossen vorbeifuhr, zog immer eine riesige Menschenmenge an. Diese Kulisse hatte sich Parsons für seine Propagandaaktion ausgesucht.
Die Vorbereitungen für die Flottenschau waren beendet; die Einheiten lagen gemäß Flottentagesbefehl tadellos ausgerichtet vor Anker, und die königliche Jacht verließ just den Kai von Portsmouth. An den Salutkanonen standen bereits die Geschützbedienungen mit aufgekrempelten

Ärmeln bereit. Da durchbrach plötzlich ein schneidiges Boot die Sperrlinie der Begleitfahrzeuge und hielt mit hoher Fahrt auf die Linienschiffe zu. Parsons, als Kapitän, fuhr sozusagen als Schrittmacher für die Queen die Schiffsreihe ab, die in Parade stehenden Besatzungen der Schiffe freundlich salutierend. Als dieser Eingriff in das strenge Zeremoniell der Flottenschau bemerkt wurde, gab es helle Empörung auf den Brücken aller Schiffe. Der Admiral der Flotte aber kochte geradezu vor Zorn und ließ durch Winkspruch sofort ein Torpedoboot beordern, das den Mann mit allen Mitteln an der Weiterfahrt hindern und notfalls mit Gewalt aus dem Paradefeld abschleppen sollte. Das Torpedoboot geht auch sofort mit brausender Fahrt „ran an den Feind". Die Aufgabe reizt den jungen Kommandanten. Befehlsgemäß geben die Maschinen alles her, was in den Kesseln steckt, denn der Bursche da vorn hat einen beachtlichen Vorsprung, und die Jacht „Victoria und Albert" wird schon in der Einfahrt von Portsmouth sichtbar. Bald werden sie ihn haben. Die Entfernung zwischen Jägern und Gejagten verringert sich, aber just als der Kommandant zur „Flüstertüte", zum Sprachrohr, greift, um Parsons den Befehl zum Abdrehen zu geben, stellt der den Maschinentelegrafen auf „Voll voraus" und schüttelt seinen „Angreifer" mühelos ab. Lange Gesichter auf dem Flaggschiff, heitere Mienen bei den Besatzungen und helle Begeisterung bei den Zuschauern auf den Begleitschiffen. Das war was für die sportbegeisterten Tommies. Dennoch wurde das Protokoll nicht gestört. Als die Salutgeschütze donnerten, war die „Turbinia" bereits außer Sicht gekommen.

Am nächsten Tag begann der Siegeslauf der Dampfturbine, und einige Zeit später gaben die Lords der Admiralität HMS „Viper", den ersten Turbinenzerstörer, in Auftrag. Die bewährte Dreifach-Expansionsmaschine aber gehörte bei der Royal Navy bald der Vergangenheit an. – Das erste Turbinenschiff der Handelsflotte, „King Edward", ein Küstendampfer von 551 BRT, wurde im Jahre 1901 gebaut. Es war mit drei Turbinen ausgerüstet und verkehrte auf dem Clyde. Während des zweiten Weltkrieges hat „King Edward" sich nach der Landung in der Normandie im Jahre 1944 als Kanalfähre noch bewährt.

Im Kielwasser der Kriegsmarine folgten Kanalfährboote und die Cunard Line im Jahre 1906 mit ihren beiden Schnelldampfern „Mauretania" und „Lusitania", nachdem

sich die neue Maschine auf der im Jahre 1904 hergestellten „Carmania“ bewährt hatte. Beide Schiffe waren zu rund 32 000 Registertonnen vermessen und erreichten mit einer Maschinenleistung von rund 80 000 PS Marschgeschwindigkeiten bis zu 26 Knoten.
Die „Mauretania“ sicherte sich damals das „Blaue Band“ und hat es gegen alle Angriffe bis zur Indienststellung der „Bremen“ des Norddeutschen Lloyd im Jahre 1929 behalten.
Albert Ballin, Generaldirektor der Hamburg-Amerika-Linie, erkannte die Bedeutung der neuen Maschine und ging bereits vor Beginn des ersten Weltkriegs beim Bau der 50 000-Tonner „Imperator“, „Vaterland“, „Bismarck“ und einiger Seebäderdampfer zum Turbinenantrieb über. Demgegenüber blieb der Norddeutsche Lloyd betont konservativ und hielt am Prinzip der Kolbenmaschine fest. Bei seiner ablehnenden Haltung spielte ein erheblicher Nachteil der Turbine entscheidend mit: Die Turbine ist – wie die Windmühle – nicht umsteuerbar, das heißt, man benötigt für den „Rückwärtsgang“ ein besonderes Maschinenaggregat.

Unglückliche Ehe zwischen Temperament und Phlegma
Enthusiasten hatten der alten Kolbenmaschine bereits das Ende vorausgesagt, aber es kam anders, noch einmal anders. Es stellte sich nämlich heraus, daß die Turbine im Schiffsbetrieb nicht so wirtschaftlich war, wie man auf-

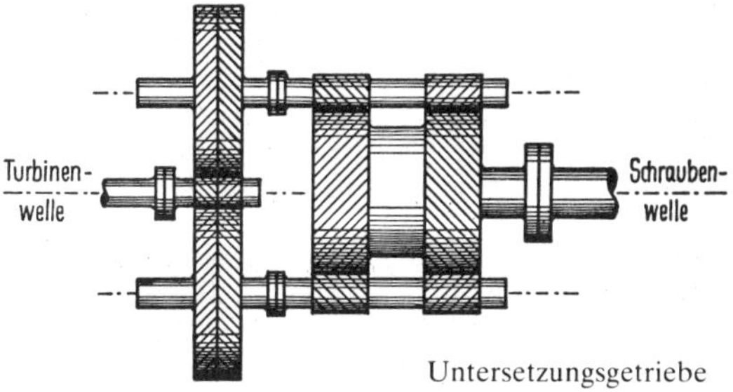

Untersetzungsgetriebe

grund der Erfahrungen bei stationären Anlagen erwartet hatte. – Eine Ehe von Schiffsschraube und Turbine ist von Natur aus „unglücklich“. Unüberwindliche Abneigung liegt hier vor. Die „nervöse“ Turbine braucht zur Erfüllung des wirtschaftlichen Prinzips Drehzahlen, die bei 4000 bis 7000 Umgängen pro Minute liegen, während die „phlegmatische" Schraube am liebsten 70 haben will. Den Konflikt durch Dazwischenschaltung eines mechanischen Untersetzungsgetriebes wie beim Auto zu lösen, wurde zunächst wegen der schwankenden Beanspruchung der Schrauben im Seegang für unmöglich gehalten. Im Lärm des ersten Weltkrieges haben die Amerikaner dann aber gezeigt, daß die mechanische Untersetzung durchführbar ist. Heute werden alle Turbinenschiffe mit Untersetzungsgetrieben ausgestattet.

Rudolf Diesel mustert an und gewinnt das Rennen

Etwa zehn Jahre nach Einführung der Turbine entstand der Kolbenmaschine aber noch ein anderer Konkurrent in Gestalt des Dieselmotors. Rudolf Diesel, der 1897 die Idee seines berühmten Motors entwickelte, hatte sich bei seiner Erfindung auch von sozialen Erwägungen leiten lassen. Seine ohne komplizierte Zündung arbeitende, robuste Kraftmaschine sollte dem Kleingewerbetreibenden die Vorteile der Großindustrie sichern. Damit waren die Abmessungen des neuen Motors sozusagen ideologisch eingeengt. In Deutschland folgte auch das „Mutterwerk", die Maschinenfabrik Augsburg-Nürnberg, diesem Prinzip und hat sich besonders intensiv nach Ausbruch des ersten Weltkrieges um die Konstruktion verhältnismäßig kleiner, schnellaufender Dieselmotoren für U-Boote bemüht. – Es ist das unbestreitbare Verdienst der dänischen Werft Burmeister & Wain in Kopenhagen, die Konstruktion großer, langsamlaufender Dieselmotoren für den Schiffsantrieb vorangetrieben zu haben. Ihre Chefkonstrukteure lösten dabei einwandfrei das Problem, den Dieselmotor ohne Getriebe direkt vom Vorwärts- auf den Rückwärtsgang umzusteuern. Zum Anlassen und Umsteuern wird „gehortete" Preßluft benutzt. Die Dänisch-Ostasiatische Kompanie unterstützte diese Pionierleistung der Werft, indem sie sich sofort auf Dieselbetrieb umstellte; bei Ende des ersten Weltkrieges bestand die Flotte dieser Reederei fast ausschließlich aus Motorschiffen.

Der Vorteil des Dieselmotors als Schiffshauptmaschine ist zunächst wärmetechnischer Natur. Der an sich gegenüber der Kohle gehaltvollere flüssige Brennstoff – 7000 Kalorien gegen 10 000 – wird nicht unter Kesseln zur Verdampfung von Wasser, sondern unmittelbar im Arbeitszylinder verbrannt. Der Brennstoffverbrauch sinkt dadurch von 0,65 kg auf 0,13 kg pro Pferdestärke in der Stunde. – Weitere Vorteile: Gewichts- und Raumgewinn durch Wegfall der Kesselanlagen; zusätzlicher Raumgewinn durch Anspruchslosigkeit des flüssigen Brennstoffes an Bunkerraum. Ein beträchtlicher Teil des Öles kann auch an sonst für Lagerung festen Brennstoffes nicht geeigneten Stellen, wie im Doppelboden, *gefahren* werden, da es nicht, wie die Kohle, von Hand verarbeitet, sondern mechanisch durch Pumpen befördert wird. Ein Motorschiff kann heute ohne Nachbunkerung um die ganze Welt fahren, und dies bedeutet wieder, daß es seinen Brennstoff dort tanken kann, wo er preiswert angeboten wird. Und schließlich verschwinden mit den Kesseln die Heizer und Kohlentrimmer in der Musterrolle; dafür müssen aber zusätzlich Maschinenwärter, die bereits einmal erwähnten Reiniger, an Bord tätig werden.

Das „Torverhälnis" zwischen James Watt und Rudolf Diesel, das heißt die Wärmebilanz zwischen beiden, sieht so aus: Die Dampfmaschine nutzt 15 %, der Dieselmotor 35 % der Brennstoffenergie aus.

Der Dieselmotor hat der Dampfkolbenmaschine den Todesstoß versetzt. Sie ist ebenso am Aussterben wie die Kohle an Bord, denn alle Turbinenschiffe verfeuern unter ihren Kesseln nur noch Rohöl.

Auch bei schnellaufenden Dieselmaschinen pflegt man heute Untersetzungsgetriebe vorzusehen. – Seit zwei Jahrzehnten bedient man sich zur Reduzierung der Maschinendrehzahl auf das für den Propeller „bekömmliche" Maß der elektrischen Untersetzung. In diesem Fall erzeugen die Schiffsmaschinen in Dynamos elektrische Energie, die den mit den Schraubenwellen gekuppelten langsam laufenden Elektromotoren zugeführt wird. Auch bei Turbinenantrieb ist diese elektrische Untersetzung in Mode gekommen. Man spricht dann von turbo- beziehungsweise dieselelektrischem Antrieb; beide kommen meistens nur für hochwertige Schiffe in Frage. MS „Meteor", das deutsche Forschungsschiff (siehe Seite 195) ist mit einer wirtschaftlichen dieselelektrischen Anlage ausgerüstet.

Der Kaiser applaudiert

Die deutsche Motorschiffahrt begann am 25. Geburtstag der Kieler Woche mit einem Knalleffekt. Ganz unprogrammäßig erschien am 24. Juni 1912 das dänische Frachtschiff „Fionia“, im Großmast die Hausflagge der „Østasiatisk Kompagni“ führend. Der „Dampfer“ wirkte unter den eleganten Jachten und weißen Schiffen der beiden deutschen Großreedereien wie ein salopp angezogener, sozusagen ohne Schlips und Kragen gekleideter Gast in einer betont vornehmen Gesellschaft. Das Schiff hatte nämlich keinen Schornstein und machte den Eindruck eines unvollständigen Seglers. Gute Beobachter stellten indessen fest, daß die „Fionia“ beim Ankermanöver aus Schlitzen an beiden Masten gequalmt habe. – Am nächsten Tag lud Albert Ballin, der Chef der Hamburg-Amerika-Linie, seine auf der „Victoria Luise“ einquartierten Gäste zu einer Fahrt mit dem seltsamen Schiff ein. MS „Fionia“ war ein Schwesterschiff der „Selandia“, das schon am 12. Februar 1912 zu seiner Jungfernreise nach dem Fernen Osten ausgelaufen war und in allen Häfen großes Aufsehen erregt hatte. Die „Fionia“ – Fünen – hatte bereits einen Teil der Ladung für ihre erste Reise gestaut, als sie in Kiel eintraf. – Die Gästefahrt der Kieler „Wöchner“ und „Wöchnerinnen“ glückte ausgezeichnet und endete mit einer Überraschung: Als die „Fionia“ wieder in die Förde einlief, führte sie am Großmast die Hausflagge der Hamburg-Amerika-Linie. Albert Ballin hatte das Schiff vom Fleck weg gekauft und stellte es am nächsten Tage unter dem Namen des dänischen Königs „Christian X.“ mit einer zweiten Gästefahrt in Dienst. Diesmal wehte die Kaiserstandarte des Deutschen Reiches im Großtopp. Wilhelm II.

MS „SLOMAN NAJADE“
1978 Howaldswerke-Deutsche Werft AG, Hamburg
Sloman Neptun Schiffahrts-AG, Bremen – Länge 129,5 m – Breite 21 m – 4407/7426 BRT – 7915/10 479 t Tragfähigkeit – 8000 PS – 16,8 kn – 440 Container.

war spontan der Einladung Albert Ballins gefolgt und zeigte sich begeistert über die Maschinenanlage des Schiffes. Tief beeindruckt beglückwünschte er den „königlichen Vetter“ in Kopenhagen in einem impulsiven Telegramm zu der vorbildlichen Leistung der dänischen Schiff- und Motorenbauer. Diese deutliche kaiserliche Akklamation und einige kritische Bemerkungen Albert Ballins über die immer wieder hinausgeschobene Ablieferung des Hapag-Motorschiffes „Primus“ einer deutschen Werft wurden an unseren Küsten nicht mit Begeisterung aufgenommen, riefen aber die Konstrukteure an die Reißbretter. Die auf der Howaldtswerft gebaute „Monte Penedo“ der Hamburg-Südamerikanischen Dampfschiffahrts-Gesellschaft lief am 10. August 1912 als erstes deutsches Motorschiff, das mit einem Schweizer Diesel ausgerüstet war, aus. Ihm folgte MS „Rolandseck“ der „Hansa“-Linie, Bremen, am 15. November mit einer auf der Tecklenborg-Werft, Bremerhaven, in Arbeitsgemeinschaft mit einer belgischen Maschinenfabrik hergestellten Dieselmaschine. In kurzem Zeitabstand liefen weitere Einheiten bei der Kruppschen Germania-Werft, Kiel, und bei Blohm + Voss, Hamburg, vom Stapel.

Diese hoffnungsvolle Entwicklung wurde aber bald durch ein Hochschnellen der Ölpreise gebremst und schließlich 1914 durch den Ausbruch des ersten Weltkrieges hart unterbrochen.

Was aber die „Monte Penedo“ anbelangt, so erwies sie sich als ein zäher Bursche. Sie tuckerte noch 1961 mit der brasilianischen Flagge am Heck unter dem Namen „Ascanio Coelho“ an der südamerikanischen Küste.

Heute liegt die Herstellung von Schiffsdieselhauptmaschinen größter Leistung in Deutschland bei der Nürnberger Firma MAN. An der Produktion von Motoren großer und mittlerer Leistung haben Klöckner-Humboldt-Deutz, die MaK Maschinenbau GmbH, die Motorenwerke Mannheim und Blohm + Voss mit der Lizenz für die französischen Pielstick-Diesel einen bedeutenden Anteil. Diesel für schnelle Fahrzeuge der Marine, des Zolls und der Polizei stellt die MTU als Mercedes-Tochter her, wobei die Leistungsgrenze immer höher hinaufgeschraubt werden konnte.

Eine erneute Verschiebung hat 1973 der weltweite Ölschock hervorgerufen. War bis dahin für hohe Leistungen für die immer höher getriebenen Geschwindigkeiten die Getriebedampfturbine mit Ölfeuerung eindeutiger Favorit geworden – u. U. sogar 2 Sätze auf 2 Schraubenwellen wie bei den letzten ultra-großen Tankern –, so trat nach der Verdreifachung der Ölpreise ein Wandel zu dem doch erheblich weniger „Sprit“ schluckenden Dieselmotor ein. Auch ist er mittlerweile konstruktiv auf beachtliche Leistungen gebracht worden und kann mit dem erheblich billigeren Schweröl gefüttert werden, wobei der Verbrauch auch noch niedriger liegt.

Dennoch Turbine

Bleibt noch die Frage zu klären, warum überhaupt noch Dampfturbinen? – Sobald die Leistung des Dieselmotors eine bestimmte Größe überschreitet, taucht sofort wieder der „erschütternde“ Konflikt der hin- und hergehenden Kolbenmassen auf. Schiffe über 15 000 BRT werden deshalb meistens mit ölgefeuerten Turbinen ausgestattet, die mit ihrer Kreisbewegung ruhigen Gang garantieren. Auch die Riesen-Öltanker haben als Hauptmaschinen in der Regel ölgefeuerte Turbinen.

Inzwischen hat sich herausgestellt, daß diese Leistungsschranken für Dieselanlagen nicht mehr existieren. Bereits 1970 wurde von Burmeister & Wain, Kopenhagen – den Pionieren im Motorschiffbau – ein Hauptantriebsmotor mit 34 300 PS für einen norwegischen Tanker mit 140 012 BRT und 280 240 t Tragfähigkeit (tdw) gebaut, der ihn mit 15,4 kn durchs Wasser schiebt. Spitzenreiter der Nachfahren von Rudolf Diesels Konstruktion dürften aber jetzt 5 Anlagen der Schweizer Firma Sulzer vom Typ RND90M mit jeweils 12 Zylindern und 40 200 PS bei 122 Umdrehungen pro Minute sein, die 5 fernöstliche Containerschiffe 23 kn schnell machen sollen. Leistungen zwischen 25 000 und 33 000 PS gehören schon zur Tagesordnung.

Eine große Zukunft sah man den Gasturbinen voraus, weil sie besser den wärmetechnischen und mechanischen „Konfliktstoff“ lösen können. Dabei stützte man sich auf Düsenaggregate aus der Luftfahrt, die entsprechend „navalisiert“ wurden und in erster Linie den Vorteil hoher, ja höchster Leistung bei nur geringem Platzbedarf und Gewicht bieten. Das hat sie besonders für den Kriegsschiffantrieb bei den heute ja immer kleiner werdenden Einheiten interessant gemacht. Markantes ziviles Beispiel ist das finnische GTS (Gasturbinenschiff) „Finnjet“ als größte und schnellste Passagier- und Autofähre der Welt, die durch 2 Düsenaggregate aus den USA (Pratt & Whitney FT4C-1DLF) mit je 27,5 MW/37 500 PS für 28,7 kn angetrieben wird. Einen unerwarteten Rückschlag brachte aber auch hier der

„Ölschock“ von 1973 mit seinen Verteuerungen, da diese Aggregate aufbereiteten Flugzeugbrennstoff „schlucken“, so daß alle vorhergegangenen Wirtschaftlichkeitsberechnungen über Kopf gingen. Dank des hohen Transportaufkommens fährt „Finnjet“ aber gerade noch in „schwarzen Zahlen“. 4 große Nordatlantik-Containerschiffe mit dem gleichen Antrieb sollen jetzt aber auf Dieselantrieb umgestellt werden, um konkurrenzfähig bleiben zu können.

Unter den Dampfturbinenschiffen der Spitzenklasse wies der letzte „Blaue-Band“-Gewinner „United States“ 4 Sätze mit zusammen 240 000 PS auf 4 Schrauben auf. Noch stärker je Turbine sind aber die 7 amerikanischen Containerschiffe der 3. Generation vom Typ „Sea-Land Galloway“ (41 127 BRT, 28 075 tdw) mit jeweils 2x 60 000 PS für 33 kn Dienstgeschwindigkeit über 2 Propeller! 3 von ihnen stammen aus Bremen, und 2 aus Emden.

Der Antrieb unter Benutzung von Kernenergie ist für Handelsschiffe zur Zeit noch unwirtschaftlich. Das erste mit Kernenergie angetriebene Handelsschiff der USA, NS (= Nuclear Ship) „Savannah“, ist im August 1962 in Dienst gestellt worden und lief 1965 erstmalig im Linienverkehr Bremerhaven an.

Die Bundesrepublik folgte unter Beteiligung der Küstenländer auffallend schnell dem amerikanischen Vorbild mit einer eigenen Konstruktion. Unter dem Namen des deutschen Kernphysikers Otto Hahn lief es 1966 bei den Howaldtswerken in Kiel vom Stapel und hat im Spätherbst des Jahres 1968 mit den Versuchsfahrten begonnen.

Seitdem ist das Schiff ohne Beanstandungen oder Pannen sowie nach einigen Erneuerungen des Kernbrennstoffes in großen Abständen kommerziell als Massengutfrachter vor allem für Erz- und Phosphatimporte genutzt worden und hat seit Oktober 1978 störungsfrei auf rd. 120 Reisen etwa 550 000 Seemeilen zurückgelegt. Der erste Kern arbeitete bis 1972. Allerdings mußte für viele ausländische Häfen sehr mühselig die Anlaufgenehmigung richtiggehend erkämpft und vorher hochdotierte vorsorgliche Schadenersatz-Verträge abgeschlossen werden, da das Schiff vielerorts offenbar für eine „schwimmende Atombombe“ gehalten wurde. Tatsächlich ist es aber nie zu irgendwelchen Zwischenfällen gekommen und so die technische Brauchbarkeit seiner Konstruktion glänzend bewiesen worden. Sein Handikap war jedoch die für die Wirtschaftlichkeit zu geringe Größe – auch wenn ohnehin der gesamte Betrieb des „Otto Hahn“ vom Bund und den Küstenländern laufend mit Millionenbeträgen bezuschußt worden ist. Inzwischen ist das aber Bonn zu teuer geworden, so daß das Schiff, das zuletzt von der Hapag-Lloyd AG bereedert wurde, die dabei praktische Betriebserfahrungen im Hinblick auf in Zukunft vielleicht mögliche große, schnelle Containerschiffe sammeln wollte, Frühjahr 1979 stillgelegt worden ist. Allerdings gegen die Proteste der Küstenländer und von Schiffahrtskreisen, die darin den unnötigen Verzicht auf wertvollstes Know-how sehen, das angesichts der Sorgen um die Energiereserven der Welt eines Tages wieder interessant werden kann und in dieser Form bislang nur in Deutschland vorliegt.

Die Vereinigten Staaten scheinen mit der „Savannah“ (Skizze Seite 217) im praktischen Einsatz keine guten Erfahrungen gemacht zu haben. Es ist 1971 außer Dienst gestellt worden.

Nach amerikanischer Auffassung wird der Kernenergieantrieb erst für Regelfrachtschiffe von 30 Knoten an wirtschaftlich, weil in dieser Größenordnung das Gewicht der konventionellen Brennstoffe die Tragfähigkeit zu stark beschneiden würde. Vorläufig haben in den Maschinenräumen noch Herr Diesel und Mr. Parsons das Sagen.

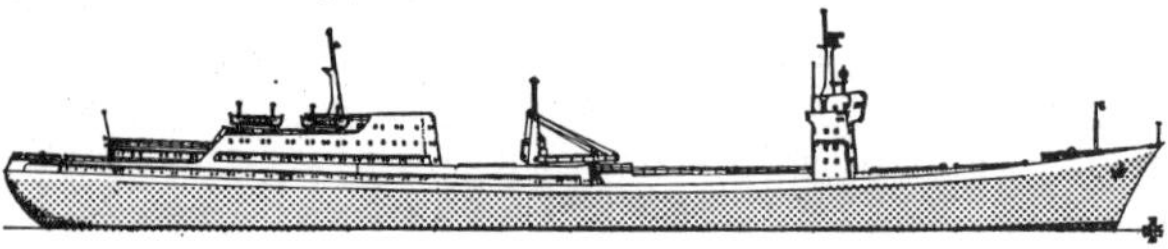

NS „OTTO HAHN“

Schiff mit Kernenergieantrieb

1967 Howaldtswerke, Kiel, Gesellschaft für Kernenergieverwertung in Schiffbau und Schiffahrt, Hamburg – Länge 172,0 m – Breite 23,4 m – 15 000 t Tragf. – Turbinenreaktor 10 000 PS – 15,75 kn – 73 Mann Besatzung und 36 Mann Forschungspersonal

Von der Schiffbaukunst

Schiff wie eine Frau
Ein bekannter Werftdirektor, im Bau schöner Schiffe ebenso erfahren wie im Umgang mit schönen Frauen, hat zwischen beiden keinen Unterschied gefunden: „Ein Schiff ist wie eine Frau; alles an ihnen ist ein Rätsel. Erst nach der Jungfernfahrt beziehungsweise nach der Hochzeitsreise weiß man Bescheid, was man hat."

Erfahrung die Hauptsache
Im Schiffbau geht es anders zu als in den meisten Zweigen der Technik. Zwar wird hier auch gerechnet mit Schiebern und Logarithmen, aber das Wesentliche, worauf es ankommt, läßt sich nicht exakt bestimmen: Formengebung, Festigkeit und Kraftbedarf. Deshalb spricht man auch heute noch ebenso wie zur Barockzeit von der „Architectura navalis", von der Schiffbaukunst. Wer es nicht fühlt – mit den Händen die Linien um Bug und Heck gestaltend fühlt –, der wird es nie erjagen. Zwar hat man im Laufe des verflossenen Jahrhunderts einen großen Schatz von Erfahrungen gesammelt und sie in handfeste Formeln gegossen, aber diese mathematischen Zaubersprüche geben nur Näherungswerte. Baut man ein „Allerweltschiff", einen Trampdampfer alter Art, der sich auf jedem Fahrtgebiet und mit jedem Frachtgut bewähren soll, werden einem Konstrukteur heute kaum entscheidende Fehler unterlaufen, wenn er die Erfahrungen früherer Schiffbaugenerationen zu Rate zieht. Es ist aber schwer, einem solchen „völligen" Schiff „gefällige" Formen zu geben.

Kommt es darauf an, einen Typ weiterzuentwickeln – und sei es nur einen Fischdampfer – oder einen neuen zu schaffen, dann ist man an den Versuch – das Experiment im „Planschbecken" – gebunden. Natürlich hat der Konstrukteur Vorstellungen, wie er ungefähr den Rumpf bei der vom Reeder geforderten Tragfähigkeit, Tiefgang und Geschwindigkeit gestalten will, und er bringt dann seine formenden Gedanken in einem Entwurf, das heißt in einer Zeichnung, zu Papier. Bei dieser Tätigkeit beginnen aber schon die Schwierigkeiten, weil im Gegensatz zur „erdgebundenen" Technik der Schiffskörper praktisch jede Rechtwinkligkeit an Leib und Seele vermissen läßt. Man kommt mit Schiene und Reißbrett nicht aus, um den doppelt gekrümmten Schiffskörper zeichnerisch so darzustellen, daß den Männern auf dem Helgen oder auf dem Spantenplan keine Zweifel kommen.

Eine Scheibe davon abschneiden

Die Franzosen, die Begründer des wissenschaftlichen Schiffbaues, fanden im XVII. Jahrhundert eine elegante Lösung dieses Problems. Sie bedienten sich dabei des Verfahrens, das auch die Kartographen zur Darstellung von Bergen anwenden. Die schneiden sich bekanntlich in bestimmten Höhenabständen – je nach dem Maßstab der Karte – 10-, 25-, 50- oder 100-m-Scheiben von der Hügellandschaft im Geiste ab. Die Umrisse dieser Schnitte stellen sie auf dem Papier als Höhenlinien dar. Menschen mit normaler Phantasie haben bei Betrachtung dieser „Höhenschichtlinien" ein überzeugendes Bild von der vertikalen Gestaltung des kartierten Geländes.

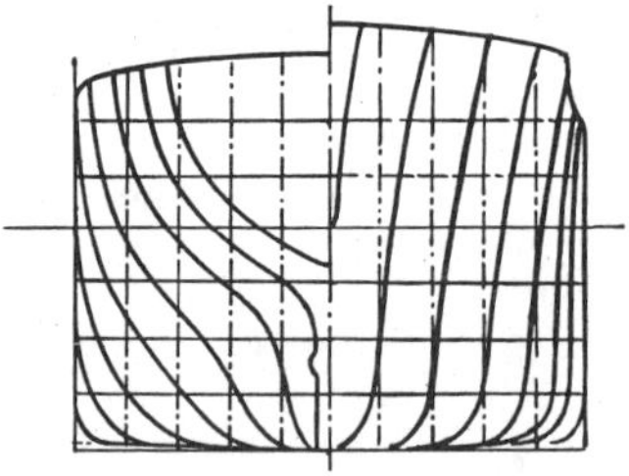

Spantenriß

Genau so macht es der Schiffbauer. Auch er schneidet sich Scheiben von seinem Schiff ab; er hat es dabei aber nicht so einfach wie der Topograph. Der Schiffbauer muß nämlich in allen drei Dimensionen sein Schiff „zerhacken", wenn er sich unmißverständlich ausdrücken will. Einmal schneidet er, wie der Schlachter die Wurst, von vorn nach hinten, und zwar meistens dort, wo eine Rippe, ein Spant, sich mit dem Rückgrat, dem Kiel, verbindet; diese Zeichnung nennt er den Spantenriß. Bei der Darstellung kommt ihm die Tatsache zugute, daß ein Schiff ein symmetrischer Körper ist und ein Steuerbordspant dieselbe Form aufweist wie der „Kollege" auf der anderen Seite. Es genügt also, wenn man sich mit der Darstellung der Hälfte der Spanten begnügt.

Deshalb erscheinen auf der rechten Seite der Zeichnung die Spanten vom Bug bis mittschiffs und auf der linken von mittschiffs bis achtern.

Der Nullspant der Aphrodite

Alle Spanten haben Namen, sehr einfache Namen, sie werden numeriert. Die Franzosen zählen von vorn, sozusagen „natürlich", die Engländer und ihre „Lehrlinge" beginnen hinten. Sie nennen den ersten wichtigen Spant am Hinterschiff merkwürdigerweise den Spant ,,Null" und gehen zum Bug vor. Schiffbauer und Seeleute pflegen übrigens von der bekannten ,,Aphrodite Kallipygos" oder von einem vollschlanken Mädchen zu sagen, sie hätten einen beachtlichen „Nullspant". – Der Hauptspant in der Mitte erscheint in diesem Riß auf beiden Seiten und „rundet das Bild ab". – Wenn man sich bemüht, diese Spanten räumlich hintereinander zu sehen, indem man an ihnen gewissermaßen entlang schielt, ist das „ganze Schiff schon da". – Für exakte Bestimmung der Schiffsformen genügt diese Zeichnung jedoch noch nicht. Der Schiffbauer zersägt den Körper weiter parallel zur Wasserlinie, auf der er schwimmen soll, in mehrere Schnitte und erhält damit den Wasserlinien-Riß. Die ,,Länge des Schiffes in dieser Wasserlinie" spielt übrigens als Konstruktions-

grundlage eine bedeutende Rolle; genauer gesagt – damit die Schiffbauer nicht stänkern – ist es die sagenhafte ,,Länge zwischen den Loten", die Länge zwischen Vorsteven und Hintersteven in der Schwimmebene. Demgegenüber spielt für den Seemann mehr die ,,Länge über alles", das heißt von „ganz vorn" bis „ganz hinten", die entscheidende Rolle, weil sich hiernach sein Liegeplatz im Hafen richtet.
Zum Schluß hackt der Schiffbauer – natürlich immer im bekannten „Geiste" – das Schiff noch einmal seitlich, vertikal in der Längsrichtung entzwei und erhält damit als drittes Bild den Seitenlinien-Riß. In diesem Fall genügt auch wieder die „halbe Portion" wie beim Spantenriß.

Bei neuen Typen stets Modellversuch

Nach diesem Entwurf wird nun sozusagen ein ernstes Spielzeug, ein Modell im Maßstab 1:25, hergestellt. Merkwürdigerweise nicht aus Blech, wie unsere Kindergeschenke, sondern meistens aus Paraffin. Unser Neubau im Kleinformat wird dann zur Schiffbauversuchsstation gebracht, die nach ihrer bei Kriegsschluß befohlenen Demontage in Hamburg inzwischen wieder erstanden ist. Dort wird das „Schifflein von Kapitän und Leutnant", das heißt vom technischen Stabe des Instituts, mit einem elektrisch bewegten Wagen durch ein Planschbecken geschleppt und mit Widerstandsmeßgeräten einer Durchleuchtung – wie man heute so gern sagt – unterzogen. Ergeben sich offenbare Mißverhältnisse zwischen Schiffsform und Widerstand, dann beginnt eine Art Bildhauerarbeit; es wird so lange formend gestaltet, bis das günstigste Verhältnis zwischen Form und Widerstand „erschleppt" ist.

In den neueren Versuchsanstalten kann man auch wie in den Hallenbädern von Norderney und Westerland Seegang erzeugen und das Verhalten des Schiffes im bewegten Wasser überprüfen; bis zum gewissen Grade überprüfen, denn leider stimmen die Ergebnisse des Experiments mit dem Großversuch auf der Probefahrt nicht immer überein. Sogar das Fahren durch Eis kann neuerdings in Spezialversuchsanstalten z. B. in Finnland als Lieferland für die kräftigsten Eisbrecher der Welt getestet und vorberechnet werden.

Die dritte Potenz hat es in sich

Über das Verhältnis zwischen Maschinenleistung und Schiffsgeschwindigkeit gibt es übrigens ein „richtiges" Naturgesetz, das von allgemeinem Interesse ist, weil es das Problem des Schnellschiffes erkennen läßt. Keine Angst, es geht ohne die leidigen Wurzeln ab. Das Gesetz lautet:

> Die Maschinenleistung wächst mit der dritten Potenz der Geschwindigkeit.

Jedermann weiß noch: Die zweite Potenz einer Zahl – ihr „Quadrat" – ist 2×2 oder 8×8, ihre dritte Potenz 4×4×4 usw. Beispiel: Ein Schiff mit einer Dieselmaschine von 6000 PS läuft 14 Knoten. Die Geschwindigkeit soll verdoppelt – das ist verzweifacht – werden. Wie hoch ist der Kraftbedarf jetzt?

$$6000 \times (2 \times 2 \times 2) = 6000 \times 8 = 48\,000 \text{ PS.}$$

Unterschied: 42 000 PS. Die dritte Potenz hat es in sich. –

Schnelldampfer „Kronprinzessin Cecilie“ lief 1908 mit 46 000 Pferden 24 Knoten. Die „Mauretania“ – die Konkurrentin im Kampf um das Blaue Band, mußte ihren „Marstall“ um 24 000 Hengste vergrößern, um zwei Seemeilen pro Stunde mehr zu schaffen als das Schiff des Norddeutschen Lloyd.

Nützliche Moral für den Kraftfahrer

Der kluge Kraftfahrer weiß übrigens, daß auch bei seinem Wagen ähnliche Gesetze kostenfressend am Werke sind. Er wird sich hüten, ihn ständig „auszufahren“, weil er es an der Höhe der Reparatur- und Brennstoffkosten merkt, es sei denn, daß Steuergesetze das Wollen der Natur ökonomisch durchkreuzen.

Die Schaukelstuhltheorie

Sind Linien und Maschinenleistung erschleppt, geht es an die Fertigung der Einzelentwürfe. Für hochtechnisierte Schiffe, auch für Passagiere, sind etwa 4000 Konstruktionszeichnungen erforderlich. Beim Entwurf spielt auch die Frage der Stabilität, der Standfestigkeit, eine wichtige Rolle. Hierbei geht es um das sagenhafte „Metazentrum“. Seltsamerweise ist die Herkunft dieses Kunstwortes dunkel. Latein oder Griechisch ist hier die Frage. Die Franzosen haben es geprägt. Seine Bedeutung, die übrigens von keinem der großen deutschen Lexika gebracht wird, ist „Schwank-“ oder – etwas volkstümlicher – „Wackelpunkt“.
Den Fahrgast erfaßt meistens ein Gefühl des Unbehagens, wenn er bei Beobachtung der Ladungsarbeiten feststellt, daß schwere Maschinenteile oft nicht in den unteren Laderaum, sondern in den ersten Stock, in das Zwischendeck, *gestaut* werden. Dies scheint ihm „wider die Natur“ zu sein; er erhebt innerlich Protest, allerdings nur so lange, bis er einmal eine Reise mit einem Erzdampfer gemacht hat. So ein Schiff mit Schwerstladung benimmt sich nämlich wie ein Stehaufmännchen und macht kurze, ruckartige Bewegungen, die nicht nur Unbefahrenen, sondern gelegentlich auch hart gesottenen Seeleuten auf die Magennerven fallen. Selbst das Schiff ist mit diesem harten „Wackeltanz“ meistens nicht einverstanden; es hat schon Erzdampfer gegeben, die sich die Masten „aus dem Leib geschlingert“ haben.

Gut, daß Schaukelstühle in Deutschland wieder modern geworden sind. In den USA steht solch ein „rocking chair" auf dem Lande in jeder „porch", in jeder Veranda. Dieser größere Bruder der Wiege ist ein feines Versuchsobjekt für die Gesetze der Schiffsstabilität. – Sein Gestühl ruht bekanntlich auf zwei kreisförmigen Kufen. Diese Kreisbögen haben, wie jeder „circulus", einen Mittelpunkt. Man kann ihn durch Zeichnung finden. Er liegt bei gut durchdachten Stühlen ungefähr in der Höhe der Nasenspitze des Sitzenden. Um diesen im Raume schwebenden Punkt schwingt der Stuhl; er ist das „Stuhl-Metazentrum". Setzt man sich, wie es sich für den ruhigen Bürger geziemt, in normaler Haltung in dieses schwingende Gerät, dann liegt der Schwerpunkt von Stuhl und Mensch mit normalem „Nullspant" eben unterhalb des Hüftgelenkes. Schwerpunkt und Drehpunkt haben einen verhältnismäßig großen Abstand von etwa 80 cm; schiffsmäßig gesprochen, eine erhebliche „metazentrische Höhe". Kommt der „besessene" Stuhl ins Schaukeln, benimmt er sich wie ein Erzdampfer; er macht verhältnismäßig kurze, harte Rollbewegungen.

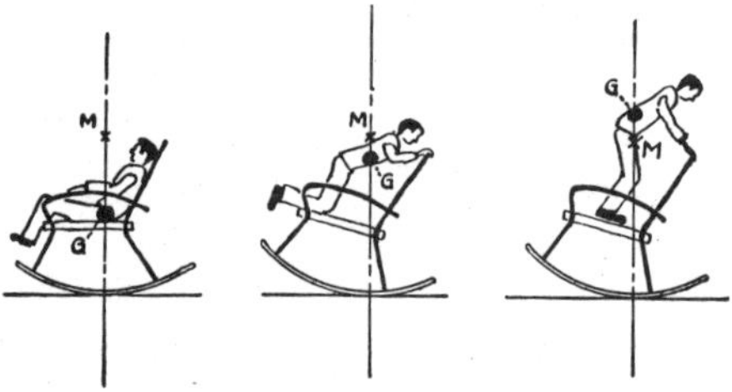

Zweiter Versuch: Wir entdecken „das Kind im Manne", drehen uns um und knien im Schaukelstuhl. Das Metazentrum bleibt in der Höhe der Nasenspitze, aber der Schwerpunkt des „Normalverbrauchers" liegt jetzt in der Brusthöhe und ist dem Drehpunkt erheblich nähergerückt. Die metazentrische Höhe beträgt jetzt nur rund 20 cm. Jetzt rollt unsere Großwiege in schönem, geruhsamen Gleichmaß, wie man es von einem guten Seeschiff erwartet. Schiff wie Schaukelstuhl sind bei kleiner metazentrischer Höhe ein wenig *„rank"* geworden, und dieses Verhältnis bekommt Fahrzeug und Fahrgast gut.

Dritter Versuch: Jetzt sticht uns der Hafer, und wir machen das, was unsere Mutter früher mit Recht verboten hatte. Vorher schließen wir aber eine Unfallversicherung ab, werden Artisten, und stellen uns in den Schaukelstuhl, daß heißt, unser Zimmerschiff hat mächtige Aufbauten bekommen. Der Schwerpunkt von Mensch und Sitzmaschine ist jetzt über das Metazentrum gerückt. Wir befinden uns im labilen Gleichgewicht, und wenn der Stuhl in Bewegung gesetzt wird, ist ein „Totalverlust" durch Kentern unausbleiblich: Deshalb der Rat wegen der Unfallversicherung. Ganz ähnlich verhält sich das Schiff im Seegang, und wir sind nun im Schaukelbild, ohne das Rüstzeug von Mathematik und Physik in Anspruch genommen zu haben. – Das Schaukelpferd bietet übrigens ähnliche Versuchsmöglichkeiten, nur dürften hier die Unfallquoten erheblich größer werden. Deshalb empfiehlt es sich, die Jugend auf diese reiche Erkenntnismöglichkeit bezüglich der Schiffstheorie gar nicht erst aufmerksam zu machen, sondern sie auf das Metronom der musizierenden Schwester zu verweisen, jene Uhr, die Musikbeflissenen den „feinen Takt" beibringt. Sitzt das „Schwergut", das Gewicht des aufrechtstehenden Pendels unten, bei „Allegro", haben wir das Erzschiff. „Andante"-Stellung ist unsere Forderung für das gute Seeschiff.

Harte Beanspruchung im Sturm

Um Festigkeitsrechnungen, die im Maschinenbau und bei Stahlkonstruktionen eine so bedeutende Rolle spielen,

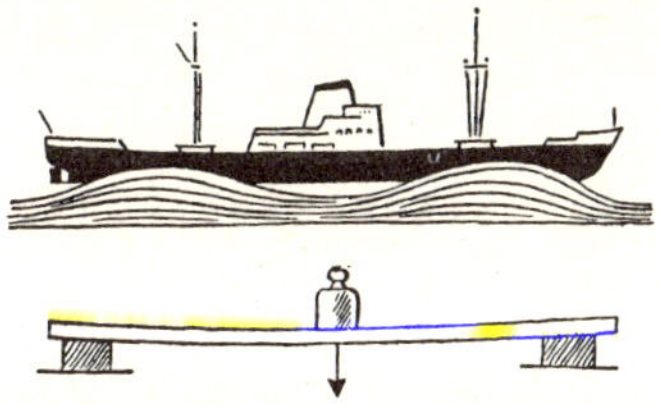

braucht sich der Schiffbauer im Normalfalle keine grauen Haare wachsen zu lassen. Die Materialstärken schreiben die Klassifikationsgesellschaften vor. Siehe Seite 30. Sie gehen dabei mit Recht auf „Nummer Sicher", da Ermittlungen praktisch nur am Schiff im ruhigen Wasser möglich sind. Beanspruchungen, die im harten Sturm auftreten, entziehen sich jeder Berechnung. Dann wird ein Schiff in einer Weise „gezwiebelt", daß die Verbände oft stöhnen wie eine gebärende Frau. Die zerrenden Kräfte wechseln dann ruckartig Richtung und Stärke. – Da schwimmen in einem Augenblick Bug und Heck auf je einem Wellenberg, während der Mittschiffsteil sich im Tal befindet. Die Wirkung ist dann etwa so, als wenn das Schiff im Dock nur

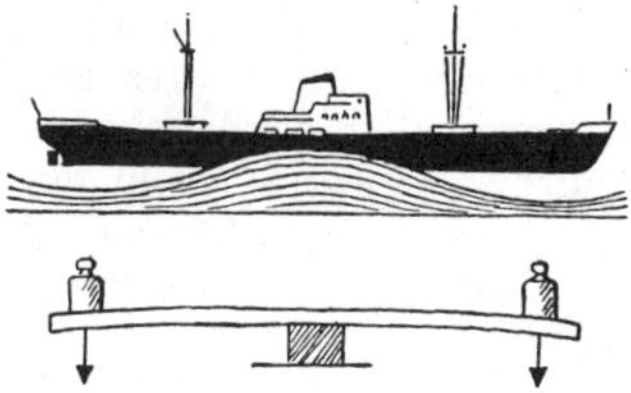

vorn und achtern von je einem Klotz unterstützt wird; es zeigt eine Neigung, in der Mitte durchzubiegen. Eine Sekunde später hat der vordere Wellenberg die Mitte des Schiffes erreicht, und die Schiffsenden hängen jetzt im Wellental. Auf das Trockendock übertragen: Das Schiff sitzt nur in der Mitte auf einem Kielklotz. Bug und Heck hängen über, und das Schiff hat die Tendenz, von oben nach unten zu reißen. Der Wechsel der Beanspruchung ist etwa so, als wenn man bei Fehlen einer Beißzange einen Draht durch rhythmisches Biegen zum Brechen bringen will. Das Maß der Durchbiegung ist übrigens beträchtlich. Bei Schiffen über 200 m Länge beträgt es bis zu 35 cm. –

Ein Mensch namens Maier schafft einen New Look

Mit dem gewerbsmäßigen Entwurf von Schiffslinien befaßte sich vor einigen Jahrzehnten mit großem Erfolg ein „Mensch namens Maier", mit Vornamen Fritz Franz, wie Ressel Österreicher von Geburt. Als sich der Segler

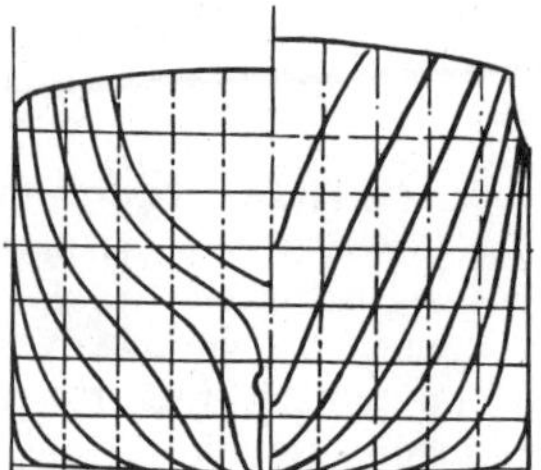

Maier-Form

in den Dampfer verwandelte, übernahm man zunächst – Parallele im Automobilbau – die alten bewährten Formen. Dann entromantisierte man den eleganten Klipperbug und machte den Vorsteven gerade, behielt aber das komplizierte Segelschiffheck bei. Maier machte es umgekehrt: er führte den überkragenden Bug wieder ein und formte das Heck – hier dem Kriegsschiffbau folgend – gewissermaßen nach dem „Ebenbilde Gottes", menschlich rund. Dadurch wurde das Hinterschiff wirtschaftlich nutzbar und entwickelte dabei auch noch andere vorteilhafte schiffbauliche Eigenschaften. Mit der Umformung von Bug und Heck ließ es Maier aber nicht bewenden. Er gestaltete die ganze Spantenform anders und erreichte damit bessere See-Eigenschaften sowie höhere Geschwindigkeiten: beides setzt sich in klingende Münze um, und so kommt es dann, daß dieser „New Look" sich mehr und mehr auf den Weltmeeren durchsetzte, ohne daß man sich im Ausland streng an die Grundprinzipien von Fritz Maier hält.

Darüber hinaus hat die Verwissenschaftlichung auch des Schiffbaus seit dem letzten Weltkrieg generell zu einer ständigen Verfeinerung und Optimierung der Schiffslinien geführt – nicht zuletzt auch eine Folge der Forderung der Kaufleute wie Reeder nach immer höheren bzw. ökonomischeren Geschwindigkeiten sowie nach mehr Raum für die das Geld bringende Ladung. Das hat u. a. bewirkt, daß dem Beispiel des Tankers folgend auch bei Trocken- und Massengutschiffen sowie Containerschiffen die Maschine den Rückzug in das Heck antrat. Bei den immer länger werdenden Schiffen kam man dadurch auch mit kürzeren, von der Fertigung aus Spezialstahl aber sehr teuren Propellerwellen aus. Damit führte sich auch wieder das platte, breite Spiegelheck ein, das auf dem nur noch ganz kurzen Heck mehr Platz zur Aufstellung der notwendigen Winden, Poller u. a. m. bot. Und als erfreuliche Nebenwirkung soll diese neue, breite Formgebung auch besser mal eine unbeabsichtigte „harte Landung" beim Festmachen oder in der Schleuse überstehen und dann auch noch leichter sowie billiger als ein schmales, spitzes Heck zu reparieren sein . . .

Auch die Deckshäuser sind neuerdings so weit wie möglich nach achtern geschoben worden, um den breiten Raum des Rumpfes voll für die Unterbringung der Ladung auszunutzen. Auf jüngsten Frachtern hört dadurch das Schiff schon gleich hinter dem Schornstein auf!

Wulstbug, der letzte Schrei

Schiffe mit klassischen Maier-Formen werden kaum noch hergestellt, dagegen hat der von Mr. Taylor entwickelte Bulb-Bug, der zwiebelförmige Bug bei Großbauten, in den letzten Jahren eine Veränderung zum Wulstbug erfahren.

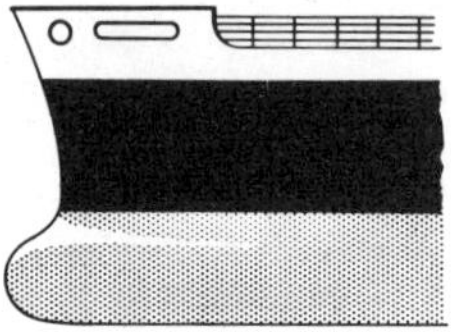

Wulstbug

Der Unterwasserteil des Buges wird hier wie eine mächtige Wurst nach vorn verlängert. Diese Wulst verleiht dem Vorschiff einen größeren Auftrieb und vermindert das tiefe Eintauchen in schwere Seen. Die Verminderung der Stampfbewegungen kommt der Geschwindigkeit zugute.
Dazu kam vor einigen Jahren für große Tanker und Massengutfrachter – auch „Bulker“ genannt – der sog. „Tonnen-Bug“: im Bereich der Wasserlinie rund wie eine Litfaßsäule, der bei den verschiedenen Beladungszuständen ebenfalls zu besseren Strömungs- und damit Widerstandsverhältnissen in Richtung auf Geschwindigkeitsverbesserung und Brennstoffkostensenkung verhelfen soll.

Der Schnürboden, ein Superreißbrett

Doch nun wieder auf Gegenkurs. Hat der Linienentwurf nach dem Schleppversuch mit der gestaltenden Hand des Schiffbaukünstlers den letzten Schliff bekommen, geschieht etwas ganz Tolles: Der „solide“ Schiffbau kommt in Kontakt mit dem Theater, wenn auch nur wegen eines Wortgleichklangs.
Der Konstrukteur begibt sich mit seinen Plänen auf den Schnürboden. Dieses ist ein sehr großer lichter Raum, dessen sauber gefugter Fußboden ebenso sauber mit grauer Ölfarbe gestrichen ist. Dort wird das Schiff – und das ist wohl das Einmalige in der Technik – im Maßstab 1:1, also in natürlicher Größe mit der Meßschnur – daher der Name – „aufgeschnürt“, aufgezeichnet. Wenn man bedenkt, daß die früheren Kombischiffe der beiden größten deutschen Reedereien 164 m „über alles“ maßen, müssen die Schnürböden der Großwerften Riesenkegelbahnen gleichen.

Hebelsarm und Bratskartoffeln

Übrigens sah man in dieser auf den Knien hergestellten Riesenzeichnung alle kleinen Unebenheiten der Form, die im papiernen Riß nicht in Erscheinung treten. Man wurde eindringlich belehrt, ob Spant 17 auch einwandfrei kurvt oder „strakt", wie die Schiffbauer sagen. Dieser Ausdruck ist übrigens auch in die praktische Anatomie eingegangen, wie junge Schiffbauer sie sehen: Ein Mädchenbein strakt oder es strakt auch nicht. Letzteres fällt häufig mit „beachtlichem Nullspant" zusammen. – Die Schiffbauer haben übrigens auch sonst seltsame sprachliche Gepflogenheiten, die in ihrer Studentenorganisation „Die Latte" sorgfältig gepflegt werden. Grundsätzlich bilden sie zusammengesetzte Hauptwörter mit dem Genitiv. Sie sprechen von „Hebelsarm" und konsequenterweise beim Abendessen von „Bratskartoffeln".

Inzwischen haben die Elektronik und der Computer auch hier zu einem einschneidenden Wandel verholfen, denn die Formgebung des Schiffsrumpfes, sein Linienriß, wird heute vom Computer nicht nur errechnet, sondern auch gleich aufgezeichnet. Der Schnürboden war schon vorher durch das „optische Anreißverfahren" und das „automatische Brennschneiden" hinfällig geworden. Beim letzteren werden die früher mit der Hand im Maßstab 1:1 aufgezeichneten einzelnen Teile nunmehr von der Konstruktionszeichnung abfotografiert. In einer vollautomatischen Brennschneidmaschine werden von einem Lichtstrahl in diesem Negativ die die Umrandung und Form des betreffenden Teiles anzeigenden Linien ertastet und dann abgefahren. Diese Bewegung überträgt sich auf einen oder zwei Seitenarme der sich zugleich auch vorwärts und rückwärts bewegenden Maschine, an denen Schneidbrenner angebracht sind, die aus den auf besonderen Rosten gelagerten Stahlplatten das oder die gewünschten Stücke und Teile gleich in der richtigen Schiffsgröße herausbrennen. Sogar für Schrägschnitte und Markierungen an bestimmten Stellen lassen sich die Brenner vorprogrammieren. Daneben ist die numerische Steuerung solcher Maschinen für die gleichen Arbeiten mit Hilfe von Lochstreifen möglich.

Kiel, Spanten und Steven

Wenn der Kiel gestreckt ist – ein mit erheblicher Beschleunigung durchgeführter Vorgang, weil dann die erste Rate der Bausumme gezahlt werden muß –, ist „Rauch auf dem

Schnürboden"; dann werden nach jedem aufgerissenen Spant die „Mallen" – ein holländisches Wort –, Holzschablonen, hergestellt, nach denen die geglühten „Profileisen" auf dem „Spantenplan" zu strakenden Spanten gebogen werden.
Die Spanten geben dem Schiffskörper die Form; sie sind wie die Rippen am Rückgrat mit dem Kiel verbunden. Den Kiel sucht man übrigens bei Großschiffen vergeblich. Er „zeigt Rückgrat" *binnenbords* wie sein Vergleichsobjekt bei den Wirbeltieren, das heißt, er ist in das Schiffsinnere verlegt. Seine vertikalen Verlängerungen an den Schiffsenden heißen *Steven;* sie sind Spant und Kiel

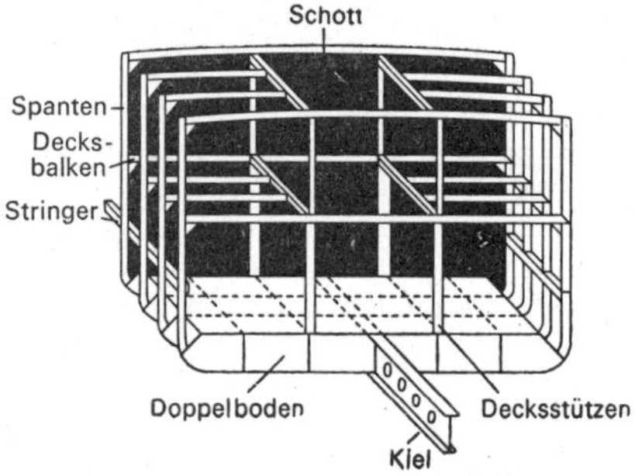

zugleich. Der Vorsteven wird nach Herrn Maier nicht mehr messerscharf, sondern glücklicherweise leicht ausgerundet geformt. Der gerade Vordersteven schneidet bei Zusammenstößen meistens die ganze Schiffswand auf, während der überfallende Bug in der Regel nur die Überwasserteile der Außenhaut verletzt. Der Hintersteven ist ein sehr kompliziertes Gebilde, weil er das Ruder, die Steuervorrichtung, trägt und gleichzeitig das Lager für die *Schwanzwelle* der Schraube aufnehmen muß. Mit Herstellung der Steven befaßte sich früher die Ruhrindustrie. Heute werden die Steven aus Einzelteilen auf der Werft geschweißt. Am Kiel setzen als Kleinquerwände die sogenannten *Bodenwrangen* in engen Abständen an: Sie erhöhen die Bodenfestigkeit und tragen gleichzeitig auf ihrer Oberkante die Innenseite des für die Schiffssicherheit so wichtigen *Doppelbodens.* In dem Namen „Wrange" steckt übrigens die „Range", das „verdrehte" Mädchen.

Ein „Seitensprung"

Nachbarliche Spanten der anderen Seite werden durch die *Decksbalken* miteinander verbunden. Im obersten Deck sind sie gewölbt, sie haben einen „Sprung", einen „Seitensprung", damit überkommendes Seewasser nach beiden Seiten abfließen kann. Gewölbewirkungen sind mit dieser Rundung nicht beabsichtigt.

Die Schiffbauer nennen seltsamerweise den Seitensprung die *Bucht.* Diesem fröhlichen konvexen Seitensprung tritt ein konkaver, ein Hohlsprung gewissermaßen „zur Länge". Bug und Heck sind – vom Kiel aus gemessen – höher als die Mittschiffspartien. Dieser *Längssprung* gibt dem Schiff etwas von der Eleganz Pariser Modelle und verbessert – was wichtiger ist – gleichzeitig die Seeeigenschaften. Vergleiche Abbildung Seite 65.

Stringer und Schotten

Nachbarspanten derselben Seite werden durch die längsschiffs laufenden *„Stringer"* – „Binder" – schön auf Nebenmann gebracht. *Deckstützen* tragen die Zweckbestimmung in ihrem Namen; sie sind die Säulen und Pfeiler des Schiffes. Die tragenden Querwände nennt man *Schotten.* Sie sollen einem Wassereinbruch standhalten können; daher sind sie durch Profileisen verstärkt. – Ein Frachtschiff muß mindestens vier wasserdichte Querwände haben. Eins im Vorschiff, das sogenannte *Kollisionsschott* als „Reservebug". Sein Gegenstück im Achterschiff riegelt den hinteren Laderaum ab für den Fall, daß die Schraubenwelle brechen und durch das *Stevenrohr,* das Propellerlager, Wasser eindringen sollte. Daß die „feuergefährlichen" Maschinenräume gegenüber den Laderäumen vorn und hinten hermetisch abgeschlossen sein müssen, bedarf wohl keiner weiteren Erklärung. – Die Ingenieure haben übrigens einen Zugang durch den hinteren Laderaum zur Schwanzwelle im Achterschiff durch den eisernen Wellentunnel; im Falle eines Leckschadens wird er durch eine wasserdichte Tür vom Maschinenraum abgeriegelt.

Arbeitsparendes Schweißverfahren

Auf das Gerippe werden die *Außenhaut-* und Decksplatten genietet oder, richtiger gesagt, wurden genietet. Der erste Weltkrieg bedeutete nämlich für den Schiffbau wieder eine Wende. Man nietet nicht mehr, sondern schweißt weitgehend.

Die Einführung des Schweißverfahrens im Schiffbau erfolgte unter dem Druck des Versailler Vertrages vom 28. Juni 1919. Dieser beschränkte die Wasserverdrängung deutscher Kriegsschiffe auf 10 000 t. Es kam für die Konstrukteure deshalb darauf an, durch Sparung an Gewicht in das vorgeschriebene Deplacement möglichst große Kampfkraft und hohe Maschinenleistungen einzubauen. Der konstruktive Leitgedanke für die Panzerschiffe lautete: „Schneller als jede stärkere Einheit, schwerer bestückt als jedes schnellere Fahrzeug.“ Bei der erstrebten Gewichtsersparnis leistete das Schweißverfahren hervorragende Dienste, weil die Außenhautplatten sich nicht mehr überlappen, sondern stumpf gegeneinanderstoßend, „verlötet“ werden. Darüber hinaus können ohne Gefährdung der Festigkeit dünnere Platten Verwendung finden, weil sie nicht mehr durch mehrere Reihen Nietlöcher geschwächt werden.

Namentlich der Übergang zum Schweißverfahren hat die Einführung arbeitsparender Methoden ermöglicht. Man baut heute große Schiffsteile, wie das Vorschiff, „im Saal“ zusammen und montiert solche Sektionen auf dem Helgen. Die Bauzeiten konnten durch Schweißung und Hallenbau bis zu 25 % verkürzt werden. Die Herstellung eines Frachtschiffes von 15 000 BRT nimmt heute etwa acht Monate in Anspruch. Sechs Monate dauert die Montage auf dem Helgen und weitere zwei Monate die Ausrüstung nach dem Stapellauf.

Die ganz auf den rationellen Bau großer und größter Schiffe ausgelegte AG „Weser“ in Bremen konnte nach entsprechendem Um- und Ausbau ihrer Fertigungsanlagen z. B. bei einem 255 000 t tragenden Tanker die Bauzeit vom Strecken des Kiels bis zum Stapellauf auf 10 Wochen senken. Für den ersten „Ultra-Großen“ (ultra large crude carrier - ultra-großer Rohöl-Transporter) mit 393 000 tdw betrug diese Spanne 18 Wochen. Sie konnte bei den folgenden über 16 auf nur noch 14 Wochen verkürzt werden. Gut 4 Wochen später waren diese Riesenschiffe bereit zur Probefahrt und Indienststellung.

Im Weltschiffbau haben sich in den letzten 10 Jahren erhebliche Veränderungen ergeben. Nachdem dank der guten Konjunktur – bei allem Auf und Ab in der Schiffahrt – und ihrer guten technischen Konzeption japanische, schwedische und deutsche Werften lange an der Spitze gelegen und das traditionsreiche Großbritannien hinter sich gelassen hatten, ist seit der Ölkrise 1973 und dem dadurch entstandenen Tonnage-Überangebot mit versiegenden Neubestellungen ein grundlegender Wandel eingetreten, der darüberhinaus noch durch staatliche Subventionen in vielen Ländern aber auch durch die Kostenvorteile der Niedriglohnländer im Fernen Osten z. B. verstärkt worden ist. Auf dem Höhepunkt im Weltschiffbau 1975 ergab sich nach fertiggestellter Neutonnage – insgesamt in der Welt 34,2 Mill. BRT – folgende Reihenfolge:

Japan	16 991 230 BRT
Bundesrepublik Deutschland	2 498 569 BRT
Schweden	2 187 525 BRT
Spanien	1 592 522 BRT
Großbritannien	1 169 516 BRT
Frankreich	1 149 729 BRT
Norwegen	1 052 208 BRT
Niederlande	1 028 476 BRT
Dänemark	969 168 BRT
Italien	791 542 BRT
Polen	735 021 BRT
Jugoslawien	638 001 BRT
USA	475 521 BRT
DDR	350 636 BRT
Finnland	267 083 BRT

Heute – 1979 – haben sich durch die Auswirkungen des Ölschocks und der Konjunkturflaute erhebliche Veränderungen ergeben. 1978 stellten weltweit die Werften nur noch 17,59 Mill. BRT neue Schiffe fertig. Davon Japan 6,28 Mill. BRT, Schweden 1,4, Großbritannien 1,1, die USA 1,07, die Bundesrepublik Deutschland 0,84, Spanien 0,82 und Polen 0,7 Mill. BRT. Die dicksten Auftragsbestände hatten Anfang 1979 nach Japan mit 6,5 Mill. BRT, Brasilien mit 2,8, USA mit 2,6, Frankreich mit 1,47, Polen mit 1,43, Spanien mit 1,34, Großbritannien mit 1,2, Schweden mit 1,1, Südkorea und Italien mit je 0,7, Portugal mit 0,56, Finnland mit 0,52, Jugoslawien mit 0,49 sowie Norwegen und Dänemark mit je 0,48 Mill. BRT. Die einst zu den „Großen Drei" im Weltschiffbau zählende Bundesrepublik ist dagegen auf 452 496 BRT zurückgefallen!

Unter den mittleren, nicht vom Ausfall des Großschiffbaus besonders betroffenen Schiffbau-Unternehmen zählt die Seebeckwerft der AG „Weser" in Bremerhaven zu den leistungsfähigsten in der Welt und ist daher auch heute noch relativ gut ausgelastet. Gerade noch rechtzeitig vor der Krise hatte sie nach Auswertung aller Erfahrungen und Erkenntnisse ihre Anlagen für rund 30 Mill. DM umgestellt und modernisiert, so daß jetzt rationellste Fabrikation von Schiffen bis 60 000 t Tragfähigkeit möglich ist. Kernstück ist eine neue, fast 300 m lange Schiffbauhalle mit optimalem Fertigungsfluß unter Einsatz neuester Technologien für den Sektionsbau, ohne aber an Flexibilität z. B. für Spezialschiffe einzubüßen. Wie die Skizze erkennen

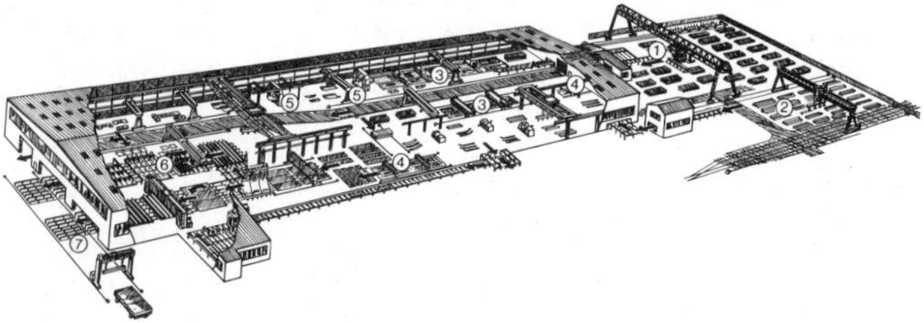

läßt, gelangen die Schiffbaubleche vom Platten- (1) und Profillager (2) nach Entzundern und Beschichten (zur Konservierung) zu Brennschneidemaschinen (3 und 4), die die gewünschten Teile herausbrennen und schneiden, oder zu hydraulischen Pressen (5) zur Verformung. Daran schließen sich die Paneelstraßen mit der abschließenden Bauteile-(Sektions-)Montage (6) an, und von der Bauteile-Übernahmestation (7) am anderen Ende der Halle rollen Spezialtransporter die bis zu 70 t schweren Sektionen zum nahen Helgen oder den Baudocks, wo sie zum Schiff zusammengefügt werden.

Namenlos wie die Dombaumeister

Seltsamerweise kennt man die Namen der Männer, die abschließend die Schiffe „möblieren", während die Konstrukteure, die den oder die „Vor-wand" für Kunst und Dekoration schufen, ebenso namenlos bleiben wie die Baumeister der großen Dome. Es scheint deshalb eine Ehrenpflicht zu sein, einmal die Männer zu nennen, die für die Konstruktion der beiden bekannten Großbauten des Norddeutschen Lloyd aus der Zwischenkriegszeit die Verantwortung trugen, weil es sich um außergewöhnliche technische Leistungen gehandelt hat. Für den Entwurf des Schffskörpers von D „Bremen", der auf der AG „Weser", Bremen, hergestellt wurde, zeichnete Dipl.-Ing. Hein verantwortlich; als Chefkonstrukteur der Maschinenanlage wirkte Dr.-Ing. Bauer. Sie arbeiteten mit der Werft Blohm + Voss, Hamburg, zusammen, deren Erfahrungen im Großschiffbau nutzbar gemacht werden sollten. Die verantwortlichen Kontrukteure der „Europa“ heißen: Dipl.-Ing. Süchtig, Dr.-Ing. Frahm und Ingenieur Fischer.

Schiffbau bleibt Handarbeit

So sehr der Schiffbau auch heute noch als „Kunst“ gilt und viel Handarbeit erfordert, so hat sich doch unter dem Druck der steigenden Personalkosten in großem Umfang auch hier die Standardisierung und Serienfertigung eingeführt. Das wurde besonders Anfang der 70er Jahre deutlich, als der Schiffbau-Boom und die Tonnagenachfrage hohe Ausstoßzahlen verlangten. Voraussetzung dafür waren nicht nur entsprechende Produktionsstätten, sondern auch ein wirkungsvoll und reibungslos vorgeplanter Arbeitsablauf mit passendem Materialzulauf und Transportwegen.

Der Stapellauf eine große Sache

Besondere Anforderungen an das Können des verantwortlichen Mannes stellt die „Vorschlußrunde“, die Geburt des Schiffes, sein Stapellauf. Da glücklicherweise meistens „nichts passiert“ und der Vorgang sich filmartig abspielt, merken die Gäste kaum etwas von der Sorge, die den Verantwortlichen auf der Tribüne nach Zerschellen der Sektflasche erfüllt.

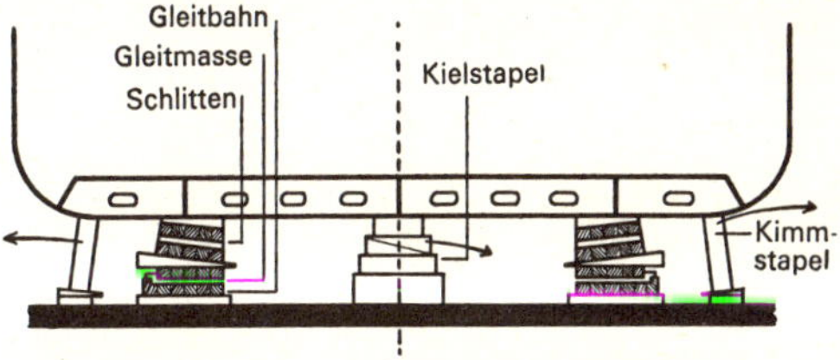

Querschnitt durch Schiff, Stapel und Schlitten

Die meisten Zuschauer machen sich übrigens eine falsche Vorstellung von den Stapellaufvorbereitungen. Sie glauben, im Anfang war die „Rodelbahn“; dann wird sie mit Talg und Seife eingefettet. Darauf kommt die Schlittenmontage, und schließlich beginnt die Kielstreckung. Bedenken kommen ihm nur hinsichtlich der Haltbarkeit des „Schnees“, der Gleitmasse, während der langen Bauzeit. Sie sind berechtigt. So geht es nicht. Das Schiff entsteht auf drei Reihen von Stapelklötzen, in die Keile eingeschoben werden. Erst kurz vor der Fertigstellung wird die doppelgleisige Ablaufbahn zwischen den *Kielstapeln* gebaut und „eingeseift“. Dann kommt der Bau des Schlittens an die Reihe, dessen Vor- und Hinterteil wie Wiegen gestaltet werden. Sie umfassen „herzhaft“ Bug und Heck. Darauf wird der Schlitten an den Schiffskörper gekeilt, damit er sich fest an die Außenhaut schmiegt. Die Übertragung des Schiffsgewichtes auf den Schlitten erfolgt durch Wegschlagen der Stapelklötze. Bei „gewichtigen“ Schiffen bereitet diese Arbeit erhebliche Schwierigkeiten. Deshalb sind die obersten Kielklötze oft als Kolben und Zylinder ausgebildet. Der ausgefahrene Kolben ruht auf einer Sandmasse des eisernen Klotzkörpers. Seine Füllung läßt man vor dem Stapellauf durch verschraubbare Öffnungen auslaufen; der Schiffskörper ruht dann auf dem Schlitten. Die Beseitigung der Kielstapel bereitet jetzt keine große Mühe.

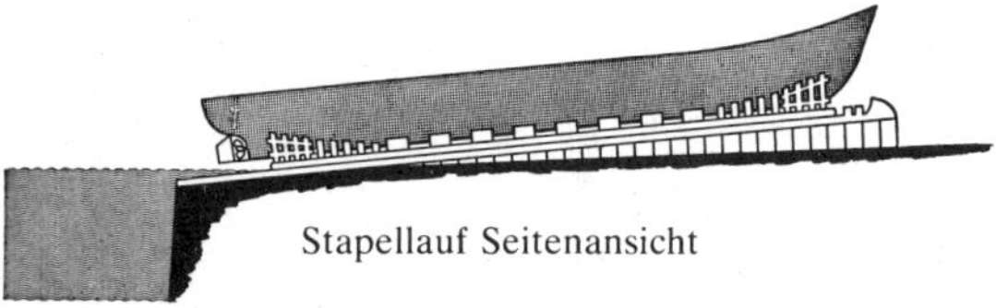

Stapellauf Seitenansicht

Königin Juliane Meister-Taufpatin

Die letzten Stützen an den Seiten werden kurz vor Beginn des Stapellaufs entfernt. Das Schiff hängt dann nur noch in Halterungen, die häufig durch ein Tau abgesichert sind. Juliane, Königin in den Niederlanden, zerschmetterte vor einigen Jahren nicht nur sicher die Sektflasche am Bug des Täuflings, sondern handhabte auch kraftvoll ein Beil, schlug das Sicherungstau durch und gab damit dem Schiff freien Lauf. Das gebrauchte Werkzeug hat musealen Charakter bekommen.

Die „Spritze“ der hydraulischen Presse

Zeigt sich ein Schiff „unfreiwillig“ – dies kommt bei kaltem Wetter wohl vor – , bekommt der Schlitten eine „Spritze“

mit der vor der Bugwiege eingebauten hydraulischen Presse. – Bei kurzer Auslaufstrecke erhält das Schiff zwei „hübsche“ Pakete von Stahlplatten, die mit Ankerketten seitlich am Schiff befestigt werden, mit auf den Stapellaufweg. Die Platten schleifen, nachdem das Schiff auf der Helling halbwegs abgeglitten ist, über den Boden und bremsen einen Teil der Endbeschleunigung ab. Ein Anker bringt das Schiff um den letzten Schwung. Der atemraubende Augenblick beim Stapellauf tritt dann ein, wenn das Schiff anfängt, mit dem Heck aufzuschwimmen, während das Vorschiff sich noch auf der Helling befindet. Dann kommt ein mächtiger Druck auf die Wiege des Vorschiffes, und es ist jetzt auf „Biegen und Brechen“ hart beansprucht. Außerdem ist das Neugeborene in diesem Falle ein wenig „torkelig“, das heißt unstabil. Das Schiff scheint dies selbst zu wissen, denn die Wiege stöhnt wie ein Tier im Todeskampf.

Klassische Versager

Meistens geht die Geburt ohne Komplikationen vor sich. Gelegentlich bleiben aber Schiffe mitten im Ablauf stecken und „hängen dann über“. Dies kann der Schiffskörper für längere Zeit nicht vertragen. Ein klassischer Fall ist die „Great Eastern“, ein im Jahre 1857 gebautes Riesenschiff von 22 500 BRT, das seiner Zeit um 40 Jahre vorauseilte. Mehrere Male hatte man es vergeblich meterweise vorgeschoben. Eines Tages machte sich aber das Schiff selbständig und brauste bei Ostwind ab. Die „Columbus“ des Norddeutschen Lloyd (32 581 BRT) erlebte am 17. Juni 1922 das gleiche Schicksal; das Schiff blieb nach 60 m auf den Helgen hängen, weil das Schmierfett durch Hitze ausgelaufen war. Erst einen Monat später wurde der Stapellauf vollendet.

Ein Opfer mangelnder Stabilität im Augenblick des Aufschwimmens wurde im Jahre 1907 die auf dem Helgen vollständig fertig gebaute „Principessa Jolanda“ in La Spezia. Sie rauschte in zwanzig Minuten vom Helgen direkt auf den Meeresgrund und erwies sich somit als eine Totgeburt. Wegen der erheblichen Wassertiefe bereiteten die Bergungsarbeiten große Schwierigkeiten.

Sowohl zum Vermeiden technischer Risiken beim Ablaufen und Eintauchen während des Stapellaufs als auch mit dem Ziel der einfacheren Fertigung auf ebenem Kiel – erst recht bei den ja immer größer und damit schwerer gewor-

denen „Schiffsgefäßen“ – sind daher viele Werften überall in der Welt zu sogenannten „Baudocks“ übergegangen – in Wirklichkeit nichts anderes als die bisherigen Trockendocks, aber bestückt mit starken, z. T. bis 1000 t hebenden Kränen zur Handhabung der vorgefertigten Sektionen und Volumenbauteile. Und die neuesten Riesendocks in Japan für Tanker mit bis zu 500 000/800 000 tdw wurden so angelegt, daß sie an beiden Enden Tore – und damit Wasseranschluß – haben. In Verbindung mit noch einem Verschluß im Dock selbst kann es dadurch für 2 oder mehr Schiffe genutzt werden. Auch lassen sich gleichzeitig mehr Schiffe bauen.
Beispielhaft ist die bereits Anfang des Jahrhunderts beim Aufbau der Seebeckwerft in Bremerhaven geschaffene Doppelanlage mit 2 Docks nebeneinander unter Kranbahnen. Wie richtig Georg Seebeck schon damals die Entwicklung einschätzte, zeigt sich daran, daß diese Bauplätze noch heute – natürlich modernisiert und verstärkt – allen möglichen Anforderungen entsprechen. Bezeichnend ist aber auch, daß die Japaner als Schrittmacher des Großschiffbaus beim Aus-dem-Boden-Stampfen neuer Werftkapazitäten in den 60er und 70er Jahren ganz eindeutig das Baudock als „Wiege“ favorisierten! Ja, eigentlich alle in der Welt während der letzten beiden Jahrzehnte neu errichteten Werften stützen sich auf Baudocks, in denen das Wasser zum Schiff kommt – und nicht umgekehrt wie beim Stapellauf.
Bei mangelndem Auslauf und bei Binnenschiffen läßt man die Neubauten quer zu Wasser. Diese Form des Stapellaufes ist besonders interessant, weil das Schiff bei Berührung der Wasserfläche sich anscheinend naturwidrig verhält. Man nimmt an, es müsse stolpern, das heißt, kentern. Dies möchte der Stapelläufer auch, aber die an der Außenseite aufsteigende Welle nimmt das Schiff fürsorgend in seine Arme und fängt es auf.

Probefahrt eine sehr männliche Angelegenheit

Eine Viertelstunde später liegt das Schiff, von Schleppern bugsiert, am Ausrüstungskai, und die im ganzen Betrieb unterbrochene Arbeit nimmt ihren Fortgang. In acht Wochen sind bei einem Frachtschiff Maschinen und Schornstein, Masten und Ladebäume, Winschen und Ankergeschirr, Ventilatoren und Rettungsboote, Kabinen und Magazine, Rudermaschine und Navigationseinrichtungen eingebaut; das Schiff ist klar zur Probefahrt. Sie soll

zeigen, daß Rechnung und Schleppversuch „aufgehen". – Die Übergabe mit feierlichem Flaggenwechsel findet im „freien Meere" außerhalb Deutschlands statt. Hierbei geht es um die Vermeidung der stillen „Teilhaberschaft" des Finanzamtes, Abteilung Umsatzsteuer.
Die Teilnahme an einer Testfahrt ist Männern vorbehalten. Hier ist von Gleichberechtigung noch keine Rede, weil probefahrende Frauen später Unheil bringen sollen. Und der Grund? Der Schiffsgeist ist seit der Antike im europäischen Kulturkreis eine Göttin. Soll man bei ihr Eifersucht erregen?
Die Seeleute grenzen die Teilnahmeberechtigung durch eine sehr drastische Begriffsbestimmung ab, die wörtlich wiederzugeben heute nur der „hohen" Literatur zugestanden wird. Unsereins würde sofort mit „Schmutz und Schund" in Konflikt kommen. Neugierige seien an die Besatzungen verwiesen. – Die erste Reise heißt „Jungfernfahrt". Das Schiff ist eben weiblichen Geschlechts.
Der angeblich auf alter Tradition beruhende Ausschluß der Damen von Probefahrten ist eine Erfindung der Neuzeit, vermutlich der Gedanke eines Werftbesitzers, dessen Kommandogewalt zu Hause einen geringeren Wirkungsgrad hatte als in seinem Betrieb. Probefahrten gibt es nämlich erst seit Einführung der Dampfschiffahrt; in der englischen Presse wird berichtet, daß im Jahre 1858 ein Kranz schöner Ladies der Probefahrt von D „Bremen" (1) – das Schiff war in Schottland gebaut worden – erst die richtige Weihe gegeben habe.
Was aber die Leute aus den Moorkolonien Ostfrieslands anbelangt, wo durch die Gnade Gottes und natürliche Zuchtwahl die besten Kapitäne der Küstenfahrzeuge heranwachsen, so ist man dort nicht abergläubisch. Hier nehmen alle Verwandten und Freunde an der Probefahrt des eigenen Schiffes teil, und es ist bislang nicht berichtet worden, daß deshalb MS „Gesa" oder MS „Jorina" Schaden an der Außenhaut genommen hätten.

Und die Kosten?

Ausländische Fachzeitschriften gaben den Endbetrag der Rechnungen, den die „Mütter" von DD „Bremen" und „Europa" dem Norddeutschen Lloyd präsentierten, mit je 55 Mill. Reichsmark an. Seitdem segelten die Preise für *Schiffsräumte* mit frischen *raumen* Winden – Brise von hinten – davon, und die Reeder saßen und sitzen „lausig in

Lee". Beispielsweise soll der Ende 1981 fertigzustellende Ersatzneubau für die jetzige „Europa" von Hapag-Lloyd rund 192 Mill. DM kosten. Dabei muß beachtet werden, daß bei diesem an sich schon stolzen Preis die Werft auf Grund der augenblicklichen Schiffbauflaute und des damit verbundenen Preisdrucks auf die Werften erheblich zusetzt, denn der tatsächliche Aufwand für einen solchen „Musikdampfer" wird auf mindestens 210 Mill. DM veranschlagt.

MS „EMMA OLDENDORFF"
1969 Bremer Vulkan, Bremen-Vegesack
E. Oldendorff, Lübeck – Länge 253 m – Breite 32,2 m – 37 614 BRT – 67 925 t Tragfähigkeit – 15 750 PS – 15 kn – 39 Mann Besatzung

Die ultra-großen Tanker mit knapp 400 000 tdw kosteten Anfang der 70er Jahre – als die Tankerwelt noch in Ordnung war – etwa 180 Mill. DM, womit die Werften auf ihre Kosten kamen. Nach dem „Ölschock" und dem daraus resultierenden Tonnage-Überangebot waren derartige „Ultras" nur noch für höchstens 100 Mill. DM zu verkaufen.

Auf 185 Mill. DM sind auch die Preise für die großen Containerschiffe der 3. Generation geklettert. Die z. Zt. größten Erdgastanker mit einer Kapazität von 125 000 cbm erfordern dank infolge der Fülle teuerster Techniken und Materialien sogar 250 Mill. DM! Selbst Kühlschiffe mit rd. 10 000 tdw kommen heute schon auf 45 Mill. DM, und die attraktiven Mehrzweckfrachter mit 16/17 000 tdw auf 35 Mill. DM, während für kleinere um 10 000 t um 23/25 Mill. anzulegen sind. Selbst für einen kleinen modernen Frischfischfänger unter 1000 BRT müssen heute mindestens 12 Mill. DM investiert werden. Die ersten Fischdampferneubauten nach dem Kriege waren dagegen noch für 800 000 DM zu haben gewesen . . .

Eine vom Verband Deutscher Reeder (VDR) 1977 auf 197 Handelsschiffen verschiedener Typen durchgeführte

Erhebung über ihre Betriebskosten ließ erkennen, daß dabei die Personalkosten je nach Typ zwischen 46 % (bei 140 000-tdw-Massengutschiffen) und 69 % (bei Stückgutschiffen mit 2000 – 4000 tdw) ausmachen. Ausrüstungs- und Reparaturkosten beanspruchen 15 – 32 %, Versicherungskosten 6,3 – 33 %, die Verpflegung 2 –5 % und Sonstiges 0,8 – 4,1 %. Bei den dabei erfaßten 36 Schiffen unter ausländischen Flaggen lagen die Personalkosten im Schnitt um etwa 30 % unter den deutschen. An der Spitze der Tageskosten rangierten die großen Tanker über 250 000 tdw mit 16 750 DM sowie die ganz großen Vollcontainerschiffe der 3. Generation mit 14 150 DM. Kleine Frachter um 2000 tdw kosten 2850 DM, Kühlschiffe 8800 DM und moderne Linienfrachter über 10 000 tdw 9600 DM. Innerhalb eines Jahres waren diese Kosten um 6½ % gestiegen.

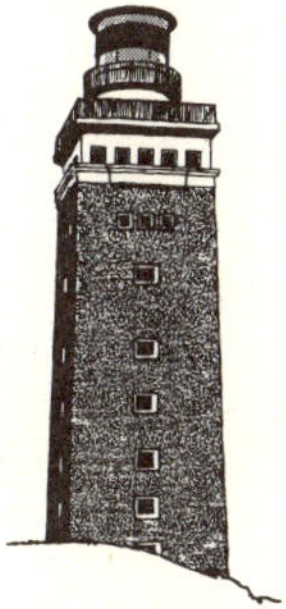

Leuchtturm vor Helgoland

Er oder sie

Wenn es sich so gibt, daß Fahrgäste mit einem Schiff reisen, das beim Stapellauf einen männlichen Namen, beispielsweise den des göttlichen „Zeus" mit auf den Kurs bekommen hat, dann gibt es immer ein blaues Wundern unter den Passagieren wegen der Hochsee-Grammatik. Entgegen landgebundenem Brauchtum verwendet nämlich die Besatzung den weiblichen Artikel und das zugeordnete Fürwort, wenn sie von ihrem Schiff spricht, obwohl dessen olympischer Pate im Hinblick auf seine zahlreichen erotischen Abenteuer ja eine quasi potenzierte männliche Eigenschaft aufweisen kann. Bootsmann Hermann Janssen sagte: „Us ‚Zeus' lopt jo weer as Uwe Seeler up dat Tor von ‚Schalke null vier', wenn he scheeten will. Se weet, dat de ‚Latona' binnen komen is in'n Hoben!" Diese Dame gehörte bekanntlich zu der großen Schar der Freundinnen des Göttervaters, die als ledige Mutter des Zwillingspaares Apollo-Artemis in die griechische Mythologie und in das Flottenverzeichnis der Dampfschiffahrtsgesellschaft „Neptun", Bremen, eingegangen ist.

Führt ein Schiff einen männlichen Namen, dann wird bereits während des zweiten Seetages am Kapitänstisch ein tiefgründiges Gespräch über diese Seite des Sexualproblems in der Seeschiffahrt geführt, ein Thema, das auch von den anderen Tischpräsidenten, dem Ersten Offizier und dem Leitenden Ing., besonders geschätzt wird. Diese in den sozialen *Wanten* der Seefahrt durch die Einstufung *„Erste Herren"* gekennzeichnete Kategorie der Besatzung weiß, daß das *Garn* über das Schiffsgeschlecht lang *ausgesponnen* werden kann. das heißt Gesprächsstoff auch noch für das nächste *Etmal* liefert.

Der Verfasser hat dieses Problem deshalb dichterisch ausgelotet – wie man heute so fein seemännisch sagt – und außerdem noch die Verse mit einem Kommentar versehen, der zu fruchtbaren Diskussionen an Bord und in heimischen Männergesellschaften anregen kann.

Ein Mädchen hat mich jüngst gefragt
Nach dem Geschlecht von Schiffen.
Ich hab' ihm frei heraus gesagt:
„Kein Deutscher hat's begriffen.

Für Briten ist die Sache klar,
hier hat man dekretiert:
Ein Schiff wird nun und immerdar
Stets weiblich dekliniert.

Selbst wenn Heroen Herrlichkeit
Das Heck und Vorschiff schmückt,
Grammatisch wird die Männlichkeit
Bei Schiffen unterdrückt." –

Geht man den Dingen auf den Grund,
So scheint wohl klar erweislich,
Des Schiffes Wesen und Befund
Ist feminin und preislich.

Sein Kauf schon ähnelt dem Hazard,
Der Stapellauf hat Launen;
Es offenbart die Probefahrt
Oft Dinge zum Erstaunen.

Gern wiegt es sich im Wellentanz,
Dem Seegang überlassen,
Teils spielerisch mit Eleganz,
Teils toll und ausgelassen.

Dann ist es achtern herrlich rund,
Entsprechend Evas Normen,
Nie leidet es an Formenschwund,
Wenn „Maier" schuf die Formen.

Dem Reeder, dem es angehört,
Verursacht es viel Kosten.
Die Außenhaut wird leicht zerstört,
Sparst Farbe du, durch Rosten.

Doch kaufst du oft ein neues Kleid,
Sorgst für Betätigung,
Dann bleibt voll Schneid die ält'ste Maid
Und hält sich frisch und jung.

Bei deutschen Lehrern war jedoch
Die Satzung unbeliebt.
„Was wird, wenn Regel ohne Loch,
Wenn's keine Fehler gibt.

Was wird aus Aufsatz und Diktat,
Wenn fehlt die List und Finte",
So klagt das Volksschulrektorat,
„Was aus der roten Tinte?"

So kommt es denn – Gott sei's geklagt –,
Daß man an unsren Küsten
Jetzt meistens der „Columbus" sagt,
Obwohl wir's gar nicht müßten.

Der reiche „Nabob" doch fatal
Wird wieder „die" genannt,
Auch „Zeus", der Götter-General,
Zeigt diesen Übelstand.

Dem „Adler" wird, wie sich's gebeut,
Ein hehrer Dank gezollt:
In maskuliner Herrlichkeit
Er durch die Dünung rollt.

Und mit ihm rollt in voller Fahrt
Der „Rhein" als Paladin,
Auch „Atlas" sieht man forsch und hart
Männlich am Tampen ziehn.

Doch fragst du nach dem rechten Grund,
Dann muß auch ich verzagen;
Ja, selbst Hein Mück, der Vagabund,
Er kann es dir nicht sagen.

Das heißt, man kann doch schon etwas mehr dazu sagen, wenn man im Sinne von Luther den Leuten aufs Maul schaut, die im Unterbewußtsein die Geschlechtsbestimmung vornehmen: den Fahrensmännern und den „Hafenlöwen".

Wer auf See zu Hause ist und um die Geheimnisse des Schiffes weiß – als des größten Werkzeuges, das der Mensch sich schuf –, kommt niemals auf den Gedanken, daß sein Geschlecht etwa ein unbestimmtes Neutrum sein könnte. Wilhelm Wurow, gewissermaßen Stabsquartermaster auf Dampfer „Europa", sagte mit Nachdruck: „August, jump doch endlich in die Boot!" – Von innen heraus haben die Schiffe das Weibliche mit auf den Kurs bekommen. In der Kleinschiffahrt sehen wir es sehr deut-

lich an den *Klüten-Ewern,* den motorisierten Kleinseglern, und *Kümos,* den Küstenmotorschiffen. Hier pflegt der Schiffer, wenn er gleichzeitig Eigner ist, meistens die geliebte Frau oder gelegentlich auch die Mutter symbolisch mit auf See zu nehmen, indem er seinem Schiff ihren Namen gibt; hierbei soll der Deutsche einen leichteren Stand haben als der Holländer, der seine Frau als *Bestmann,* Steuermann ohne „Patent", oder als Smutje in der Kombüse anmustert und dadurch günstigenfalls selbst an Bord eine Beschneidung der eigenen Kommandogewalt um fünfzig Prozent in Kauf zu nehmen hat. Günstigenfalls! Noch besseres Studienmaterial in dieser Beziehung bilden Lustkutter und Paddelboote, weil sie sogar gelegentlich im Rhythmus loser geknüpfter freundschaftlicher Beziehungen die Namen – immer natürlich dem obwaltenden Zeitgeschmack angepaßt – wechseln.
Ebenso wie sein Element ist das Schiff potenzierte Weiblichkeit. Der Schiffer sagt stets „die See". Wie in England, sind jetzt auch in Deutschland die Schiffe weiblichen Geschlechts. Um die Jahrhundertwende war es noch anders; damals richtete sich bei uns das Schiffsgeschlecht nach dem Namen des Paten. Man sagte der „Bismarck" und die „Elbe". Heute entschließen sich die Leute an Bord nicht so leicht, von der britischen Regel abzuweichen, tun es aber doch gelegentlich, wenn das Männliche im Namen unabweisbar in die Augen springt. So kreuzte beispielsweise D „Columbus" des Norddeutschen Lloyd mit männlichem Artikel die Ozeane, und D „Imperator" der Hamburg-Amerika-Linie fuhr als maskuline Majestät in den Jahren 1913/14 zwischen der Elbe und dem Hudson. Auch D „Rhein", eines der bekanntesten Auswandererschiffe vor dem ersten Weltkrieg, hat als männlicher Dampfer Zehntausende von Passagieren nach den „Staaten" gefahren. Hier schob sich die autoritative Kraft schunkelnder „Väterlichkeit" vor die Regel.

Ein interessanter Testfall

Bezeichnend für die Richtigkeit dieser Auffassung ist ein Fall, der sich vor dem Kriege ereignete. Der erste Neubau des Norddeutschen Lloyd im Nordatlantikverkehr nach dem ersten Weltkrieg versegelte als die „München" im Jahre 1924 nach New York. 1931 erlitt das Schiff während der Ladungsarbeiten einen schweren Brandschaden, der einen Umbau der Inneneinrichtung erforderlich machte.

Die Wiederindienststellung erfolgte dann unter dem Namen „General von Steuben". Dieser hohe militärische Dienstgrad bannte die Regel, und das Schiff hieß im praktischen Sprachgebrauch der „Steuben". Nach Ausbruch des Dritten Reichs mußte auf einen Wink von oben das Schiff militärisch degradiert werden, es wurde sozusagen aus der Partei ausgeschlossen, vermutlich, weil Steuben als friderizianischer Offizier gewissermaßen Fremdenlegionär geworden war. Deshalb wurde der „General" gestrichen. In demselben Augenblick nahm man in Bremerhaven „Rührt-euch-Stellung" ein, das Tabu war gebannt, und das schöne Schiff hat dann das Attribut der Weiblichkeit bis zu seinem tragischen Untergang durch Torpedotreffer auf einem Flüchtlingstransport in der Ostsee am 10. Februar 1945 bewahrt.

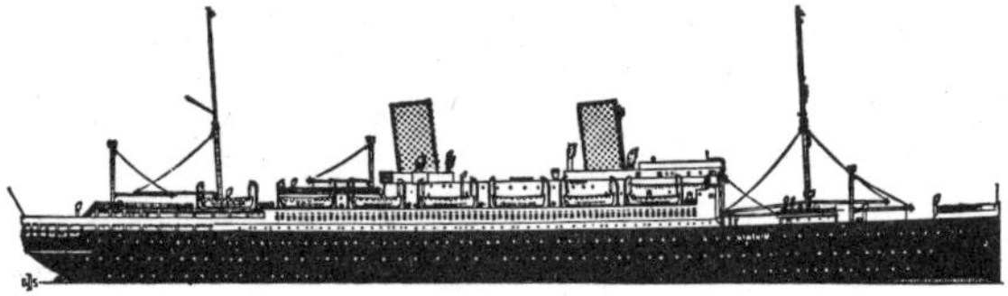

D „STEUBEN"
1923 Vulkan Werke AG, Stettin
Norddeutscher Lloyd Bremen – Länge 160,6 m – Breite 19,8 m – 14 660 BRT – 9140 t Tragfähigkeit – 10 540 PS – 16 kn – 350 Passagiere – 300 Mann Besatzung. Sonderschiff für Kreuzfahrten.

Schiffsnamen, späte Erfindung

Der Gedanke, Schiffe durch Namen zu personifizieren, ist erst verhältnismäßig spät geboren worden. In den alten Seefrachtbriefen wurden die Einheiten durch den Namen des Kapitäns, der häufig Eigner oder fast immer Mitreeder war, und durch den Typ gekennzeichnet. Die Namensgebung war fraglos zunächst eine magische Angelegenheit. Durch einen Vergleich mit unseren Kraftwagen wird uns das Seltsame dieser Personifizierung deutlich. Wer gibt schon seinem Auto einen Namen?
In Bremen, wo sich durch einen glücklichen Zufall die Notizen über die Ausstellung von Seepässen aus der Zeit von 1592 bis 1612 erhalten haben, sind zunächst von insgesamt 62 Schiffen 26 namentlich gekennzeichnet: Vier Jahrzehnte später hat sich der Brauch durchgesetzt, und die

„outsider“, die Namenlosen, sind in der Minderheit. – Man nimmt an, daß die Kriegsmarinen zuerst aus taktischen Gründen ihren Einheiten Namen gegeben haben. Die Übernahme dieses Brauches auf die Schiffe der Kauffahrtei haben wahrscheinlich die Seeversicherer durchgesetzt.
Wie bei den Menschen kann man auch in der Schiffahrt von Namensmoden sprechen. Zunächst haben die „Gottesmän-

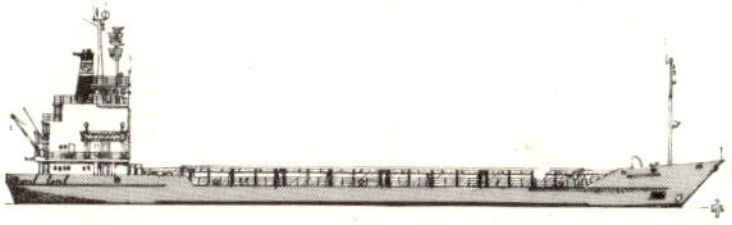

MS „DIANA“
1975 J. J. Sietas, Hamburg
Peter Döhle Schiffahrts-KG, Hamburg – Länge 93,5 m – Breite 14,5 m – 1599 BRT – 4069 t Tragfähigkeit – 3000 PS – 14 kn – 210 Container

ner“ neben mythologischen Tieren die Vorhand. Seltsamerweise treten gewisse Namen gehäuft auf. „Fortuna“ fünfmal 1592 –, „der Jäger“, „das Seepferd“ und seltsamerweise „die Liebe“ halten sich über Jahrhunderte. Als besonders apart seien „die Weisheit Salomonis“ und „Fides“, „Spes“, „Caritas“ in Nachbarschaft mit dem „Wilden Mann“ und dem „Republikaner“ genannt. Frauen erringen sich erst im 18. Jahrhundert Trophäen der Gleichberechtigung. – Bis zu Beginn des 19. Jahrhunderts ist der Name des Kapitäns aber immer noch wichtiger als das Kennzeichen des Schiffes. Er wird immer vorangestellt. – Im Maschinenzeitalter verloren die Schiffsnamen an romantischem Gehalt. Bei vielen Reedereien sind heute „Familiennamen“ üblich, die durch wiederkehrende Attribute, Vor- oder Nachsilben, die Reederei erkennen lassen. Durch einen Hörfehler rauschte übrigens im Jahre 1936 ein repräsentatives britisches Großschiff mit einem verkehrten Namen in den Clyde. Zur Abwehr der deutschen, italienischen und französischen Konkurrenz hatte die Cunard Line zwei 80 000-Tonner in Auftrag gegeben, für die die Namen der beiden großen Königinnen Englands vorgesehen waren. Als Taufpatin für das erste Schiff sollte Königin Mary gewonnen werden. Bei den Besprechungen hatte König Georg verstanden, daß das Schiff den Namen seiner Gattin tragen sollte und sein Einverständnis gegeben. So geschah es dann, daß die verstorbene Queen Victoria um diese posthume Ehrung kam und „Queen Elisabeth“ die „Queen Mary“ als running mate erhielt. Die Taufpatin, Königin Mary, war übrigens eine gescheite und sympathische Dame. Sie stammte aus dem schwäbischen Haus Teck.

Sorgfältig gepflegte Kleinsegler konnten übrigens ein hohes Alter erreichen. Der hölzerne Schoner „Emanuel“, 1749 erbaut, wurde durch Torpedotreffer ein Opfer des ersten Weltkrieges, und die Ketch „Good Intent“ brachte nach 130 Jahren Fahrenszeit bei der Versteigerung im Jahre 1945 noch 200 Pfund.

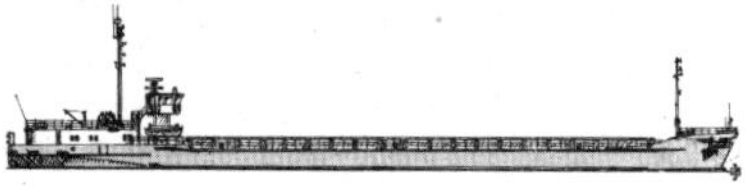

MS „OSTEPARTNER“
1976 J. J. Sietas, Hamburg
Schiffahrtskontor Oste GmbH & Co. KG, Hemmoor – Länge 92,4 m – Breite 11,5 m – 999 BRT – 2554 t Tragfähigkeit – 1450 PS – 11,5 kn – 8 Mann Besatzung. Sog. „Rhein-See-Schiff mit Eignung für Fahrten auch auf Binnenwasserstraßen.

Tonnensalat

Eine Denksportaufgabe

Wenn die Frage „Wieviel Tonnen?“ an den Schiffahrtsmann von einem „Binnenlandschen“ gestellt wird, kommt er meistens in Verlegenheit. Wurde lediglich zur Überbrückung einer Gesprächsleere gefragt, pflegt es der Verfasser mit der Wahrheit nicht allzu genau zu nehmen; seine Antwort lautet nach ganz grober Schätzung der Größenklasse stets sehr positiv „7036 Tonnen“. Die Null in der Mitte übt in diesem Fall im Gegensatz zur Stellung am Ende eine besonders überzeugende Wirkung aus. Ist der Wissensdurst aber echt, kommt man am besten mit der Gegenfrage: „Welche Tonnage meinen Sie: das Gewicht des Schiffes – und dies ist seine Wasserverdrängung –, seine Tragfähigkeit, den Brutto- oder Nettoraum, seine Größe nach Suez- oder Panamakanalvermessung?“
Aus der „Ouvertüre“ geht schon klar hervor, daß die Lösung dieses Problems wahrscheinlich eine Art Denksport sein muß. Deshalb mißtraue man allen Leuten an Bord und an der Küste, die auf „Wieviel Tonnen?“ mit einem geistigen Pistolenschuß reagieren. In solchem Fall sollte der Wissensdurstige listigerweise das Frage-„Garn“ weiterspinnen und entgegnen: „Volldecker oder Freidekker?“ Dann wird dem fröhlichen Mentor meistens die Luft wegbleiben, jedenfalls wenn es sich um einen Angeber handelt, dessen Kenntnisse mit der Unterscheidung von Backbord und Steuerbord erschöpft sind.

Die Briten sind an allem schuld

Wenn wir uns in dieser Frage nicht nach den Briten richten müßten, gäbe es nur halb soviel Verwirrung. Die deutschen Schiffsvermesser rechnen nämlich zunächst in Kubikmetern, wenn nach dem Raum gefragt wird, den der Schiffskörper und seine geschlossenen Aufbauten umgeben. Erst nach der Addition der Einzelergebnisse passen sie das metrische Raummaß dem internationalen, der „Registertonne“, an. Diese stammt aus England, sie wird in 100 Kubikfuß unterteilt und entspricht 2,83 cbm. Wollen wir dagegen wissen, wieviel ein Schiff tragen kann, gibt man die Antwort in Gewichtstonnen.
Leider haben die Engländer – immer noch Herren einer der größten Handelsflotten der Welt – für Frachtraum und

Tragfähigkeit das gleiche, aus der Weinverschiffung stammende Wort „ton". Die Verwirrung wird sofort groß, wenn man im Eifer kriegerischen Geschehens das unterscheidende Attribut wegläßt und nur von „tons" redet.

Wir gründen eine Scheinfirma

Um uns den „Salat" zu verdeutlichen, gründen wir eine Scheinfirma: die Reederei Quiddje & Co., und chartern uns von der Deutschen Dampfschiffahrts-Gesellschaft „Hansa", Bremen, einen seinerzeit im Indiendienst eingesetzten Schwergutfrachter vom Typ „Lichtenfels". Bei den Übergabeverhandlungen an Bord werfen wir einen Blick in die Schiffskassette und stoßen zunächst auf den „deutschen Paß", den Meßbrief des Bremer Schiffsvermessungsamtes. Wir entnehmen daraus, daß MS „Lichtenfels" mit seinen geschlossenen Aufbauten einen Raum von 19 241 cbm einschließt. Sein „verdienender Raum", das ist sein Nettoraum, wurde von derselben Dienststelle mit 13 420 cbm ermittelt. Auf britisches Raummaß umgerechnet, ergeben sich folgende Zahlen: Bruttoraum 6799 Registertonnen, Nettoraum 4742 Registertonnen.

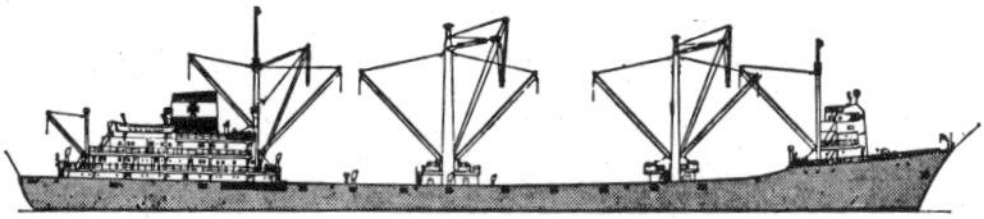

MS „LICHTENFELS"
1954 H. C. Stülcken Sohn, Hamburg
Deutsche Dampfschiffahrts-Gesellschaft „Hansa", Bremen – Länge 140,60 m – Breite 17,88 m – 6799 BRT – 8900 t Tragf. – 5600 PS – 16 kn – 12 Fahrgäste – 45 Mann Besatzung. Seit 1972 als „Silver Dawn " in Piräus beheimatet.

Als nächstes Dokument fällt uns der Meßbrief der Suezkanal-Gesellschaft in die Hände, und da werden wir stutzig: In dieser Urkunde lesen wir, daß der Bruttoraum des Schiffes 6868 Registertonnen und der Nettoraum 5418 Registertonnen beträgt. Hinsichtlich des Nettoraumes bereitet uns dieser Unterschied noch keine gedanklichen Schwierigkeiten, weil die Meinungen über das, was als verdienender Teil eines Schiffes anzusprechen ist, auseinandergehen können, da vom Nettoraum die Höhe der

Kanalgebühren abhängt. Seltsamerweise spielen bei diesen Meinungsverschiedenheiten auch die „Klos“ eine Rolle, die im erdgebundenen Leben fraglos nur von den mit der Wartung solcher Institute betrauten Frauen als „verdienender Raum“ bezeichnet werden.

Daß es aber auch Differenzen über die Größe des Bruttoraumes geben soll, wil uns nicht recht in den Kopf, und wir kommen notgedrungen zu dem Schluß: Entweder wurde ein falscher Maßstab verwandt, oder aber es liegt ein kleiner „Schwindel“ vor. Wir werden später sehen, daß das letztere der Fall ist.

Für den Panamakanal war MS „Lichtenfels“ nicht vermessen, weil das Schiff voraussichtlich nie diese Wasserstraße befahren wird. Zutreffendenfalls wäre das Bild noch bunter.

Jetzt wühlen wir weiter in der Kassette und stoßen auf ein anderes Papier, aus dem hervorgeht, daß das Schiff höchstens 8900 t Frachtgut laden darf, ohne seine Sicherheit zu gefährden. – Schließlich entdecken wir noch auf einer von der Werft gelieferten Unterlage, daß MS „Lichtenfels“ vollbeladen 13 049 t Wasser verdrängt; diese Zahl bedeutet – wie wir uns noch aus dem Physikunterricht erinnern –, daß Schiff und Ladung rund 13 000 t wiegen.

Uns genügen schon vier dieser Meßzahlen, um die Möglichkeiten der geschäftlichen und politischen Propagandisten abzuschätzen, wenn sie verschleiern wollen. Wir wiederholen diese Tonnagezahlen von MS „Lichtenfels“ noch einmal tabellarisch in umgekehrter Reihenfolge:

13 049 t Wasserverdrängung
8 900 t Tragfähigkeit
6 799 Registertonnen Bruttoraum
4 742 Registertonnen Nettoraum

MS „Lichtenfels“ Opfer eines Scheinkrieges

Nach Erledigung aller Formalitäten läuft jetzt MS „Lichtenfels“ vollbeladen unter der Kontorflagge von Quiddje & Co. – zwei gekreuzte Landratten in roter Raute auf weißem Felde – nach New Orleans aus und gerät plötzlich auf dem Atlantik in einen Scheinkrieg von Nato-Seestreitkräften. Hier wird das Schiff sofort dankbar begrüßtes „Kampfobjekt“ der beiden Parteien „Rot“ und „Blau“. Abends aber hören wir folgende Schein-Wehrmachtsberichte:

1. Blau. „Unsere pausenlos angreifende U-Boot-Waffe versenkte auf dem Nordatlantik bei besonders ungünstigen

Wetterverhältnissen aus einem stark gesicherten feindlichen Geleitzug einen neuzeitlichen Großfrachter von 13 100 Tonnen.",

2. Rot. „Ein Rudel feindlicher Unterwasserstreitkräfte griff bei für den Gegner besonders günstigen Wetterverhältnissen auf dem westlichen Teil des Nordatlantiks einen unserer Geleitzüge vergeblich an. Von den Besatzungen unserer Sicherungsstreitkräfte wurden sechs feindliche U-Boote vernichtet. Einer unserer kleineren Frachter von 4500 Tonnen ging verloren."

Die beiden Gegner haben keine falschen Angaben über die Größe des versenkten Handelsschiffes gemacht, obwohl die Differenz in den Tonnen-Maßen der Beute 8600 t beträgt. Man sieht, wie herrlich man durch Weglassungen der Dimensionsbegriffe in heißen Kriegen mogeln und in friedlichen Zeiten nichtsahnende Reiseinteressenten über die Größe von Schiffen täuschen kann.

Wir aber werden in Zukunft sofort hellsichtig, wenn in Prospekten oder Inseraten von Reedereien nur mit dem schlichten Begriff „Tonnen" gearbeitet wird. Wir fragen dann neugierig zurück: „Wasserverdrängung, Tragfähigkeit oder Raumgehalt?"

Quiddje & Co. begreifen nun auch, warum ein kluger Ingenieur von der Deutschen Werft, Hamburg, den herrlichen Begriff „Tonnensalat" für diesen Wirrwarr prägte, und daß alles viel einfacher wäre, wenn man in der Schiffsvermessung zum metrischen System überginge, d. h. die „Registertonnen" durch „Kubikmeter" ersetzte. So sähen dann die beiden Hauptdaten für MS „Lichtenfels" aus:

Bruttoraum: 19 241 cbm
Tragfähigkeit: 8 900 t

und jeder Einsichtige wird sagen: „Klarer Fall!" Nach langem Hin und Her ist mit der langsamen Bekehrung Großbritanniens zum Dezimalsystem auch in der Schiffsvermessung eine vernünftige Regelung in Sicht. Bis zur Verwirklichung muß man aber wohl noch ein Jahrzehnt als Zeitspanne einsetzen.

Samuel Plimsoll schaltet sich ein

Zur Beurteilung der technischen Leistung eines Schiffes muß man beides kennen, seinen Raum und seine Tragfähigkeit. – Man kann einen Lieferwagen mit Zigarettenpaketen vollpacken, ohne seine Tragfähigkeit auszunutzen, wie man umgekehrt das Gefährt mit Maschinenteilen auslasten kann, ohne den zur Verfügung stehenden Innenraum auszufüllen. Für den Reeder ist nicht der ganze, umschlossene Schiffsraum oder die ganze Last von wirtschaftlichem Interesse, sondern im wesentlichen ihr „verdienender Teil", deshalb wird dem „Bruttoraum" der Nettoraum der absoluten Tragfähigkeiten die „nutzbringende Tragfähigkeit" gegenübergestellt. Über diese Daten geben – wie erwähnt – amtliche Dokumente, die Meßbriefe, Auskunft. Ein „Auszug" aus der Tragfähigkeitsurkunde wird übrigens, für jedermann sichtbar, in der Mitte des Schiffes unverwischbar angebracht, indem man eine Marke in die Außenhaut meißelt, bis zu der das Schiff eintauchen darf. So sind Fälschungen erschwert, und dies hat seinen tieferen Sinn, weil das Überladen eines Schiffes für Fahrzeug und Besatzung gefährlich ist. So etwas kam in früheren Jahren bei gewissenlosen Reedern gelegentlich vor, und deshalb setzte sich Mr. Plimsoll, ein menschenfreundlicher Kohlenhändler, seit dem Jahre 1876 für amtliche *„Freibordmarken"* ein. 14 Jahre später konnte er seinen Vorschlag nach harten Kämpfen verwirklichen. Dieser „Groß-Stempel" trägt deshalb im englischen Sprachgebiet noch heute den Namen seines verdienstvollen Erfinders. – Die Einführung der Tiefladelinie bei uns ist ein Verdienst des letzten deutschen Kaisers, der im Jahre 1900 Albert Ballin, den Chef der Hamburg-Amerika-Linie, veranlaßte, mit gutem Beispiel voranzugehen.

In der unten abgebildeten deutschen „Plimsoll"-Marke bedeuten: „GL" Germanischer Lloyd, die Schiffbau-Überwachungsgesellschaft, „SB" Seeberufsgenossenchaft, „S" Sommer und „W" Winter. Im Winter darf ein Schiff wegen

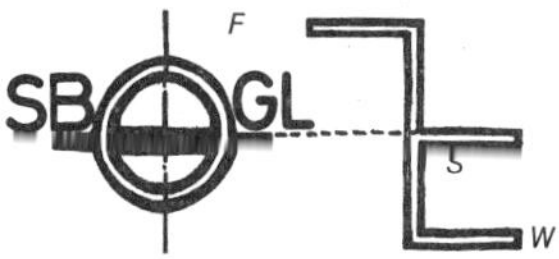

der größeren Seegefahren nicht so tief beladen werden wie im Sommer. Größere Tauchtiefe bis „F" – Frischwasser – ist dann zugelassen, wenn die Beladung des Schiffes in Häfen von Binnenmeeren, wie des Bottnischen Meerbusens oder der großen amerikanischen Seen erfolgt, aber die größere Transportleistung über ozeanische Gewässer vor sich geht.

Schiffe, die im Gebiet des stürmischen Nordatlantiks oder in geruhsamen tropischen Gewässern verkehren, werden bezüglich der Freibordvorschriften schlechter beziehungsweise besser gestellt. Zu den Normal-Tauchtiefen kommen dann noch die Marken „WNA“ = Winter, Nordatlantik, und „T“ = Tropen. Auch Schiffe, die in der Holzfahrt beschäftigt sind, haben besondere Marken.

Mr. Moorsom regelt die Dampfervermessung

Frachtreeder bevorzugen die Tragfähigkeit, wenn sie sich einen Begriff von der Leistungsfähigkeit eines Schiffes machen wollen. Die Statistik aber und der „Mann auf dem Deich“ rechnen in Raumgrößen, das heißt in Brutto-Register-Tonnen. Der Erfinder der Raumvermessungsmethode für Dampfer ist ein Engländer, Mr. Moorsom. Er wirkte vor hundert Jahren, als die Dampfer, die „Smeuk-Ewer“,

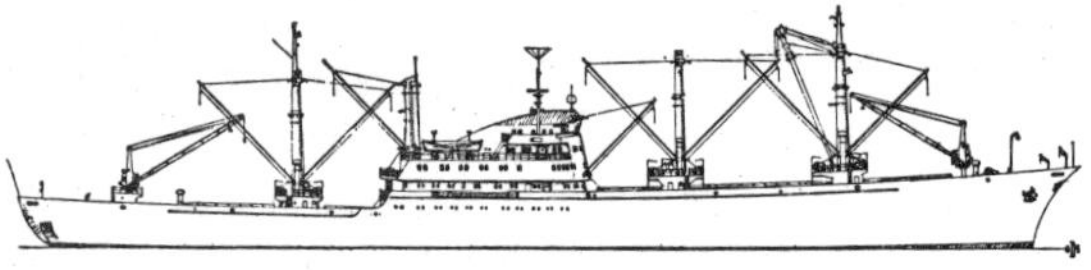

MS „CAP SAN NICOLAS“
1961 Howaldtswerke Hamburg AG
Hamburg-Südamerikanische Dampfschiffahrts-Gesellschaft Eggert & Amsinck – Länge 159,4 m – 9998 BRT – 9975 t Tragfähigkeit – 11 650 PS – 19 kn – 12 Passagiere – 49 Mann Besatzung.

sich breit zu machen versuchten. Das waren damals Kohlenfresser. Sie gebrauchten rund 2,5 kg Kohle für die Leistungseinheit, die Pferdestärkenstunde. Deshalb waren sie gegenüber den hochgezüchteten Schnellseglern, den „Klippern“, nur dann wettbewerbsfähig, wenn man die Segler „diskriminierte“. Die Hafenabgaben mußten herhalten, weil sie in der Schiffsrechnung erhebliches Gewicht haben. – Maßgebend für die Berechnung der Hafenabgaben ist, wie erwähnt, der „verdienende Raum“, der Nettoraum, des Schiffes gewesen, das heißt der Raum, der auf Seglern nach Abzug der Besatzungsräume, der Segelkammern usw., die ja alle nichts „einbringen“, übrig bleibt. Beim Dampfer glaubte Mr. Moorsom mehr tun zu müssen, um ihm den Start überhaupt erst zu ermöglichen. Er gab die „reelle" Methode der tatsächlichen Vermessung auf und entwickelte folgende raffinierte Vermessungsvorschrift, die noch heute in ihren Grundprinzipien gilt:

1. Der **Bruttoraum** umfaßt den Schiffsraum bis zum obersten durchlaufenden Deck, zuzüglich der geschlossenen Aufbauten. Nicht einbezogen werden das Ruderhaus, Räume für Hilfsmaschinen und seltsamerweise auch nicht die Klos. Hier fängt der „Schwindel" schon an.

2. Der **Nettoraum** ist der Bruttoraum abzüglich der Räume für die Besatzung, Vorräte, Wasserballast usw. Für die Maschinenräume – und jetzt kommt der Pferdefuß – gilt folgendes: Beträgt der Raum, der von der Maschine und den Kesseln eingenommen wird, mehr als 13 Prozent des Bruttoraumes, dann werden 32 Prozent des Bruttoraumes als Maschinenraum abgezogen. Man unterstellte hierbei, daß der Überschuß von den Kohlenbunkern eingenommen würde.

Die Technik stürmt, die Regel bleibt

Im Jahre 1954 konnte die Moorsomsche Regel auf ein hundertjähriges Jubiläum zurückblicken. In dieser Zeit hat sich in der Technik allerhand „getan", auch auf dem Gebiete des Schiffbaues. Daran ist der tüchtige Mr. Moorsom besonders beteiligt. Seine Regel hat auf die Schiffbautechnik genauso befruchtend gewirkt wie die berühmte teuerformel auf dieKonstruktion von Automobilmotoren: Der Brennstoffverbrauch von Schiffsmaschinen wurde im vergangenen Jahrhundert von 2,5 kg auf 0,27 kg bei neuzeitlichen Turbinenanlagen und sogar auf 0,17 kg auf Motorschiffen herabgedrückt. Die Brennstoffräume schrumpften, die Vermessungsformel aber blieb.
Man könnte heute die Maschinenräume viel kleiner bemessen, tut es aber nicht, weil das Erbe Mr. Moorsoms noch wirksam ist. Der Zuwachs an Laderaum durch kleinere Maschinenräume bringt nicht soviel Gewinn wie das Mehr an Hafenabgaben, das man in Kauf nehmen muß, wenn man die berühmten 13 Prozent unterschreitet. Deshalb sagen die Bauvorschriften der Reedereien auch heute noch: „Der Maschinenraum ist so zu bemessen, daß der höchste Abzug für Nettotonnage erreicht wird."

Vernunft wird Unsinn

Die Anwendung der Vermessungsvorschriften ist eine Angelegenheit für raffinierte Spezialisten geworden. Kürzlich hat ein guter Kenner der Materie bei einem Hochseeschlepper einen erheblichen negativen Nettoraum errechnet. Dieses Schiff ist nutzbringend sozusagen gar nicht vorhanden, und das Exempel rührt an die Grundfragen der Erkenntnistheorie. Dieser Schlepper müßte folgerichtig Hafenprämien erhalten – anstatt Abgaben zu bezahlen.

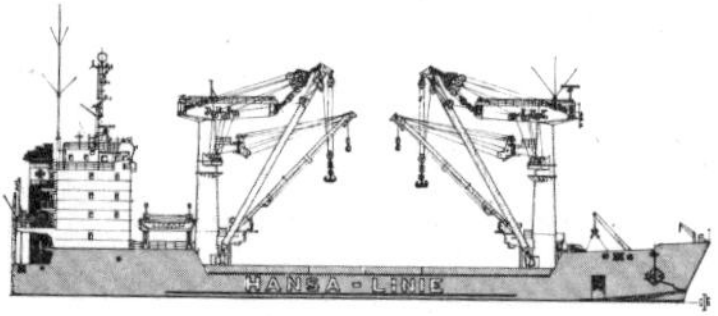

Schwergutfrachter MS „STAHLECK"
1977 F. Lürssen Werft, Bremen-Vegesack
DDG „Hansa", Bremen – Länge 91,5 m – Breite 16,8 m – 3485 BRT – 3012 tdw – 5600 PS – 13,4 kn – 23 Mann Besatzung – 2 Ladebäume für je 216 t – Bugrampe mit 1000 t Tragfähigkeit

Auch der Bruttoraum „unreell"

Auch bei der Vermessung des Bruttoraumes läßt sich, wie erwähnt, „zaubern". Ein klassisches Beispiel bietet D „Vaterland" der HAPAG, der nach dem ersten Weltkrieg an die USA übereignet werden mußte und als SS „Leviathan" den Atlantik kreuzte. Der deutsche Meßbrief des Schiffes lautete über 54 282 BRT. Die „Schwestern", D „Imperator" und D „Bismarck", waren zu 52 226 BRT und 56 621 BRT vermessen. D „Bismarck", später SS „Majestic", war zunächst das größte Schiff der Welthandelsflotte. Da die Menschen, und die Amerikaner insbesondere, viel von Rekorden, von Superlativen halten, wurde SS „Leviathan" neu vermessen. Sein Raum wuchs über Nacht auf 59 957 BRT, und die USA hatten das größte Schiff der Welthandelsflotte. – Als aber Ende der zwanziger Jahre die große Weltwirtschaftskrise ausbrach, wurde den „United States Lines" der Ruhm zu teuer. Wieder wurde der magische Stab geschwungen, und das Ergebnis lautete jetzt: 49 942 BRT. – Dieser frappierende Größenwechsel war nun nicht etwa mit Verlängerung oder Verkürzung des Schiffskörpers verbunden, sondern man machte „offene Aufbauten“ – die nicht in die Bruttovermessung eingeschlossen werden – zu „geschlossenen“ und umgekehrt.

Schutzdecker wurden modern

Auf diese Art und Weise kann man sogar ein ganzes Deck „unterschlagen“. Von dieser Möglichkeit machte man früher beim Bau sogenannter *„Schutzdecker“* Gebrauch, die heute „Freidecker“ heißen. Schneidet man nämlich in das oberste Deck und seine Querwände, die Schatten, – nur provisorisch zu schließende – Öffnungen bestimmter Mindestgröße, dann ist der Raum, den dieses Deck einschließt, nur in Wirklichkeit, aber nicht vermessungstechnisch vorhanden. Diese Öffnungen, die die „Unterschlagung“ rechtfertigen, heißen deshalb auch „Vermessungsöffnungen“. für Schiffe, die wertvolles Stückgut fahren und wie der erwähnte Zigarettenlieferwagen viel Raum benötigen, ist die Vermessung als Schutzdecker wirtschaftlich vorteilhafter, weil mit dem Bruttoraum auch der Nettoraum automatisch sinkt.

Das heutige solide Schutzdeck ist übrigens textilischen Ursprungs; es entwickelte sich aus einer *Persenning*, einem Segeltuch-Dach, das in äquatorialen Seegebieten eingeborene Deckspassagiere und lebendes Vieh vor den sengenden Strahlen der Tropensonne schützen sollte. Dieses *Sonnensegel* wurde später durch ein leichtes Stahldeck ersetzt, weil die Transporte sich regelmäßig wiederholten. Damit war der Gedanke des modernen Schutzdecks geboren, das zunächst nach den Seiten offen war. Im Laufe der Zeit wurde der Begriff „verfeinert“, das heißt, das Dach wurde seitlich mit einer Außenhaut verkleidet, und von der ursprünglichen Luftigkeit sind heute nur noch die Vermessungsöffnungen übriggeblieben. – Die Seeleute bezeichnen übrigens diese Öffnungen in ihrer kernigen Sprache als *„Versauflöcher“*.

Das Wechselschiff oder 2776 = 1599

Früher mußte man sich beim Entwurf eines Schiffes endgültig für einen Typ entscheiden: Schutz- oder Volldecker hieß die Frage, vor der die Reeder standen. Seit 1955 setzt sich aber ein „Zauberschiff“ nach der Formel „sowohl als auch“ durch. Diese doppelte Verwendung ist allerdings an die Erfüllung einer Voraussetzung geknüpft: Volldecker erfordern nach den Bauvorschriften der Klassifikationsgesellschaften stärkere Verbände als die

„Schützlinge“. Baut man aber einen Freidecker in den Materialstärken der Volldecker und „fährt“ zum Verschluß der berühmten Vermessungsöffnungen neben den provisorischen Dichtungen hermetische Stahlverschlüsse an Bord, dann kann man innerhalb einer Stunde den Schutzdecker in einen Volldecker verwandeln.

MS „PETER RICKMERS
1962 Rickmers Werft, Bremerhaven
Rickmers Linie KG, Hamburg – Länge 160 m – Breite 20,4 m – 9643 BRT – 13670 t Tragfähigkeit – 8000 PS – 17,5 kn – 39 Mann Besatzung

Es hört sich an wie die Verwirklichung des alten Traumes: Knabe oder Mädchen nach Wunsch. Natürlich muß man immer den „Geburtsschein“, den Meßbrief, amtlich umändern lassen. Diese Formalität bereitet aber keine „Umstände“ und kann sogar im Ausland bei einem deutschen Konsulat ohne die unerhörten Schwierigkeiten vorgenommen werden, die eine Änderung der menschlichen Existenzurkunde bekanntlich bereitet.
In geradezu verblüffender Deutlichkeit zeigt sich der „Tonnensalat“ bei einem Blick auf die technischen Daten des im Liniendienst Bremen/Hamburg-Finnland beschäftigten Motorfrachters „Altair“:

Zunächst das Gemeinsame:	Länge über alles	91,55 m
	Breite	14 m
	Seitenhöhe	5,45/7,9 m
	Maschinenleistung	2400 PS

Aber jetzt geht's los:	als Volldecker	als Freidecker
Bruttoraum	2776 BRT	1599 BRT
Nettoraum	1437 NRT	3047 NRT
zulässiger Tiefgang	6,51 m	5,41 m
Tragfähigkeit	3697 t	2627 t

„Wer es fassen kann, der fasse es“, heißt es bei Matthäus. Auf alle Fälle sehen Sie, wie schwer es ist, den Raumgehalt von Schiffen richtig zu schätzen.

MS „ALTAIR“, ein modernes Wechselschiff
1966 Werft Crichton-Vulcan des Wärtsilä-Koncernen, Turku
Argo Reederei Richard Adler & Söhne, Bremen – 14 kn – 27 Mann Besatzung – 4 Passagiere – Wechselschiff mit fast über die ganze Breite gehenden Ladeluken; dazu auch Seitenpforten, durch die Gabelstapler in die Laderäume fahren können – Bugverstärkung für die Eisfahrt.

Eher geht ein Kamel . . .

Seit der Jahrhundertwende kämpfen einsichtige Techniker für eine Änderung der antiquierten Vermessungsordnung britischer Provenienz. Sie kämpfen wie Don Quichote gegen Windmühlen. Die „Windmüller“, die dagegen sind, zeigen nämlich mit gewichtigem Zeigefinger auf die Schiffsabrechnungen ihrer „betagten“ Einheiten, und diese Konten reden allerdings eine eindringliche Sprache.
Die Hafenabgaben und Kanalgebühren, die nach dem Netto-Raum berechnet werden, beeinträchtigen demnach entscheidend die Rentabilität eines Schiffes. Eine radikale Reform der Vermessungsordnung würde die Wirtschaftlichkeit von Alt-Tonnage wahrscheinlich stark gefährden. Es ist deshalb menschlich verständlich, daß „Alt- und Uraltbesitzer“ das biblische Wort vom „Kamel und Nadelöhr“ zitieren, wenn ein vorwitziger „Fanatiker“ an der „bewährten“ Moorsomschen Regel rütteln will.

Das Paragraphenschiff

Der von dem Schriftsteller Walter Bloem vor dem ersten Weltkrieg erdichtete „Paragraphen-Lehrling“ hat jetzt im Paragraphenschiff seinen „fahrbaren Untersatz“ gefunden. Der Begriff ist alt, der Name neu. Schon zur Zeit der Königin Elisabeth I. gab es nämlich diese Erscheinung in England. Beim Studium der Schiffslisten fällt auf, daß die während ihrer Regierung in England gebauten Segler den Raumgehalt von – sagen wir – 300 Tonnen nicht überschreiten, obwohl die britischen Schiffbaumeister in der Lage waren, größere Einheiten herzustellen. Der Grund für diesen Stopp in der technischen Entwicklung lag in der damaligen „Schiffsbesetzungsordnung“ begründet: Segler, die das genannte Limit überschritten, mußten einen Geistlichen anmustern, und dessen Heuer wollten die Reeder natürlich sparen. – Um gleiche und ähnliche Fragen geht es beim modernen Paragraphenschiff. Die Besatzungszahl und gewisse Sicherheitsvorschriften stimmt der Gesetzgeber auch heute noch auf den Raumgehalt der Einheiten ab. Werden diese Größen überschritten, wird's teurer. Als §§-Schiff bezeichnet man solche Einheiten, die gerade die Grenzgröße erreichen, ohne sie zu überschreiten. Der Idealfall für das Beispiel zwei wäre ein Kümo von 499,9 BRT.

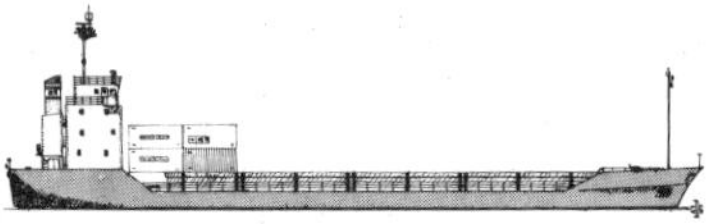

MS „DETLEF SCHMIDT"
1978 Werft Nobiskrug GmbH, Rendsburg
Partenreederei in Rendsburg (K.-H. Frahm) – Länge 79,2 m – Breite 13,5 m – 499 BRT – 1660 tdw – 1650 PS – 12,4 kn – 10 Mann Besatzung

Die schnellen Häfen

Häfen sollen dem schnellen Umschlag der Schiffsladung dienen. Wartezeiten sind höchst unerwünscht, weil sie zusätzliche Kosten bedeuten, die unter Umständen alles auffressen, was ein Schiff verdient hat. Gewisse Häfen im mittleren Osten haben in dieser Beziehung einen schlechten Ruf. – Vor dem ersten Weltkrieg ging es an der deutschen Nordseeküste noch gemütlich zu. Die Vierschornsteinboote des Norddeutschen Lloyd und der Hamburg-Amerika-Linie hielten sich genau eine Woche im Hafen auf, weil die Schnelldampfer diese Zeit als Kohlenfresser einfach benötigten. Sie mußten nämlich fünf Tage bunkern, am sechsten wurde Reinschiff gemacht, und am siebten Tag hieß es erst wieder: „Klar vorn und achtern" zur Ausreise.

Mit der Einführung des flüssigen Brennstoffs aber ließ sich die Bunkerzeit selbst bei den größten Einheiten auf wenige Stunden zusammendrängen und damit kam das Tempo in die Seefahrt. Die Konkurrenz der deutschen Häfen gegen

Rotterdam und Antwerpen drückte weiter auf das Umschlagtempo. Schneller sein als die Nachbarn war der deutsche Leitgedanke, um den Vorzug der geographischen Lage der Rhein-Mündungshäfen auszugleichen.

Das Malgerät hilft

Hilfe kam von den Malern; nicht von den Anstreichern, sondern dem „fröhlichen Volk der Künstler". Ihr Farbenmischgerät, die Palette, erwies sich im Güterumschlag als nützlich. Ein englischer Eisenbahnbeamter fand die „Farbenplatte" brauchbar für die Beschleunigung bei der Verladung gleichartiger Stückgüter. Ob er ein Maler war, hat sich nicht feststellen lassen. Im übrigen verlor die Umschlagpalette den eleganten Kurvenschwung und das Daumenloch. Die Hafenpalette ist quadratisch und hat einen doppelten Boden. Beide Platten sind durch Leisten miteinander vernagelt.

Die Erfindung des Eisenbahners sprach sich dann auch langsam an unseren konservativen Küsten herum, in deren Häfen der Stückgutumschlag eine große Rolle spielt. In Verbindung mit den praktischen Gabelstaplern ergab der Gebrauch der Palette eine Menge Vorteile, zumal dann, wenn man die Gabelstapler auch im Laderaum des Schiffes benutzen kann. Auf diese Verwendung wird heutzutage bei der Konstruktion von Schiffen besonderer Wert gelegt. Natürlich ist die Palette nur dann sinnhaft, wenn der Importeur die Hubplatte in demselben Zustand in Empfang nimmt, wie sie der Exporteur gepackt hat.

Das Containerschiff

Auch der Behälter unserer Bundesbahn hat in der Schiffahrt Eingang gefunden und zur Revolutionierung der Umschlagtechnik beigetragen. Sprachlich wandelte sich das Gerät nach englischem Beispiel zum „Container". Man hat genormte Behälter entwickelt, die mit Sattelschleppern von der Produktionsstätte zum Hafen gefahren werden. Hier erfolgt die Verladung mit besonderen Hebezeugen, den Containerbrücken. An Bord wird der Behälter in Halterungen unverrückbar abgestellt. Im Löschhafen wiederholt sich der Vorgang in umgekehrter Folge. Kleinere Partien werden in Sammelbehältern zusammengefaßt. Die ersten deutschen, im Atlantikverkehr eingesetzten Containerschiffe der Hapag-Lloyd AG hatten eine Kapazität von 720 Behältern zu je 20 t. Bei guten Umschlagbedingungen

schwebt alle drei Minuten ein Behälter an Bord. Beladung und Löschung voll ausgebuchter Schiffe können also günstigenfalls in 36 Stunden erfolgen. – Der Containerverkehr erfordert zunächst hohe Investitionen. Die Hafenverwaltungen müssen große Abstellplätze und Containerbrücken bereithalten und die Reeder pro Schiff drei Satz Container anschaffen.
Die guten Erfahrungen haben mittlerweile den Container fast überall in der Welt eingeführt, und man rechnet damit, daß die letzten noch „weißen Stellen" z. B. Indonesien und Südamerika Mitte der 80er Jahre ebenfalls von der „großen Kiste" erobert sein werden. Containerschiffe der 2. Generation fassen 1600 Container z. B. für den Linienverkehr zwischen Europa und Australien/Neuseeland, aber auch mit Nordamerika; die Schiffe der 3. Generation für den Fernost- und Südafrika-Dienst sogar 2500/3000. Je nach Fahrtgebiet sind dabei bis zu 80 % für Kühlgüter ausgelegt. Diese z. T. bis 33 kn schnellen und nur noch in große Häfen passenden Expreßschiffe haben wiederum den Bau kleiner sog. „Zubringer" (Feeder) zur Weiterverteilung und zum Einsammeln der Container in kleinen Häfen z. B. Skandinaviens notwendig gemacht.

Das Massengutschiff

Das frühere, einfache und langsame Mehrzweckschiff wird seit einiger Zeit in zunehmendem Maße von den gut durchkonstruierten großen Massengutfrachtern verdrängt, die man Schwestern des Tankers nennen kann. Diese Erz, Kohle und anderes Schüttgut verfrachtenden Einheiten werden in den Ladehäfen von leistungsfähigen Umschlageinrichtungen innerhalb kürzester Frist beladen und im Zielhafen auf ähnliche Weise wieder gelöscht. Der Verzicht auf das eigene Ladegeschirr schlägt sich natürlich kostensparend im Bau und im Betrieb nieder. Zahl und Raumgehalt der Bulkcarrier nehmen sprunghaft zu. Die Lloyd's Statistik für 1978 weist einen Raum von 106,5 Mill. BRT an Massengutfrachtern aus, das sind gut 26 Prozent der Welthandelsflotte.
Als eine Abart der Container haben sich die sog. „Lash-Schiffe" herausgebildet, wobei dies Stummelwort für „lighter aboard ship" steht. Große Frachter mit etwa 45 000 tdw nehmen wie die Landungsdockschiffe der Marinen im Inneren statt Container binnenschiffsähnliche Leichter mit 370 bis 800 t Tragfähigkeit auf, von den kleineren bis 83 im

Mutter- oder Trägerschiff. Mit Hilfe starker Portalkräne oder Aufzüge werden sie übers Heck umgeschlagen. Diese Leichter ohne eigenen Antrieb können von und zu den Seehäfen auf Binnenwasserstraßen bis ins Binnenland geschleppt werden, auf dem Rhein z. B. von Rotterdam bis Basel und in den USA von New Orleans auf dem Mississippi bis Chicago, ohne daß ihre Ladung umgeschlagen werden muß.
Ähnlich jung wie der Container und die Palette ist die Verschiffung rollend gemachter Ladung im sog. „Roll-on-Roll-off-System", für das die Landungsfahrzeuge der Allierten im letzten Weltkrieg Pate gestanden haben. Das heißt, daß die Güter nicht mehr mit Kränen oder dem bordeigenen Ladegeschirr an und von Bord gegeben und dabei noch im Schiff kostenintensiv hin- und herbewegt werden, sondern auf Rädern – Lkw, Gabelstaplern oder fahrbaren Spezialuntersätzen – in oder aus dem Schiff rollen. Es muß dazu allerdings an der Seite, im Bug oder Heck oder überall über Pforten und Landanschlüsse verfügen. Im Schiff selbst stellen Rampen und Lifte die Verbindung zwischen den Decks her, deren Höhe je nach Bedarf für Lkw oder Pkw oder z. B. Traktoren bemessen ist, ja sogar je nach Bedarf mit beweglichen Hängedecks variiert werden kann.

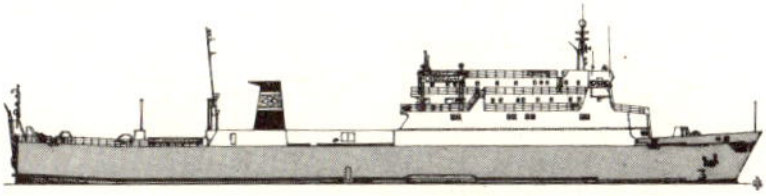

MS „WUPPERTAL"
1977 Rickmers Werft, Bremerhaven
J. A. Reinecke, Travemünde – Länge 116,3 m – Breite 17,4 m – 1599 BRT – 2900 t Tragfähigkeit – 6800 PS – 17,5 kn – 12 Mann Besatzung – 64 Trailer

Mit diesem System sind Schiffe unabhängig von der Abfertigung durch Kräne an Land und können sich bei Verstopfungen oder Überlastung von Häfen selbst „bedienen". Dank schräggestellter oder schwenkbarer Rampen am Heck benötigen selbst große RoRo-Frachter dafür nur 30–50 m Kajenlänge. Die vielen Vorteile haben das System auch für Küstenschiffe und Fähren interessant gemacht, so daß es zu einer ernsten Konkurrenz selbst der alteingesessenen „Kümos“ geworden ist. Selbst die konventionellen Linienfrachter mit Ladeluken und -bäumen beginnt es zu verdrängen. Auch hier ist das Ende der Entwicklung auf den 7 Meeren noch nicht abzusehen.

Flaggensprache

Die Flaggen kamen als Banner der Kreuzfahrer an Bord und machten hier eine Sonderentwicklung ins Großartige durch. Man spricht von einem Flaggenluxus des Mittelalters, der sich bis in die Barockzeit fortpflanzt. Erst die fortschreitende Technisierung in der Seefahrt bringt das Ende der ritterlichen Mode und Verkleinerung der Flaggen auf die noch heute übliche Größe. Gleichzeitig verdrängt die Französische Revolution die Bildflaggen und verhilft dem ein wenig langweiligen Trikoloreprinzip zum Sieg.

Fahne und Flagge

Der Binnenländer pflegt jedes heraldische Textil als „Fahne“ zu bezeichnen. *Quartermaster* Willem Wurow konnte sehr vergrellt werden, wenn man seine gepflegten Flaggen den Symbolen von Wehrmachtsteilen und zivilen Korporationen gleichsetzte. Es kam dann zu leidenschaftlich bewegten Erklärungsversuchen: „Herrschaften, das 's doch dummes Zeug. 'ne Fahne un keine Flagge nich. Süh, us Flaggen, die werden geheißt un bi Sonnenuntergang niedergeholt. Un dann, Herrschaften, fühlt mal: dat is Wolle, schiere Kamelwolle un ganz plusterig gewebt. Damit se nich kaputtknallen in Wind un Regen! De Fohnen obers sünd ut Seide; se sünd an 'n Stock nogelt, un Nogels gifft dat an Bord öberhaupt nich oder schall't wenigstens nich geben.“

Damit traf der alte Wurow den Fahnennagel nicht ganz auf den Kopf. An Bord gibt es nämlich auch „genagelte“ Flaggen. Die Zahl der traditionsbewußten Kapitäne nimmt nämlich von Jahr zu Jahr zu, die die Hausflagge der Reederei an einem kurzen Stock befestigen und vorheißen, damit sie den Masttopp überragt.
Der Kommentar des alten Wurow und „seiner Schule“ bedarf deshalb der Ergänzung. Die wesentlichen Unterschiede zwischen Fahne und Flagge sind nicht rechnischer, sondern rechtlicher Natur. Die Fahne ist ein heraldisches Individuum und wird deshalb auch meistens aus kostbarem Material hergestellt. Jedes Zeichen unterscheidet sich in Bildmuster und Farbe von dem anderen. Die Fahne ist einmalig, bei Verbrauch oder Verlust geht sie unter.
Die Flagge hingegen ist ein vertretbares Symbol, das bei

Verbrauch oder Verlust ersetzt werden kann, ohne daß der Quartermaster wie der Fahnenträger mit allen Bataillonskameraden sehr übler Nachrede ausgesetzt ist. Eine Flagge wird bei Verlust oder Verbrauch einfach gegen Quittung auf der Ausrüstungsstelle ohne Minderwertigkeitsgefühle neu empfangen.

Die Hausflaggen

der Reedereien sind heraldische Zeichen aus der jüngeren Vergangenheit. Sie tauchen erstmalig im dritten Jahrzehnt des vorigen Jahrhunderts auf und niemand weiß, wer eigentlich den Gedanken hatte. Wahrscheinlich haben die großen halbstaatlichen britischen und holländischen Indienkompanien das Vorbild gegeben. Auf alle Fälle lag dem Erfinder der Hausflagge ein seegebundener Adelsstolz fern; im Vordergrund stand ein nüchterner Zweckgedanke. Der ursprüngliche Name deutet ihn unmißverständlich an; auf dem in der Mitte des vorigen Jahrhunderts gedruckten Plakat einer Werkstatt für nautische Instrumente in Bremerhaven lesen wir: „Signalflaggen bremischer Reedereien". Sie dienten also für die Segler, die sich oft glichen wie ein Ei dem andern, als zusätzliches Unterscheidungsmerkmal. Deshalb spielen auf diesen Flaggen auch die Anfangsbuchstaben der Firmen eine so bedeutende Rolle; Reedereiflaggen mit Bildsymbolen haben leider Seltenheitswert.

Schornstein weitere Visitenkarte

Als weiteres wichtiges, sozusagen plakatives Unterscheidungsmerkmal ist später der Schornstein zur Hausflagge getreten, nachdem jemand den kühnen Gedanken hatte, daß das „natürliche" Schwarz der Ofenröhre kein unabdingbarer Bestandteil der Schiffsschornsteine sein müsse. Die „Hamburg-Süd" hat den Beweis erbracht, daß selbst das delikate Weiß in Verbindung mit leuchtendem Zinnoberrot als Schornsteinfarbe möglich ist.

Von den meisten Reedereien wird aber immer noch dem traditionellen Schwarz der Vorzug gegeben. Man lockert aber vielfach die dunkle Eintönigkeit durch die auf beiden Seiten angebrachte Reedereiflagge auf. Bei Benutzung leuchtender Farben versehen manche Reedereien den Topp des Schornsteins mit einem farbesparenden schwarzen Ring.

Motorschiffe benötigen wie die Kraftwagen keinen Schornstein, sondern könnten sich mit einem Auspuff begnügen. Die ersten dänischen Motorschiffe benutzten deshalb auch einen Mast zum Ableiten der Verbrennungsprodukte. Diese technisch richtige Lösung befriedigte das Auge aber nicht. Irgend etwas fehlte, und bald schipperte man wieder mit dem klassischen Schornstein über die sieben Weltmeere. Möglicherweise hängt das Empfinden einer Leere mit der Tatsache zusammen, daß der Schornstein zum Symbolträger des Schiffes geworden ist. Jedenfalls erhalten auch heute noch die meisten Motorschiffe an „historischer" Stelle einen Schornstein zum optischen Massenausgleich hingesetzt; auf Fahrgastschiffen ist er gelegentlich, wie auf MS „Wilhelmshaven" (Seite 113), zum Gesellschaftsraum zweckentfremdet. Eine Neuerscheinung sind bei Doppelschraubenmotorschiffen mit achterlichen Maschinen ein Paar nebeneinanderstehende schmale Schornsteine, die aber ästhetisch nicht befriedigen.

Flaggenführung

Schiffe mit zwei Masten führen in der Regel folgende Flaggen: am Fockmast die Nationalflagge des Landes, nach dem das Schiff fährt oder von dem es kommt, im Topp des Großmastes die „Hausflagge" der Reederei und – soweit vorhanden – an einer Gaffel (schräg nach oben zeigende Stange) dieses Mastes die eigene Nationalflagge. Diese wird im Hafen aber stets achtern am Flaggenstock geheißt. Eine Ausnahme von dieser Regel macht nur die englische Indien-Reederei Brocklebank. Sie erweist sich als wahrhaft höflich und fährt ihre Hausflagge am weniger

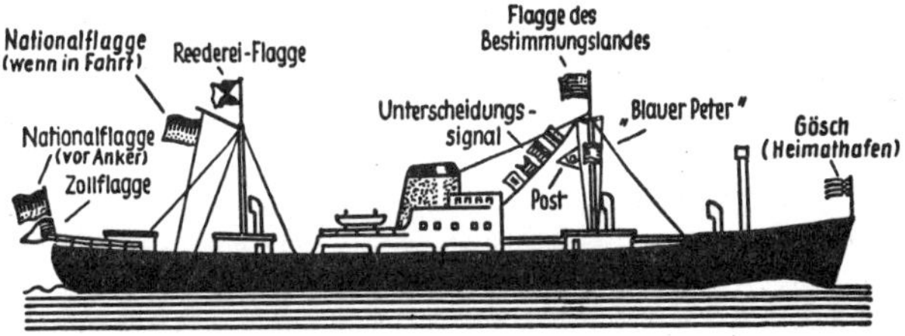

„vornehmen" Fockmast. Dem Symbol des Gastlandes überläßt sie charmant den Großmast. Am Bug wird noch – aber ausschließlich im Hafen – eine kleine Flagge gefahren, die man in Mitteleuropa nach den Geusen, den

holländischen Freiheitskämpfern gegen die Spanier (1570), als Gösch bezeichnet. Die Briten nennen diese Flagge „Jack“, angeblich, weil König Jacob als Kind mit einer solchen kleinen Flagge gespielt habe. – Kriegsschiffe haben meistens eine Sonderflagge als Gösch. Deutsche Handelsschiffe fahren am Bug gewöhnlich die Stadtflagge ihres Heimathafens. – Die Verwendungsbeschränkung der Gösch auf die Liegezeit im Hafen erklärt sich aus der Stellung des kleinen Flaggenstocks der Segler auf dem Bugsprit. Dort wirkte er nämlich als Störenfried beim Bedienen der Vorsegel und wurde deshalb auf See entfernt. – Seltsamerweise wird auf deutschen Schiffen die Gösch auch häufig während der Reise gefahren, sofern Flaggen gesetzt werden.

Der Seemannsgruß

Der seemännische Gruß heißt „dippen“. Er besteht im Niederholen und Wiedervorheißen der Nationalflagge. Sämtliche Handelsschiffe haben gegenüber den Kriegsschiffen aller Staaten die Verpflichtung zum ersten Gruß. Handelsschiffe pflegen sich nur dann zu begrüßen, wenn sie zur eigenen Linie gehören oder die Reedereien beziehungsweise die Kapitäne im Freundschaftsverhältnis zueinander stehen. Die Verpflichtung zum ersten Gruß bei der Vorbeifahrt hat:

a) das überholende Schiff gegenüber dem überholten,
b) das in Fahrt befindliche gegenüber dem vor Anker liegenden,
c) das auf der Ausreise befindliche gegenüber dem heimkehrenden. Hier wird der Heimkehrer, der in früherer Zeit das Ungemach einer langen, beschwerlichen Segelschiffsreise hinter sich gebracht hatte, von dem Ausreisenden geehrt.

Salut gen Himmel

Kriegsschiffe der eigenen Nation halten untereinander nichts von Höflichkeit, es sei denn, dem Verbandschef gegenüber. Der Dippgruß wird aber auch in diesem Fall nicht erwiesen, weil er sich aus dem „Streichen“ der Segel, dem Zeichen der Unterordnung und der Unterwerfung, herleitet. Treffen aber Kriegsschiffe verschiedener Staaten zusammen, dann „rumpsen“ die Kanonen auch im Frieden. Man nutzt die Pulvergase allerdings lediglich zur Erzeu-

gung der bei den Männern so beliebten Knalleffekte, d. h. man wendet nur die Gesetze der „inneren Ballistik" an. – Die Zahl der Schüsse, die man sich gegenseitig zubilligt, richtet sich nach Breite und Zahl der Ärmelstreifen der Verbandschefs. Seltsamerweise donnert man nur eine ungerade Zahl von Schüssen, die dem Rang entsprechend im Sinne einer arithmetischen Reihe mit der Differenz 2 fällt. Nur das ballistische Geltungsbedürfnis des „Alleinfahrers" wird um vier Schüsse gegenüber dem Führer des kleinsten Schiffsverbandes gekränkt. Die Höchstzahl von 21 Schuß empfangen nur Staatsoberhäupter und der Inhaber des Apostolischen Stuhles in Rom. Die Sieben spielt beim Salut eine große Rolle. Sie leitet sich anscheinend von der Zahl der Wochentage ab.
Übrigens ist der donnernde Gruß, der Salut im engeren Sinne, ein ausgeprochenes Zeichen friedlicher Gesinnung genauso wie der Präsentiergriff, das – allerdings nicht ernst gemeinte – Darbringen der eigenen Waffen zum „Präsent", zum Geschenk. Wenn man nämlich beim Anlauf eines fremden Hafens sein eigenes Geschütz abbrannte und dann noch die Besatzung in Paradeuniform in die Rahen schickte, war dies ein ausgeprägtes „pazifistisches" Bekenntnis: Es dauerte so ungefähr eine halbe Stunde, bis man die alten Vorderlader wieder schußfertig gemacht hatte.
Rechte Hand an die Kopfbedeckung ist nebenbei ein ähnliches Zeichen von Friedfertigkeit, weil die Ehrenbezeigung den Gebrauch der Feuerwaffe unmöglich machte, es sei denn, daß man den Colt wie Tom Mix aus der linken Hüfte abfeuerte. Derartige unanständige Regelwidrigkeiten gab es zu den Zeiten der „partikulären" Kriege in der Barockzeit noch nicht, als das feierliche – und für den Zuschauer auch heute noch faszinierende – Zeremoniell in der französischen und britischen Flotte entwickelt wurde. Die deutsche Vorschrift über die Schiffsetikette führt den schönen Namen „FLASBO", das ist: Flaggen-, Salut- und Besuchsordnung.

Flaggenparade

Die Flaggen richten sich, einem alten Brauch folgend, nach dem Lauf des Tagesgestirns. Sie werden bei Sonnenaufgang „vorgeheißt" und bei Einbruch der Abenddämmerung niedergeholt. Die natürlich wieder notwendige Ausnahme bilden „Standarten" der Staatsoberhäupter, die

Admiralsflaggen und Kommandantenwimpel. Sie werden von Mond und Sonne beschienen. – Das Heißen und Niederholen der Flaggen ist auf Kriegsschiffen eine feierliche Handlung, die Flaggenparade. Sie wird musikalisch untermalt, wenn man ein Musikkorps zur Verfügung hat. Anderenfalls tritt nur ein Instrument, die Bootsmannspfeife, in Aktion.
Flagge auf halbmast ist ein Überbleibsel aus der Zeit, in der man auch an Bord in „Sack und Asche" trauerte. Dann wurden Rahen und Tauwerk bewußt in Unordnung gebracht. Zuletzt geschah das „Skandalisieren" der Rahen auf einem englischen Schulschiff im Jahre 1908. Ort der Handlung war Lissabon und das Ereignis die Ermordung des Königs Carlos. – Der jungen „Kaiserlichen Marine" war diese bewußte Unordnung ein Greuel. Sie hat sich sofort auf ordentliches „Drittelmastflaggen" beschränkt und alles sauber reglementiert.

Signalflaggen
Zum Austausch von Nachrichten am Tage dienen Signalflaggen. Diese nach den Buchstaben des Alphabets benannten Flaggen, die allein wehend oder in Gruppen bis

Flaggenformen

zu vier an einer Signalleine geheißt werden, bedeuten ein Wort oder einen Satz, die im „Internationalen Signalbuch" ähnlich wie in einem Telegraphenschlüssel festgelegt sind.

Das erste brauchbare Signalbuch für die Handelsmarine schuf der auch bei uns als Romanschriftsteller bekannte englische Kapitän Marryat, dessen „Sigismund Rüstig" selbst die neuzeitliche Jugend noch mit Begeisterung verschlingt. Eine deutsche Ausgabe des Marryatschen Signalbuches erschien im Jahre 1857 an der Elbe. Das jetzt im Gebrauch befindliche „Internationale Signalbuch" ist in sieben Sprachen erschienen, Englisch (Urform), Deutsch, Französisch, Italienisch, Japanisch, Norwegisch und Spanisch. Ein Nachrichtenaustausch ist so auch zwischen solchen Schiffen möglich, deren Besatzungsmitglieder sich im gegenseitigen mündlichen und schriftlichen Verkehr nicht verstehen würden. Als Sinn der Flaggengruppen „G – U – B" findet der Deutsche in seinem Signalbuch „Grüße"; der englische Wachoffizier liest „greetings" für den gleichen Flaggen-*„Heiß"*.

Die Ziffern 0 bis 9 werden durch besondere dreieckige Wimpel ausgedrückt.

Zur Ausschließung von Übertragungsfehlern ist der englische Urtext von Übersetzungen beigefügt. Im kleinen Weltkrieg hat man nämlich im Geleitzugverkehr köstlich aneinander vorbeisignalisiert, weil die Übertragung in die fremden Sprachen ebenso fehlerhaft wie unsere Klassenarbeiten in der Schule waren.

Einflaggensignale

Dringende Mitteilungen haben die Form von Ein- und Zweiflaggensignalen. Beim Einlaufen von Schiffen in die Flußmündungen bekommt man folgende Signale zu sehen.

„G"

„Ich benötige einen Lotsen"

„H"

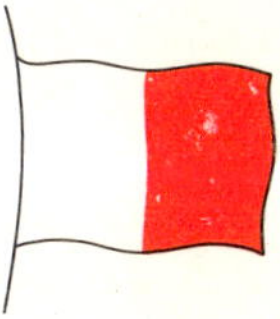

„Ich habe einen Lotsen"

„Q“

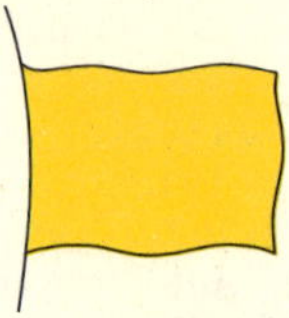

„Quarantäneflagge“

Der Name ist verwirrend. Er bedeutet gerade nicht, daß das Schiff seuchenverdächtig und damit quarantäneverdächtig und damit quarantänepflichtig ist, sondern: „An Bord ist alles gesund, und ich bitte um Verkehrserlaubnis.“ – Infektionskrankheiten werden durch das Signal „Q“ über einem Dreieckwimpel angezeigt. Vierzig Tage – „quaranta giorni“ auf italienisch – dauerte nämlich früher eine Seuchensperre für Schiffe. Die Passionszeit Christi gab das Maß für die Dauer der Zwangsmaßnahme.

Der „Doppelstander“ „B“ sagt:

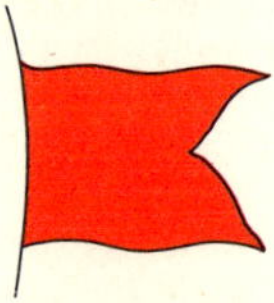

„Ich lade oder entlade Explosivstoffe“

Dazu gehören auch Benzin und Mineralöle. Man sieht deshalb diese Flagge stets an der Signalrah löschender oder ladender Mineralöltanker.

„P“ der „blaue Peter“:

Diese weltbekannte Flagge, im Hafen wehend, bedeutet für die Besatzung: „Alle an Bord zurückkehren, da das Schiff in See gehen will.“ Für Gaststättenbesitzer der Hamburger Reeperbahn und ihrer kleinen „Verwandten“ in anderen Häfen: „Bargeld lacht.“ – Auf See geheißt, erweist sich der „Blaue Peter“ als widerspruchsvoll. Er will dann erzählen, daß die Positionslichter eines Gegenkommers nicht oder schlecht brennen. Hier hat bei den Signalbuchverfassern der Denkprozeß ruckartig ausgesetzt. Flaggensignale dürfte man in der Dunkelheit nicht ausmachen können.
Der „blaue Peter“ ist eine der ältesten Signalflaggen, die in der britischen Navy bereits im Jahre 1777 bezeugt ist. Sie war ursprünglich ein Rufsignal für Offiziere: „Alle Kommandanten zum Admiral!“ – Zu Beginn des 19. Jahrhunderts war die Flagge bereits unter dem Namen „blauer Peter“ bekannt. Es handelt sich wahrscheinlich um eine Verballhornung aus „blue repeater“, blauer Wiederholer.

Ein wichtiges Zweiflaggensignal
das man häufiger an den Flußmündungen oder vor der Küste zu sehen bekommt, ist „Johanna-Ida“. Der Signalgeber will damit sagen: „Ich kurve im Kreis, weil ich meine Kompasse reguliere, und bin deshalb mit Vorsicht zu genießen.“

Allgemeine Signale
Allgemeine „Gespräche“ führt man mit drei Flaggen. Im Zeitalter des Funkverkehrs sind sie praktisch bedeutungslos geworden. Aus diesem Grunde wurde auch auf die Wiedergabe aller Signalflaggen verzichtet. Wenn man in den dreißiger Jahren noch eine „vielfach vermehrte und verbesserte“ Auflage des Signalbuches herausgebracht hat, so handelte es sich nicht um eine internationale Ankurbelung der Textilindustrie. Es ging vielmehr um eine Art geistiger Rüstung: Im „heißen Krieg“ kann man auf optische Signale nicht ganz verzichten. Klarer Fall: „Feind hört mit“ und *peilt* mit Rahmenantennen ein. Siehe „Funkpeilung“.
Gelegentlich sieht man noch die nachstehenden beiden Höflichkeitssignale, wenn man für die Passagiere eine Schiffsbegegnung besonders herausstellen will. Die Kapi-

täne sagen sich in diesem Fall das Notwendige aber über den Sprechfunk.

W - A - Y
„Ich wünsche Ihnen eine angenehme Reise“

O - V - G
„Ich danke Ihnen“

Unterscheidungssignal

Vierflaggengruppen kommen häufiger auf einlaufenden Schiffen in Sicht. Es handelt sich meistens um das sogenannte „Unterscheidungssignal“, das Schlüsselwort, unter dem der Name des Schiffes in den internationalen Registern geführt wird. Die Unterscheidungssignale deutscher Schiffe beginnen mit der Flagge „D“, gelb-blau-gelb, horizontal gestreift.

Das Signal „D – I – D – V“ bedeutet: Ich bin MS „SANTA TERESA“ der „Hamburg-Südamerikanischen Dampfschiffahrts-Gesellschaft Eggert & Amsinck“, Hamburg. Das doppelte „DORCHEN“ an der dritten Stelle ist durch den sogenannten „Hilfsstander I“ ausgedrückt. Dieser sagt: „Die erste Flagge im ‚Heiß‘ soll hier wiederholt werden.“ – Die beiden „Kollegen“ „II“ und „III“ ersetzen die zweiten und dritten Flaggen eines Signals. Diese

Ersatzflaggen sind eine praktische Erfindung für die Reedereien: sie ersparen den Erwerb von vier vollständigen Flaggensätzen.

Bremische Nummernflagge

Die Unterscheidungssignale haben einen Vorgänger in Gestalt der Nummernflaggen gehabt. Die Küstenländer rüsteten früher ihre Einheiten mit einer Flagge aus, die eine Zahl in farbiger Umrandung zeigte. Unter dieser Nummer war das Schiff im amtlichen Register eingetragen. Geographische Bezeichnungen, Häfen, Länder, Flüsse werden auch durch Vier-Flaggen-Signale gekennzeichnet. Sie beginnen alle mit der Flagge „A", einem weiß-blau gestreiften schwalbenschwanzförmigen „Doppelstander".
So sehen die Signale der vier ältesten deutschen Häfen aus:

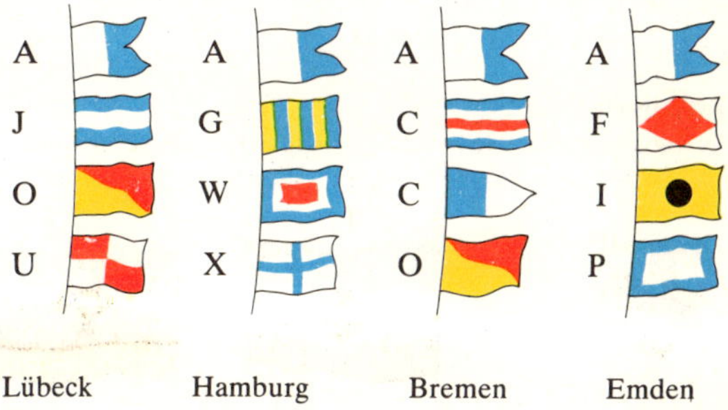

Zollflagge

Die früher zu den nationalen Signalflaggen gehörigen Zollflaggen sind kürzlich durch die „Hilfsstander II und III" des internationalen Signalbuches ersetzt worden. Die Zollflaggen bedeuten: Hilfsstander II: „Das Schiff hat einen auf das Zollinteresse vereidigten Lotsen an Bord." Es braucht sich deshalb nicht beim Zollwachtschiff zu melden. – „Hilfsstander III" sagt: „Ich habe keinen Vertreter der Zollbehörde an Bord."

Die Hilfsstander

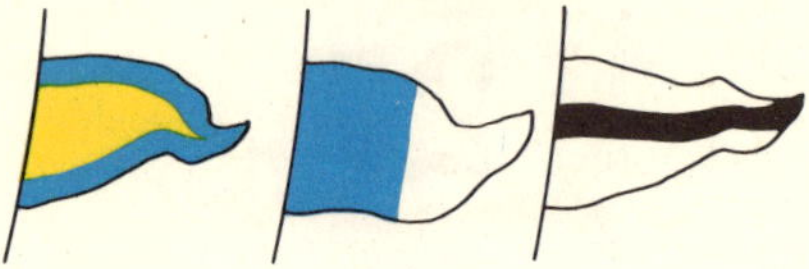

I II III

Übrigens sind Seeleute aller Nationen fast immer konsequente Anhänger des Freihandelsprinzips.

Endlich Konsequenz gezogen

Rückschauend darf man sagen, daß die letzte Vermehrung von Schlüsselworten und Signalflaggen eine fragwürdige Angelegenheit war, denn der Funksprechverkehr war damals schon auf dem Marsch. Die letzte Konsequenz hat man aber erst im Jahre 1966 gezogen. Der dicke Wälzer von 1015 Seiten soll nunmehr ein Taschenbuch mit 172 Seiten werden, das nur die allerwichtigsten Schlüsselworte enthält, auf die man bei Eintritt kriegerischer Ereignisse nicht verzichten kann. – Das neue Signalbuch ist am 1. April 1969 in Kraft getreten.

Postflaggen

Die beispiellose Entwicklung der Dampfschiffahrt wäre nicht möglich gewesen, wenn die Postverwaltungen der

1867–1892

1892–1919

1919–1933

Bundesrepublik

Küstenländer nicht durch Subventionen wertvolle Hilfe geleistet hätten. Ohne diese Gelder hätten die ersten Kohlenfresser den Atlantik nie mit wirtschaftlichem Erfolg überqueren können. Die Postdampfer fuhren als Ausdruck des Vertrauens der Staatsverwaltungen eine besondere Postflagge, die als werbewirksames Symbol begehrt war. Nachstehend folgen, erstmalig abgebildet, die in Deutschland beziehungsweise in Preußen gefahrenen Postflaggen. In ihrem heraldischen Wert sind sie im Laufe der Jahrzehnte zum heutigen schlichten Postsignalwimpel abgesunken.

Kleines Schiffsbilderbuch
HANDELSFLOTTE

1. Fahrgastschiff
Kennzeichen: Große Abmessungen, schnittige Form, zahlreiche Decks, viele „Bullaugen", hohe Aufbauten, zahlreiche Rettungsboote. Kleine Ladebäume zur Übernahme von Gepäck, Post und Proviant. Hohe Geschwindigkeit.

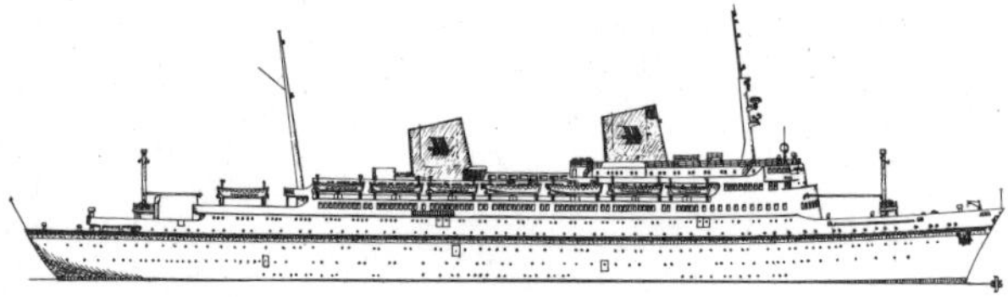

MS „EUROPA"
1952 Koninklijke Maatschappij „De Schelde" N. V., Vlissingen
Hapag-Lloyd AG – Länge 182,8 m – Breite 26,1 m – 21 513 BRT – 17 500 PS – 785 Fahrgäste – 405 Mann Besatzung. Kreuzfahrten.

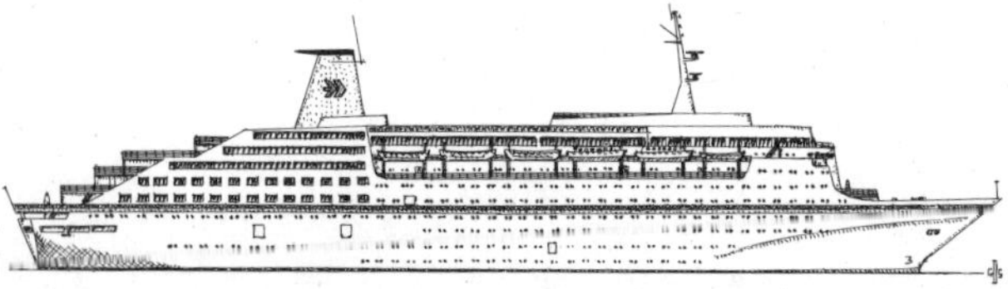

MS „EUROPA" (II)
In Auftrag beim Bremer Vulkan zur Lieferung Herbst 1981
Hapag-Lloyd AG – Länge 196 m – Breite 27,5 m – rd. 27 000 BRT – 28 920 PS – 22 kn – 600 Passagiere – 275 Personen Besatzung – Skizze zeigt die Seitenansicht nach dem ersten Entwurf, der bei der Detailplanung noch Änderungen erfahren dürfte.

TS „QUEEN ELIZABETH 2“
1969 Upper Clyde Shipbuilders, Clydebank
Cunard Steam-Ship. Co. Ltd., Liverpool/London – Länge 293 m – Breite 32 m – 65 863 BRT – 110 000 PS – 32,5 kn, im Dienst 28,5 kn – 1400 Passagiere – 900 Personen Besatzung – Größtes in Dienst befindliches Fahrgastschiff der Welt

MS „ALEXANDER PUSCHKIN“
1966 VEB Mathias-Thesen-Werft, Wismar
Sowjetische Staatsreederei, Leningrad – Länge 176,1 m – Breite 23,6 m – 19 861 BRT – 21 000 PS – 20,3 kn – 750 Passagiere – 250 Personen Besatzung

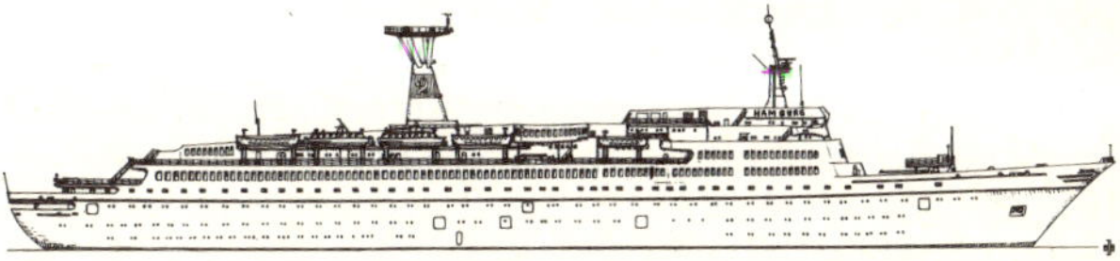

TS „MAKSIM GORKIJ“ ex „HAMBURG“
Black Sea Steamship Co., Odessa – Länge 194,7 m – Breite 26,6 m – 24 981 BRT – 23 000 PS – 24/20 kn – 650 Passagiere – 403 Personen Besatzung

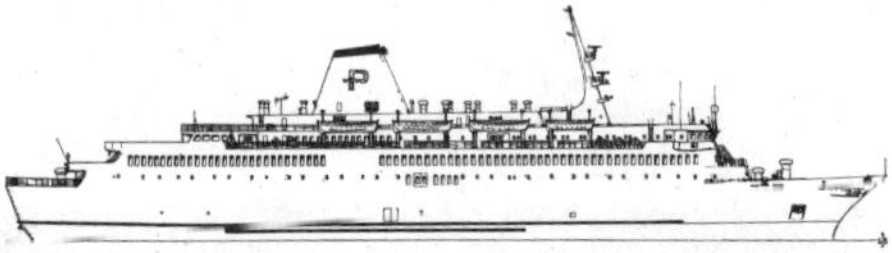

MS „PRINZ OBERON“
1970 Werft Nobiskrug, Rendsburg
Deutsche Leasing AG, Frankfurt, zur Nutzung durch Prinzenlinien Hamburg auf der Strecke Bremerhaven–Harwich – Länge 134 m – Breite 20,8 m – 7933 BRT – 1900 t Tragfähigkeit – 16 000 PS – 22 kn – 1040 Passagiere – Personen Besatzung – 238 Pkw oder 45 Trailer

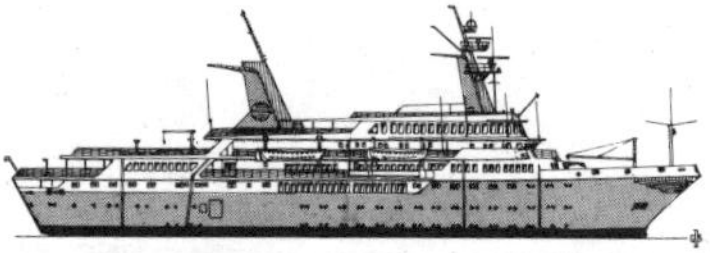

MS „WORLD DISCOVERER“
1974 Schichau Unterweser AG, Bremerhaven
Discoverer Schiffahrts-Ges., Bremerhaven – 3153 BRT – 71,4 m Länge – 15 m Breite – 193 Passagiere – 75 Personen Besatzung – 5400 PS – 16,5 kn

2. Tanker

Spezialschiffe zur Beförderung flüssiger Ladung, meistens Mineralöle, aber auch Teer, Wein und Melasse. Besondere Kennzeichen: Maschine stets hinten wegen der Feuergefährlichkeit des Frachtgutes. Ein Laufsteg, der bei stürmischem Wetter unerläßlich ist, führt über das ganze Schiff. – Das Öl wird in zahlreichen Zellen gefahren, die in Längs- und Querrichtung voneinander getrennt werden. – Bei Großtankern wird oft der von der Kommandobrücke aus nicht einsehbare Raum vor dem Bug durch eine Fernsehkamera erfaßt.

In den letzten Jahren macht ein kombinierter Typ von sich reden, der je nach der Lage auf dem Frachtenmarkt auch als Trockenfrachter für Massengut eingesetzt werden kann. Sein internationales Kürzel: OBO = Ore-Bulk-Oil (Erz-Massengut-Öl)

TT „ESSO DEUTSCHLAND“
1976 Kawasaki Heavy Industries Ltd. Sakaide
Esso Tankschiff Reederei-GmbH, Hamburg – Länge 421,7 m – Breite 69 m – 203 869 BRT – 421 681 tdw – 45 000 PS – 15,6 kn – Skizze zeigt das Schiff in Ballast – 29 Mann Besatzung

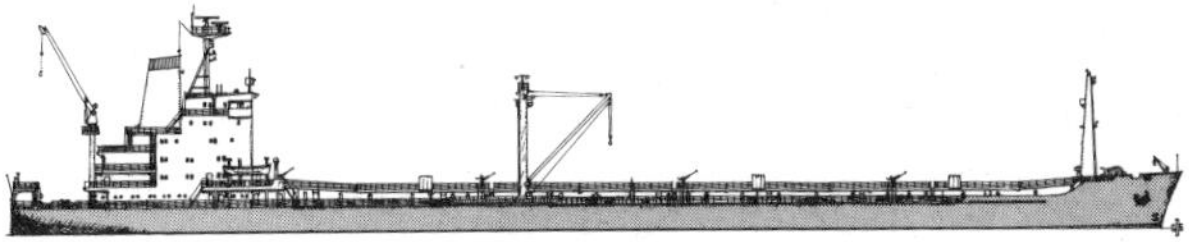

MT „St. CLEMENS“
1975 Seebeckwerft, Bremerhaven
Hamburg-Süd, Hamburg – Länge 193 m – Breite 28,4 m – 23 936 BRT – 40 202 t Tragfähigkeit – 13 800 PS – 15 kn – 32 Mann Besatzung

MT „ESSBERGER PILOT“
1974 J. G. Hitzler, Lauenburg/Elbe
Chemical Parcel Carriers Ltd. Monrovia, Tochter von John T. Essberger, Hamburg – Länge 77,1 m – Breite 12,5 m – 1338 BRT – 2050 tdw – 1800 PS – 12 kn. Viele kleinere Ladetanks für mehrere Ladungsarten

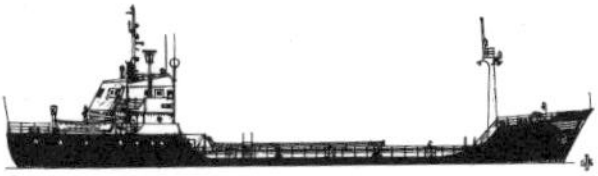

MT „HORNISSE“
1967 Max Sieghold, Bremerhaven
Carl Büttner, Bremen – Länge 57 m – Breite 9,3 m – 424 BRT – 942 t Tragfähigkeit – 550 PS – 11 kn – 10 Mann Besatzung

MS „SAXONIA“
1973, Bremer Vulkan, Bremen-Vegesack
Navifond 7 Seeschiffahrts-Anlagengesellschaft, Düsseldorf – Länge 253,6 m – Breite 32,2 m – 42 384 BRT – 78 130 t Tragfähigkeit – 15 750 PS – 15,5 kn – Laderauminhalt Schüttgut und Öl 91 686 cbm, Erz 50 437 cbm

Spezialtanker

Der wachsende Energiebedarf, aber auch neue technische Entwicklungen haben in den letzten Jahren zu neuen Spezialtankertypen geführt. So gibt es sog. Flüssiggastanker sowohl für Erd- oder Methangas (LNG = Liquefied Natural Gas) sowie für in den Raffinerien anfallende Produkte wie Butan, Propan, Ammoniak u. a. m. Diese Gase werden zur Verschiffung unter Druck durch Kühlen verflüssigt, wodurch sich auch das Volumen verringert bzw. die Ladungsmenge vergrößert. Das setzt allerdings hochtechnisierte – und nicht billige – Anlagen und Einrichtungen an Bord wie an Land voraus.

Dazu kommen außerdem noch Chemikalien- und Säuretanker mit wegen der Aggressivität ihrer Ladungen Tanks aus Edelstahl (Nirosta) oder zumindest beschichtet. Entsprechend müssen auch die Umschlagleitungen und Pumpen ausgelegt sein. Für den gleichzeitigen Transport mehrerer Sorten besitzen sie viele kleinere Tanks und werden daher auch „Parcel“-Tanker (für päckchenartige Ladungen) genannt.

Sog. „Produktentanker“ dienen zur Beförderung anderer, unkomplizierter Raffinerieprodukte wie Teer und schweres Heizöl. Sie unterscheiden sich äußerlich nicht von normalen Tankern.

Außerdem gibt es noch Wein- oder Asphalttanker. Und bei allen diesen Typen die „Großen“ für Transporte über weite Strecken und kleine zum Verteilen längs der Küsten.

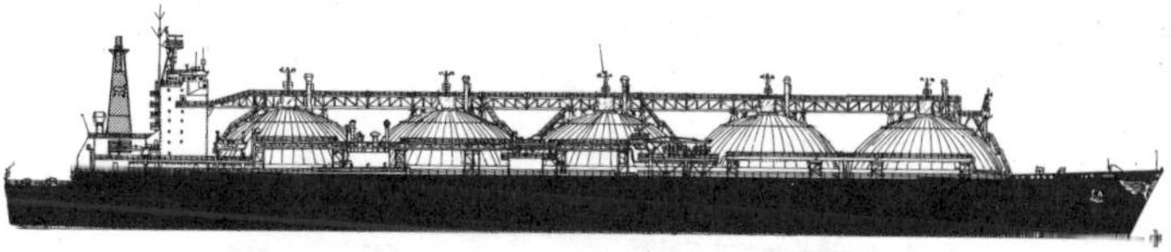

Flüssiggastanker TS „GOLAR FREEZE“
1977, Howaldtswerke-Deutsche Werft AG (HDW), Kiel
Gotas-Larsen Inc., New York/Oslo – Länge 287,6 m – Breite 43,4 m – 85 159 BRT – 71 620 tdw – Ladetankinhalt 127 179 cbm – 40 000 PS – 20 kn – 35 Mann Besatzung – Erdgas wird verflüssigt bei –163 °C befördert – Einsatz in 20-Jahre-Charter zwischen Sumatra und Japan – Baukosten 240 Mill. DM.

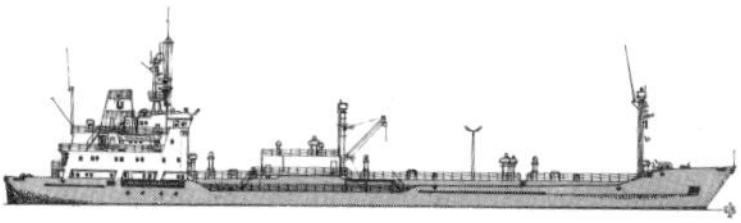

MT „DELTAGAS“
1975, Jos. L. Meyer, Papenburg
Sloman Neptun Schiffahrts-AG, Bremen, Länge 106,6 m – Breite 15,4 m – 4286 BRT – 6187 tdw – 5451 cbm Tankinhalt – 5400 PS – 16,6 kn – 23 Mann Besatzung

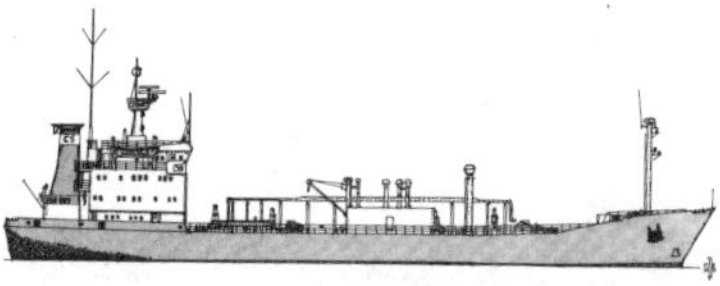

MT „CHEMTRANS CAPELLA“
1978 Krögerwerft Rendsburg GmbH
Chemikalien-Seetransport GmbH, Hamburg – Länge 92,7 m – Breite 14 m – 3092 BRT – 886 tdw – 3380 cbm Tankinhalt – 2650 PS – 14 kn – 22 Mann Besatzung

3. Großfrachter im Liniendienst

Meistens für bestimmte Verkehrsgebiete gebaut. Größe 6000 bis 14/15 000 BRT, Geschwindigkeit 14 bis 16, neuerdings bis zu 20 Knoten. Kennzeichen: leistungsfähiges Ladegeschirr, häufig mit Schwergut-„Bäumen“, große Ladeluken. Bedeutende Tragfähigkeit. Keine Bullaugen im Schiffskörper.

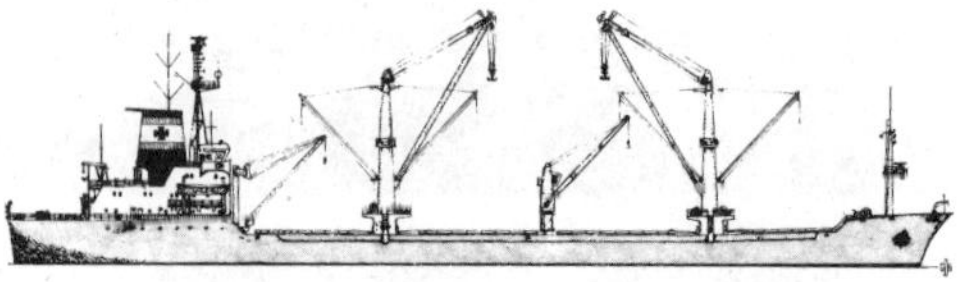

MS „BÄRENFELS“
1976 Flender Werft AG, Lübeck
DDG „Hansa“, Bremen – Länge 149 m – Breite 22,9 m – 7426/ 11 801 BRT – 13 935/18 501 t Tragfähigkeit – 9520 PS – 16 kn – 2 Ladebäume à 100 t

4. Trampschiff
Fährt nicht nach bestimmtem Fahrplan, sondern sucht sich wie ein „Tramp“ – ein Landstreicher – seine Ladung dort, wo sie am vorteilhaftesten angeboten wird. Befördert vorzugsweise Massengut. Verhältnismäßig einfaches Ladegeschirr. Alte Typen haben mittlere Größe und mäßige Geschwindigkeit. Neue „Tramper“ zeigen das Aussehen der „Liner“. Maschinenanlage heute meistens im Hinterschiff. Die Ladebäume aber deuten darauf hin, daß es sich um ein Schiff für Trockenladung handelt.

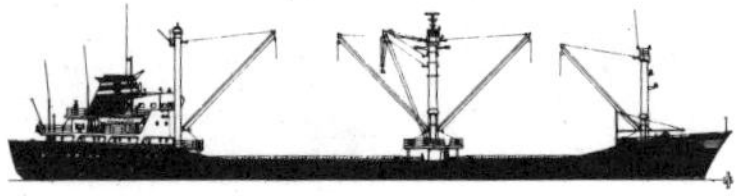

MS „MELLUMERSAND”
1970 Elsflether Werft AG
Partenreederei (H. Meyer), Brake – Länge 95,4 m – Breite 14 m – 1999 BRT – 3358 t Tragfähigkeit – 3200 PS – 14,5 kn – 21 Mann Besatzung

5. Küstenmotorschiff
Kleine, aber leistungsfähige Frachtschiffe mit hinten liegender Maschine, als „Klein-Tramp“ vorzugsweise in der Nord- und Ostsee beschäftigt. Sie treten gelegentlich auch im Mittelmeer auf. Ihr Kosename ist „Kümo“.

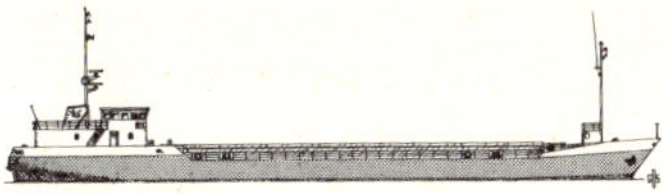

MS „ANTARES“
1979 Werft C. Lühring, Brake
H. Litmeyer Haren/Ems - Länge 79,7 m - Breite 12,8 m - 499 BRT – 1650 t Tragfähigkeit – 1200 PS – 11 kn – 9 Mann Besatzung

6. Massengutfrachter

Diese Einheiten sind eine Neuerscheinung auf den Weltmeeren. Die Idee wurde auf den Werften der Großen Seen Nordamerikas geboren. Die Schiffe dienen vorwiegend dem Transport von Erzen und Kohle. Da die Massengüter mit landgebundenen neuzeitlichen Hebezeugen verladen und gelöscht werden, wird auf eigenes Ladegeschirr verzichtet. Die Luken werden durch stählerne Patentdeckel verschlossen. Die Maschine befindet sich wie bei den Tankern im Hinterschiff. Unterschied gegenüber den Naß-Frachtern: das Fehlen des Laufsteges. – Da die Schiffe fast immer eine Reise unbeladen ausführen müssen, besitzen sie ein großes Fassungsvermögen für Ballastwasser. Die Zunahme dieses Spezialtyps ist Ausdruck einer strukturellen Wandlung der Tramp-Schiffahrt, die sich bis zum zweiten Weltkrieg eines relativ langsamen Vielzwecke-Schiffes bediente. Neuerdings auch mit Ladegeschirr, um die Einsatzmöglichkeiten zu erweitern.

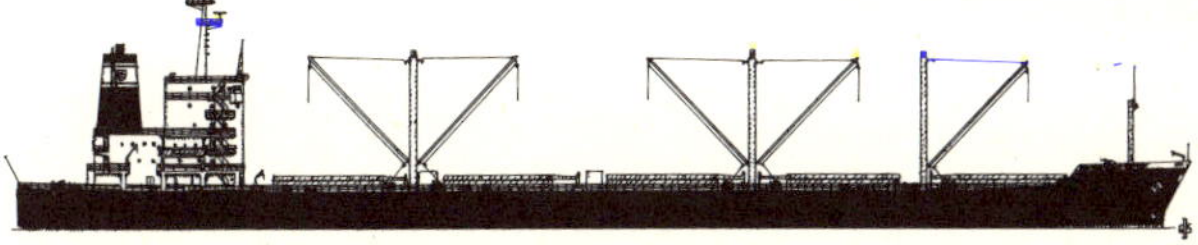

MS „BISCHOFSTOR“
1976 Ishikawajima-Harima Heavy Industries. Co. Ltd. Yokohama
Schlüssel Reederei KG, Bremen – Länge 182,7 m – Breite 28,4 m – 21 685 BRT – 35 660 t Tragfähigkeit – 11 550 PS – 15,8 kn

7. Container-Frachter

MS „RHEIN EXPRESS“
1971 Blohm + Voss AG, Hamburg
Christian F. Ahrenkiel, Hamburg – Länge 170,9 m – Breite 24,5 m – 14 125 BRT – 11 150 tdw – 650 Container – 15 750 PS – 20 kn – 32 Mann Besatzung

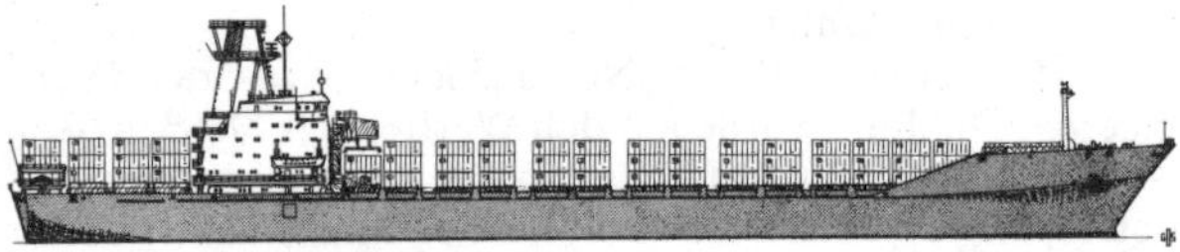

TS „COLUMBUS NEW ZEALAND“
1971 Howaldtswerke-Deutsche Werft AG, Hamburg
Rudolf A. Oetker KG, Hamburg – Länge 194 m – Breite 29,3 m – 19 146 BRT – 22 002 tdw – 1187 Container – 25 000 PS – 22 kn – 38 Mann Besatzung

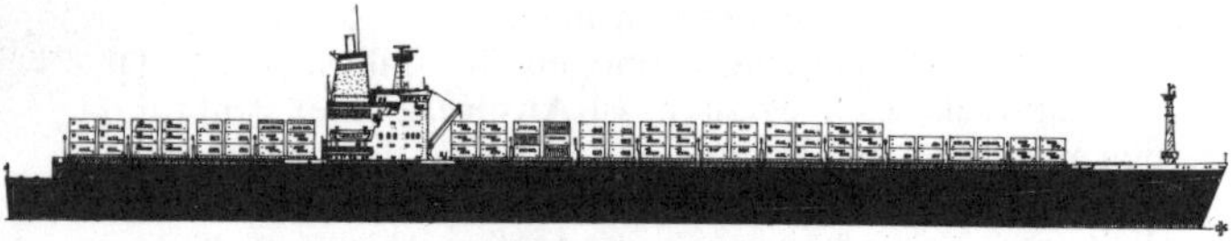

TS „BREMEN EXPRESS“
1972 Bremer Vulkan, Bremen-Vegesack
Hapag-Lloyd AG, Hamburg/Bremen – Länge 287 m – Breite 32,2 m – 57 535 BRT – 48 063 tdw – 2084 Container – 2x40 550 PS – 26 kn – 46 Mann Besatzung

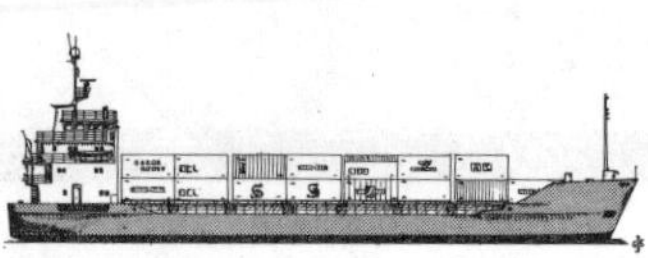

MS „SEEVETAL“
1977 Norderwerft GmbH & Co. in der Sietas-Gruppe, Hamburg
Reederei Frommann, Hamburg-Harburg – Länge 71,9 m – Breite 12,8 m – 900 BRT – 2060 tdw – 127 Container – 1700 PS – 13 kn

MS „REICHENFELS“
1977 Howaldtswerke-Deutsche Werft AG, Kiel
DDG „Hansa“, Bremen – Länge 193,3 m – Breite 27 m – 14 189 BRT – 15 074 tdw – 632 Container – 2x 9495 PS – 21 kn – 37 Mann Besatzung

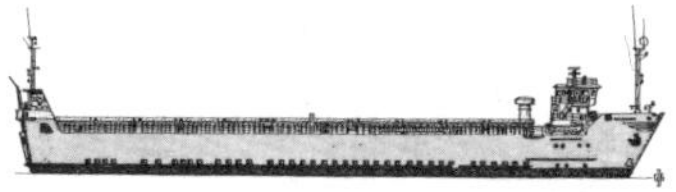

MS „SIGRID WEHR“
1978 Rumpf HDW Kiel, Ausrüstung D. W. Kremer Sohn, Elmshorn, Fertigstellung Rickmers-Werft, Bremerhaven
Oskar Wehr KG, Hamburg-Altona – Länge 90,2 m – Breite 18 m – 999 BRT – 3000 tdw – 264 Container – 2x 1600 PS – 12 kn – 12 Mann Besatzung

8. Lash-Frachter

Dieser noch verhältnismäßig seltene Typ empfängt wie das Containerschiff seine Ladung nach Zielhäfen und Empfängern getrennt in genormten kleinen Binnenschiffen. Diese werden im Laderaum sowie an Deck verstaut und im Löschhafen mit einer besonderen Krananlage am Heck zum Abschleppen über Bord gesetzt. Der Name „Lash“ ist ein englisches Stummelwort, aus Lighter aboard ship zusammengesetzt.

MS „BILDERDYK“
1972 Cockerill-Werft, Hoboken b. Antwerpen
Scheepvaart Mij. Trans-Ocean BV, Rotterdam – Länge 261,4 m – Breite 32,2 m – 36 974 BRT – 44 799 tdw – 26 100 PS – 18 kn – 26 Mann Besatzung – 83 Leichter mit je 376 tdw – Schwesterschiff der im Dezember 1978 bei den Azoren spurlos verlorengegangenen „München“ von Hapag-Lloyd.

9. Kühlfrachter für Fruchttransporte

Spezialschiffe mit jachtähnlichem Aussehen und Kühleinrichtungen in den Laderäumen. Befördern vorzugsweise Bananen aus den tropischen Gebieten nach Mitteleuropa und besitzen Einrichtungen für eine kleinere Anzahl von Fahrgästen. Anstrich weiß oder silbergrau. Hohe Geschwindigkeit.

MS „PEKARI“
1966 Deutsche Werft AG, Hamburg F. Laeisz, Hamburg – Länge 139 m – Breite 18 m – 4917 BRT – 6570 t Tragfähigkeit – 11 420 PS – 22 kn

10. Schlepper

Der kleinere Hafenschlepper dient Überseeschiffen zur Assistenz beim Einlaufen in den Hafen. – Der größere Seeschlepper bringt größere Objekte über die Küstensee. Der unten abgebildete, mit besonders starken Maschinen ausgerüstete Bergungsschlepper schleppt Schiffe, Bagger und Bohrinseln über Ozeane oder liegt zur Hilfeleistung havarierter Einheiten an den Brennpunkten des Schiffsverkehrs bereit.

MS „OCEANIC“
1969 F. Schichau GmbH, Bremerhaven
Bugsier-, Reederei- und Bergungs-AG, Hamburg – Länge 87,6 m – Breite 14,3 m – 2046 BRT – 20 000 PS – 22 kn – 26 Mann Besatzung

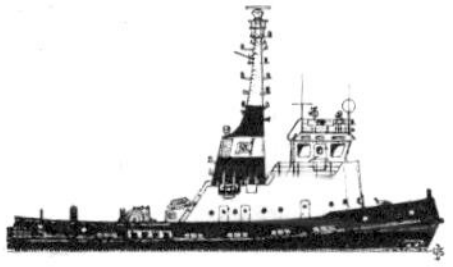

MS „ROTERSAND“
1976 Jadewerft Wilhelmshaven GmbH
Unterweser Reederei GmbH, Bremen – Länge 30,75 m – Breite 8,8 m – 243 BRT – 2400 PS – 12 kn über 2 Voith-Schneider-Propeller unter der Brücke – 7 Mann Besatzung

11. Seebäderschiffe
sind Fahrgast-Einheiten ohne Kabinen. Sie lassen sich schwer auf einen Nenner bringen, es sei denn, daß man ihre bescheidene Größe hervorhebt. Dieses gilt aber nur für die in der Fluß- und Wattenfahrt verkehrenden Einheiten; die Helgolandschiffe können im Raumgehalt mit Ostsee- und Mittelmeerfahrern konkurrieren und übertreffen sie an Geschwindigkeit.

MS „WAPPEN VON HAMBURG“
1965 Howaldtswerke Hamburg AG
HADAG, Hamburg – Länge 109,6 m – Breite 15 m – 4438 BRT – 10 160 PS – 22 kn – 1800 Tagespassagiere, 212 auf Kreuzreisen – 128 Mann Besatzung

MS „ROLAND VON BREMEN“
1938 Helsingörs Skibsvaerft og Maskinbyggeri AS.
Bremer Seebäderdienst D. Oltmann & Co., Bremen – Länge 113,9 m – Breite 15,7 m – 4391 BRT – 4600 PS – 16 kn – 1900 Tagespassagiere – 84 Mann Besatzung

MS „WILHELMSHAVEN“
1963 Rolandwerft GmbH, Bremen-Hemelingen
Schiffahrtsges. „Jade“ mbH, Wilhelmshaven – Länge 76 m – Breite 12 m – 1588 BRT – 3000 PS – 18 kn – 1100 Passagiere – 33 Mann Besatzung

Ihr Fassungsvermögen für Fahrgäste ist bedeutend. Seebäderschiffe besitzen deshalb umfangreiche Wirtschaftsräume. – Ladegeschirr fehlt. Anstrich meistens weiß.

12. Seebagger

Sie dienen zur Vertiefung des Fahrwassers unserer Flußmündungen auf das von den Großtankern geforderte Maß. Das Baggergut wird nicht im Schürfverfahren wie bei den Eimerbaggern, sondern durch Saugrohre, die ein typisches Kennzeichen dieses Schiffstyps bieten, an die Oberfläche befördert.

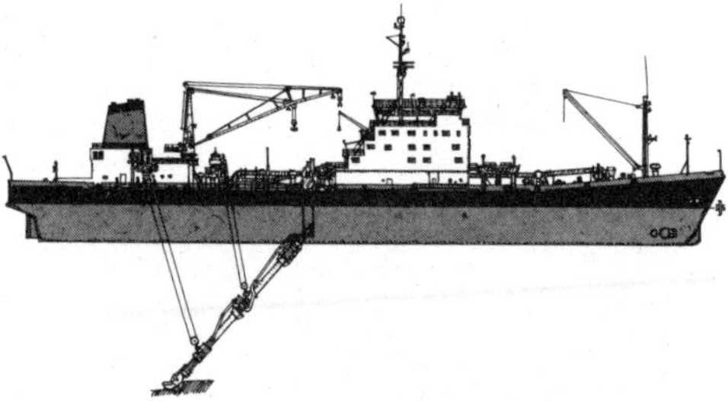

Seebagger ES „NORDSEE“
1978 Orenstein & Kopel AG, Lübeck
Wasser- und Schiffahrtsverwaltung des Bundes – Länge 131,7 m – Breite 23 m – 9968 BRT – 9000 tdw – 14 506 PS – 11,2 kn – Baggertiefe 29 m

13. Fischdampfer - Trawler

Dient zum Fang von Massenfischen, Kabeljau, Seelachs, Schellfisch und Hering mit dem Grundschleppnetz, dem sogenannten Trawl, das über die rechte, die Steuerbordseite, ausgesetzt und eingeholt wird. Der Typ heißt jetzt Seitenfänger. Der Typ stirbt aus.

MS „KATFISCH"
1960 Schiffbau-Ges. Unterweser AG, Bremerhaven
Reederei Söhle/Hanseatische Hochseefischerei AG, Bremerhaven – Länge 66,9 m – Breite 9,4 m – 826 BRT – Frischfisch- und Tiefkühlraum 527 cbm – 1250 PS – 14 kn – 19 Mann Besatzung

14. Heckfänger / Fabrikschiff

Der über das Heck fischende Trawler bricht mit einer alten Tradition. Das Schiff hat ein zusätzliches Deck erhalten, das Schutzdeck, und das Netz wird beim „Endspurt" nicht mehr manuell über die Seite gehievt, sondern wie beim Walfangmutterschiff maschinell über eine Aufschleppe am Heck an Bord geholt. Die Verarbeitung des Fanges erfolgt nicht mehr im Freien, sondern im geschlossenen Deck, in dem die Mannschaft vor Wind und Wetter geschützt ist. – Der Heckfänger hat sich folgerichtig weiter zum Teilfroster und darüber hinaus zum Fabrikschiff entwickelt. Während der Teilfroster auch in Eis gepackte Fische anlandet, verarbeitet das Fabrikschiff den gesamten Fang zu gefrosteter Ware, zu Tran und zu Fischmehl. Das Schutzdeck ist in diesem Fall eine hervorragend maschinell ausgestattete Fabrikanlage geworden, in der etwa 40 Fischwerker tätig sind.

MS „STUTTGART"
1973 Rickmers Werft, Bremerhaven
„Nordsee" Deutsche Hochseefischerei GmbH, Bremerhaven/ Cuxhaven – Länge 92 m – Breite 15 m – 3181 BRT – 1204 cbm Tiefkühlraum – 75 Mann Besatzung

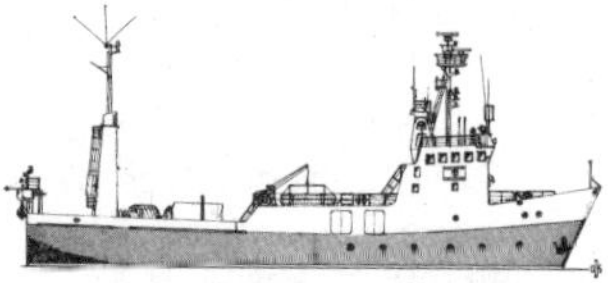

MS „GEESTEMÜNDE“
1977 Seebeckwerft, Bremerhaven
Hanseatische Hochseefischerei AG, Bremerhaven – Länge 51,5 m – Breite 11 m – 950 BRT – 355 cbm Fischraum – 2400 PS – 14,5 kn – 16 Mann Besatzung

15. Hochseekutter
Arbeiten wie Trawler mit dem Grundschleppnetz. Ihre bevorzugte Beute sind Schollen, Zungen, Thunfische und Jungheringe zur industriellen Verwertung.

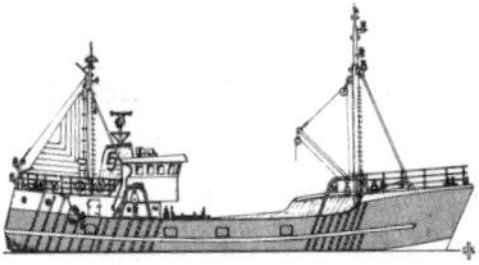

MS „CHARLOTTE JARCHAU“
1973 Sieghold-Werft, Bremerhaven
Fischmeister Ernst Jarchau, Bremerhaven – Länge 26,4 m – Breite 6,6 m – 106 BRT – Fischräume für rd. 1200 Zentner – 400 PS – 10 kn – 4 Mann Besatzung

16. Streifenboot der Wasserschutzpolizei
Die kleinen Einheiten dienen zur polizeilichen Überwachung der Wasserstraßen. Die Boote sind wendig und mit starken Hauptmaschinen ausgerüstet, die ihnen eine hohe Geschwindigkeit verleihen.

MS „BREMEN 2“
1972 Werft E. Menzer, Hamburg-Bergedorf
Wasserschutzpolizei Bremerhaven – Länge 34,7 m – Breite 5,6 m – 2x1950 PS – 26,5 kn – 7 Mann Besatzung

17. Seenot-Rettungskreuzer

Die 1866 gegründete, durch Spenden finanzierte Gesellschaft zur Rettung Schiffbrüchiger hat ihr früheres System zahlreicher mit Ruderrettungsbooten besetzter Landstationen aufgegeben und eine Flottille leistungsfähiger Motorrettungsboote und Rettungskreuzer mit großem Aktionsradius in Dienst gestellt. Die Kreuzer liegen an Schwerpunkten der Küste in ständiger Alarmbereitschaft. Sie können auf Funkruf der Seenotzentrale Bremen sofort eingesetzt werden. Mit ihrer Geschwindigkeit von 22 Knoten erreichen sie von ihren Liegeplätzen ein havariertes Schiff schneller als die früher an den Außenküsten eingelagerten Rettungsboote alter Art. Die Kreuzer sind mit allen neuzeitlichen Navigationsgeräten ausgerüstet. Als Besonderheit besitzen sie ein Motor-Tochterboot, mit dem die Besatzung auch in flachen Gewässern operieren kann. – Die Rettungsgesellschaft unterhält zur Zeit sieben Rettungskreuzer auf den Stationen Fehmarn, Amrum, Helgoland, Cuxhaven, Bremerhaven und Borkum.

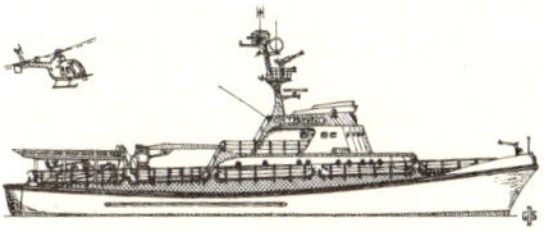

MS „JOHN T. ESSBERGER“
1975 Fr. Schweers, Bardenfleth/Weser
Deutsche Gesellschaft zur Rettung Schiffbrüchiger, Bremen – Länge 44,2 m – Breite 8 m – 7200 PS – 34 kn – 9 Mann Besatzung – Tochterboot

18. Tragflügelboote und Luftkissenfahrzeuge

In den letzten Jahrzehnten sind Fahrzeuge aufgetaucht, die sowohl schwimmen als auch fliegen. Ihre konstruktive Idee ist das Bemühen, dem starken Widerstand des Wassers – vor allem bei den angestrebten höheren Geschwindigkeiten – zu entgehen und den Schiffsrumpf dazu aus dem Wasser anzuheben. Zuerst ist man dabei auf die „Tragflügelboote“ gekommen, die sich ähnlich dem Kinderdrachen im Wind durch die Scheer- bzw. Auftriebskraft von Tragflächen vorn und hinten unter dem Rumpf bei zunehmender Geschwindigkeit vom Wasser lösen und dann erheblich weniger Antriebsenergie benötigen. Technische Probleme

entstehen vor allem beim Seegang, um das ständige Auf und Ab über höhere Wellen zu vermeiden. Daher finden Tragflügelboote z. Z. noch in der Mehrzahl auf Binnengewässern – wie z. B. in der Sowjetunion- oder auf kürzeren Küstenstrecken Verwendung. Dabei gibt es bereits Typen mit Platz für über 200 Passagiere. Auch die Militärs sind an diesen schnellen Fahrzeugen, bei deren Entwicklung übrigens deutsche Techniker schon im 2. Weltkrieg Pionierarbeit geleistet haben, interessiert.
Erheblich jünger sind die aus Großbritannien stammenden Luftkissenfahrzeuge, sog. „Hovercrafts" oder „Schweber". Bei ihnen wird durch vertikale Gebläse ein Luftkissen von bis zu 2 Meter Höhe unter dem Rumpf aufgebaut, das von „Schürzen" aus starken Kunststoff-Geweben zusammengehalten wird. Luftschrauben besorgen den Vortrieb. Solche Schweber mit Platz für 280 Passagiere und 37 Autos flitzen heute bereits ständig über den Ärmelkanal bei Wellen bis 2–3 Meter Höhe und mit Geschwindigkeiten von rd. 50 kn (93 km/h). Auch hier mischen die Militärs bei der weiteren Entwicklung mit, und die Amerikaner konstruieren bereits für ihre künftige „100-Knoten-Navy" einen 3000-t-Schweber zur Bekämpfung schneller Atom-U-Boote auch mit Eignung als Flugzeugträger.

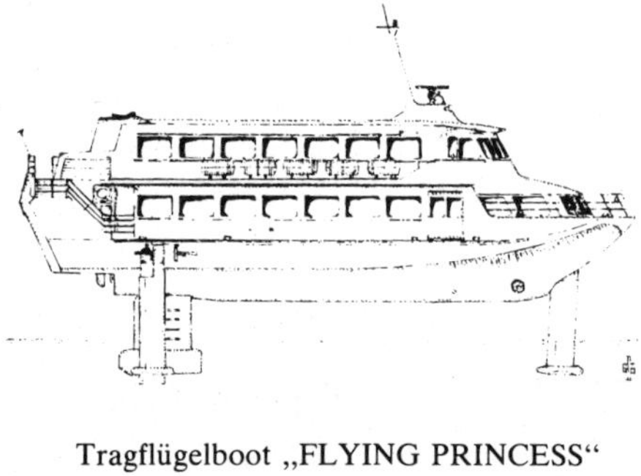

Tragflügelboot „FLYING PRINCESS"
1976 Boeing Aerospace Co., Seattle/USA
Gechartert von P & O Ferries, London, für Fährverkehr London–Zeebrügge – Fahrtdauer 3¾ Stunden – Typ „Jetfoil 929" – Länge 27,4 m – Breite 9,5 m – Tiefgang schwebend 5,2 m, eingetaucht 1,7 m – Gewicht 110 t – 2 Gasturbinen mit je 3780 PS für Wasserdüsenantrieb – 43 kn – 300 Passagiere maximal – 2 Mann Besatzung – ein Tragflügel vorn und zwei hinten hochklappbar

Hovercraft Typ „MOUNTBATTEN“
1971 British Hovercraft Corporation, East Cowes/Isle of Wight
Typ „SR.N 4“ – Länge 39,7 m, z. T. schon um 17,1 m verlängert – Breite 23,8 m – Gewicht 160 t – 4 Gasturbinen mit je 3400 PS – 40–50 kn – 254 (418) Passagiere – 30 (59) Autos – 3 + ‰ Personen Besatzung

18. Buddelschiff
Der Bau kleiner Modellsegler, die durch den Hals einer Flasche in deren Inneres praktiziert werden und auf einer aus Kitt hergestellten schäumenden See kreuzen, war eine bevorzugte Freizeitgestaltung geschickter Matrosen während ihrer geruhsamen Fahrten durch die Passat- und Monsungebiete der Ozeane. Beim „Stapellauf“ der Flaschenschiffe liegen die Masten mit ihren Rahen und Segeln gebündelt an Deck. Nach Einführen des Schiffes werden die vor ihren Löchern gelagerten Masten mitsamt der Takelage und ihren Segeln an einem weißen Faden aufgerichtet; dieser wird im versiegelten Flaschenkork befestigt.

Buddelschiff

19. Offshore-Spezialschiffe
Zu einer ganzen Familie neuer Schiffstypen hat in den letzten Jahren die Suche und Förderung nach und von Öl sowie Gas unter dem Meeresboden geführt. Nachdem sich die anfangs dazu herangezogenen herkömmlichen Schiffe als unzulänglich und unwirtschaftlich erwiesen hatten, ging man an Spezialkonstruktionen für die in der Folge immer

mehr Aufgaben in diesem sog. „Offshore“(vor der Küste)-Geschäft. Dazu werden vor allem in den rauhen Gewässern der nördlichen Nordsee kräftige und seetüchtige, aber auch wendige Fahrzeuge verlangt, die möglichst bei jedem Wetter ihre Arbeiten durchführen können.
Die Nabelschnur zu den Bohrinseln auf hoher See und dazugehörigen Baustellen z. B. zur Errichtung riesiger Plattformen aus Stahl oder Beton größer als der Kölner Dom bilden die „Versorger“. Als „Heckträger“ können sie nicht nur auf ihrem weiten, freien Hinterschiff große und sperrige Versorgungsgüter und Konstruktionsteile, sondern in Tanks und Silos unter Deck auch Trink- und Bohrwasser, Brennstoffe, Beton u. a. m. befördern. Speziell für den großen Bedarf an Pipelinerohren ausgelegt sind die ähnlichen „Röhrentransporter“ mit einem als große „Wanne“ ausgebildeten Hinterschiff zur Lagerung der etwa 1 m starken und 6 bis 12 m langen Rohre.

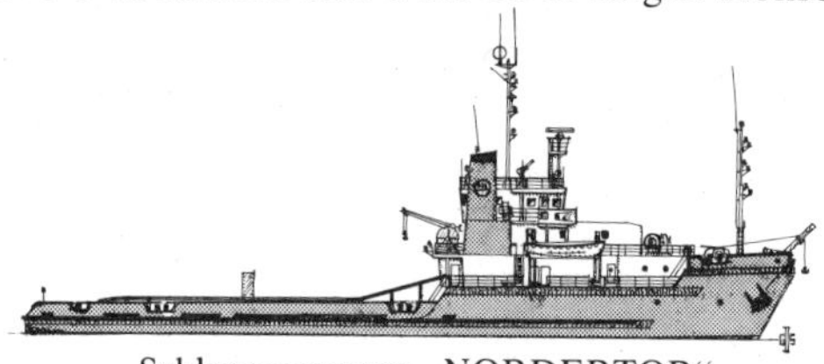

Schleppversorger „NORDERTOR“
1976 J. G. Hitzler, Lauenburg/Elbe
VTG Versorgungsschiffahrt GmbH, Bremen – Länge 61,9 m – Breite 13 m – 1121 BRT – 1165 tdw – 2x3000 PS – 15 kn – 11 Mann Besatzung

An Schlepper lehnen sich die Konstruktionen der „Ankerzieh-Schiffe“ an, die für das Auslegen und Aufnehmen der schweren Anker zuständig sind, mit denen die schwimmenden Bohrinseln, Kranschiffe und Röhrenleger am Arbeitsplatz festgehalten werden, bis zu 6 bis 8 pro Schiff. Beim Verlegen von Rohrleitungen müssen die Anker im Verfolg der Arbeit ständig neu ausgelegt und aufgenommen werden, da sich das Legeschiff laufend an diesen Ankern mit Hilfe seiner Winde längs der vorgesehenen Trasse weiterverholt.
Neben diesen speziellen „Pipeline-Legern“ gibt es neuerdings auch Kombinationen mit Kranschiffen zur Handhabung großer, an Land vorgefertigter Teile für die Montage großer Bauwerke in See wie z. B. Silos, Förder- und

Produktionsplattformen. Es gibt bereits Schiffe mit 2 Kränen, die je 2000 und 3000 t bzw. gekoppelt sogar 5000 t heben.

Zu den anfangs auf dem Meeresboden meist auf 3 oder 4 Beinen aufgestellten Bohrinseln, den sog. „Jack-up", sind inzwischen bei der Verlagerung der Offshore-Tätigkeit in größere Wassertiefen über 60/80 Meter die „Halbtaucher" getreten. Ihre Bohranlage, fast so groß wie ein Fußballfeld, ruht etwa 20 m über dem Wasser auf küstenfrachtergroßen Schwimmern mit Beinen. Beim Einsatz werden die Schwimmer geflutet, so daß sich eine auch bei starkem Seegang noch ruhige Arbeitsplattform ergibt. Neuerdings verfügen die Halbtaucher auch über einen Eigenantrieb. „Vor Ort" werden sie verankert.

Bohrschiffe sind eine etwas jüngere Entwicklung zum Einsatz auf Wassertiefen, die ein Verankern nicht mehr zulassen, also etwa über 200 m. Dabei handelt es sich sowohl um echte Neubauten als auch Umbauten aus Tankern oder Massengutfrachtern. In der Mitte wird die Bohranlage mit dem hochragenden Bohrturm und dem darunter durch das Schiff nach unten führenden „Moon-Pool" angeordnet, durch den Bohrgestänge geführt wird. Mit der „dynamischen Positionierung" halten sie sich auch bei Sturm und Seegang mit nur minimalen Abweichungen über dem Bohrloch durch computer-gesteuertes Arbeiten nicht nur der Schrauben, sondern auch von Querstrahlern im Bug und Heck. Den „Anhalt" dazu liefern die Satelliten-Navigation und vorher um das Bohrloch auf dem Meeresboden abgesetzte Funkbaken.

Welche Bedeutung die Öl- und Gassuche sowie -förderung allein z. B. in der Nordsee gewonnen hat, zeigen folgende Zahlen: Mit der Förderung von rund 71 Mill. t Rohöl sowie 67 Mrd. cbm Erdgas ist sie 1978 bereits der wichtigste Energielieferant in Europa gewesen. Die erst 1971 aufgenommene Ölförderung hat sich seit 1976 fast verdreifacht. Aus dem britischen Sektor kam 1978 mit 52,8 Mill. t das meiste Rohöl, aus dem norwegischen 17,8 Mill. t und aus dem dänischen 0,8 Mill. t. An Erdgas waren es 46 und 14 Mrd. cbm sowie 7 Mrd. cbm aus dem holländischen Sektor. Die nachgewiesenen Ölreserven in der Nordsee entsprechen mit 3 Mrd. t dem Weltverbrauch 1978. An Erdgas werden sie auf 2400 Mrd. cbm geschätzt. Anfang der 80er Jahre will Großbritannien seinen gesamten Bedarf aus der Nordsee decken.

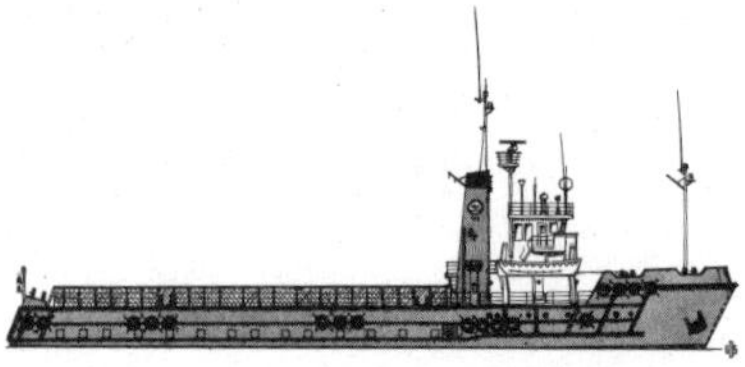

Röhrentransporter MS „LUKASTURM“
1974 Elsflether Werft AG
DDG „Hansa“, Bremen – Länge 56,1 m – Breite 14 m – 933 BRT – 1360 tdw – 2x 1740 PS – 14 kn – 10 Mann Besatzung – Platz für 820 t Pipelinerohre

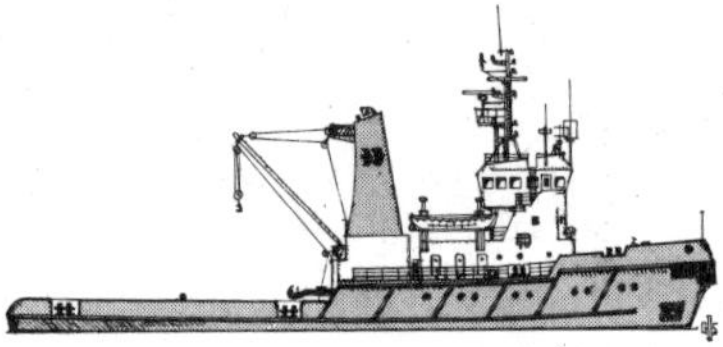

Ankerziehschlepper „TS 61 FORCE“
1976 Schichau Unterweser AG, Bremerhaven
Hapag-Lloyd AG, Bremen – Länge 49 m – Breite 12,4 m – 743 BRT – 619 tdw – 2x 3000 PS – 14 kn – 14 Mann Besatzung

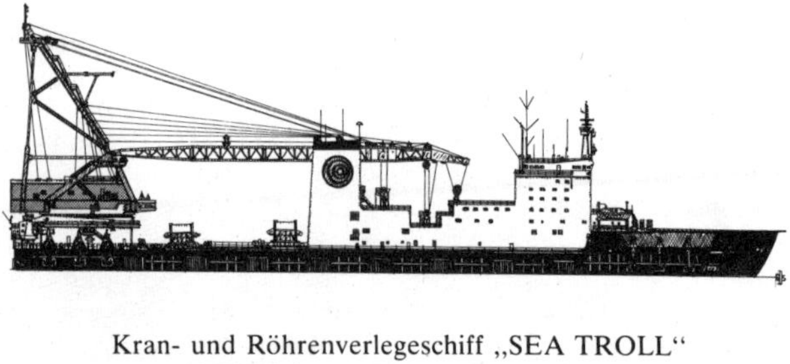

Kran- und Röhrenverlegeschiff „SEA TROLL“
1977 Blohm + Voss AG, Hamburg
Multinationales Konsortium K/S Sea Troll A/S, Oslo – Länge 191,4 m – Breite 38,6 m – 28 261 BRT – 24 000 PS – 9,5 kn – 339 Mann Besatzung – 2000-t-Kran – Pipeline-Schweißanlagen – tägliche Verlegeleistung bis 2600 m auf Wassertiefen bis 300 m

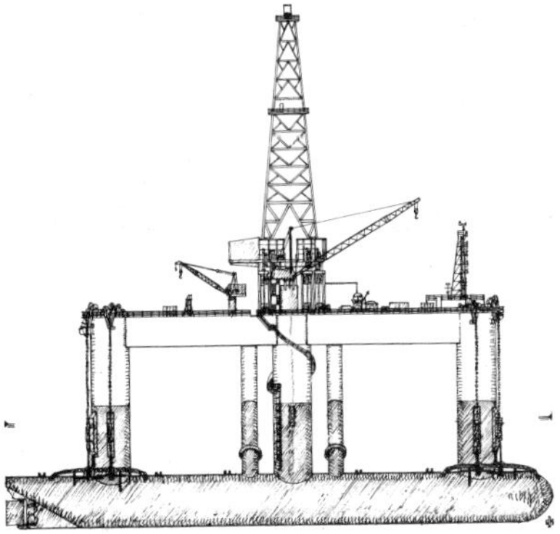

Halbtaucher-Bohrinsel „CHRIS CHENERY“
1975 Blohm + Voss AG, Hamburg
Offshore International S. A., Houston/USA – Länge 115,4 m – Breite 82,3 m – Arbeitstiefgang 21,34 m (Markierung rechts und links neben der Skizze) – 8000 PS – 8 kn – 72 Mann Besatzung – Bohrarbeiten bis maximal auf 300 m Wassertiefe bis in 7600 m Tiefe möglich. – Hubschrauberlandeplatz

BUNDESMARINE

Die Ereignisse des letzten Weltkrieges, der eine ungeahnte Vervollkommnung der Luftwaffe in Verbindung mit der Funkmeßortung – Radar – und erstc Ansätze der Raketenwaffen brachte, haben das Schicksal des großen Schlachtschiffes besiegelt. Die neuzeitlichen Kriegsflotten bestehen hauptsächlich aus Flugzeugträgern, Sicherungsstreitkräften, Minenräumfahrzeugen und Unterseebooten. Diesem Gedanken trägt auch das Aufbauprogramm der deutschen Bundesmarine Rechnung, mit dem Unterschied, daß „Träger" fehlen. Als größte Einheiten sind die in ihren Einsatzmöglichkeiten sehr vielseitigen Zerstörer vorgesehen. Bis heute verfügt die Bundesmarine über folgende Typen von Seestreitkräften:

1. **Zerstörer,** taktisches Klassenzeichen der Nato **„D"**
   Die Aufgaben der „Torpedoboots-Zerstörer" haben sich in den letzten Jahren gewandelt. Normalerweise fällt ihnen die Sicherung größerer Einheiten und Kampfgruppen zu. Innerhalb der Bundesmarine sollen sie auch Nachschubtransporte schützen und Minensperren legen. Zerstörer sind die kampfkräftigsten Einheiten in unseren küstennahen Gewässern. Sie dienen kleineren Verbänden als Rückhalt.

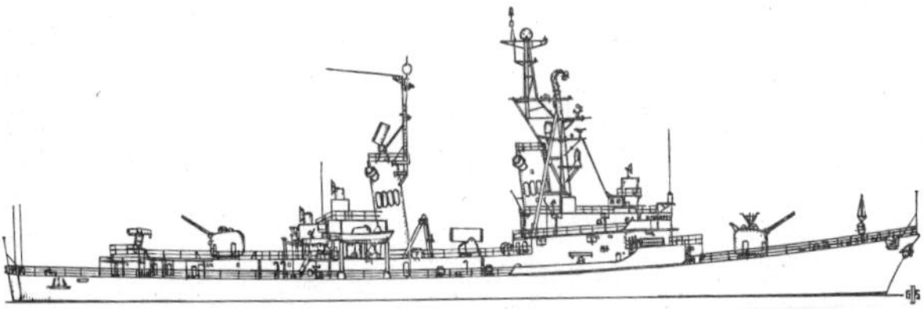

RAKETENZERSTÖRER „LÜTJENS", „MÖLDERS", „ROMMEL"

1969/1970 Bath Iron Works, Bath/Maine (USA)

Länge 134,2 m – Breite 14,3 m – Wasserverdrängung 4500 Tonnen – 70 000 PS – 36 kn – 230 Mann Besatzung – zwei 127-mm-Kanonen – ein Starter für Standard Missile IA-Lenkraketen gegen Luft- und Seeziele mit 34 km Reichweite – ein Achtfachwerfer für raketengestartete Torpedos mit Zielsucheinrichtung gegen U-Boote – zwei Drillingsrohre für U-Jagd-Torpedos

2. **Fregatten,** taktisches Klassenzeichen **„F"**

Als kleinere Ausführung der Zerstörer erfüllen sie etwa deren Aufgaben, ohne aber auch ihren wesentlich höheren Aufwand zu erfordern. Im zweiten Weltkrieg war diesen Einheiten in England vor allen Dingen der Schutz von Handelsschiffen in Geleitzügen anvertraut, deshalb hat man als Gattungsnamen die historische Bezeichnung „Fregatte" eingeführt. Fregatten sind als „Mädchen für alles" gedacht, sollen Flugzeuge und U-Boote abwehren und können z. B. auch Minen werfen.

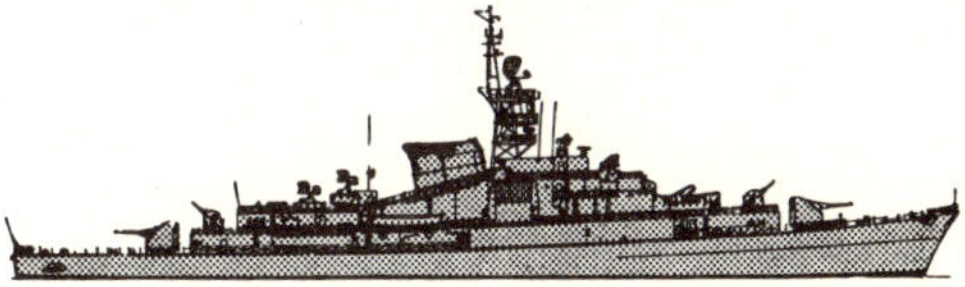

Fregatte „KÖLN"
1961 Stülckenwerft, Hamburg
Länge 110 m – Breite 11 m – Wasserverdrängung 2100 t – 36 000 PS – 32 kn – 210 Mann Besatzung – zwei 10-cm-Kanonen, sechs 4-cm-Kanonen

3. **Minensuchboote,** taktisches Klassenzeichen **„M"**

Der Bedeutung, die der Minenkrieg spielt, entspricht die Vielzahl der Abwehrfahrzeuge.

Die Nato hat in den Küsten-Minensuchbooten Einheitstypen entwickelt, deren Zweck die Unschädlichmachung der modernen „Induktionsminen" ist. Die Zündung dieser Unterwasserwaffen erfolgt nicht mehr durch Berührung – Kontaktminen –, sondern schon bei Annäherung der Schiffe an die magnetischen und akustischen Minen. Diese Minensuchboote sind deshalb aus Holz gebaut. Als Vernichtungswaffen dienen elektrische Kabel und Lärmgeräte.

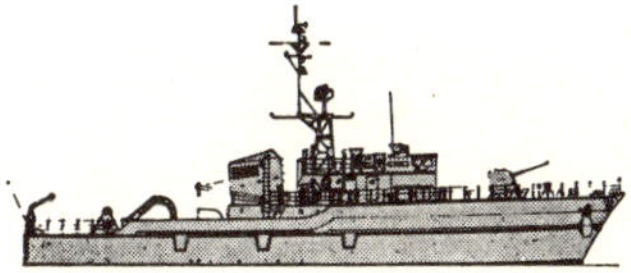

KM-Boot „PADERBORN"
1959 F. Lürssen Werft, Bremen-Vegesack
Länge 45 m – Breite 8,3 m – Wasserverdrängung 370 t – 4000 PS – 16 kn – 46 Mann Besatzung – eine 4-cm-Kanone

4. Schnelle Minensuchboote, takt. Klassenzeichen **„M“**
Die „Schnellen Minensuchboote“, ebenfalls aus Holz gebaut, gehen wegen ihres geringen Tiefganges als erste an vermutete Minensperren heran. Durch ihre beachtliche Geschwindigkeit eignen sich die Boote auch für die Erfüllung anderer Aufgaben.

SM-Boot „SCHÜTZE“
1959 Abeking & Rasmussen, Lemwerder/Weser
Länge 47,2 m – Breite 6,8 m – Wasserverdrängung 200 t – 3600 PS – 25 kn – 39 Mann Besatzung – zwei 4-cm-Kanonen

5. Schnellboote, taktisches Klassenzeichen **„P“** (atrol) sind kleine, wendige Kampffahrzeuge, die als Torpedoträger gegen Seeziele aller Art eingesetzt werden. Ihr Rumpf besteht wegen der Minengefahr ebenfalls aus Holz. – Mit 12 000 PS übertrifft ihre Maschinenleistung beispielsweise die moderner Linienfrachter.

S-Boot „JAGUAR“
1959 F. Lürssen Werft, Bremen-Vegesack
Länge 42,75 m – Breite 7 m – Wasserverdrängung 140 t – 12 000 PS – 4 Schrauben – 42 kn – 39 Mann Besatzung – vier Torpedorohre, zwei 4-cm-Kanonen

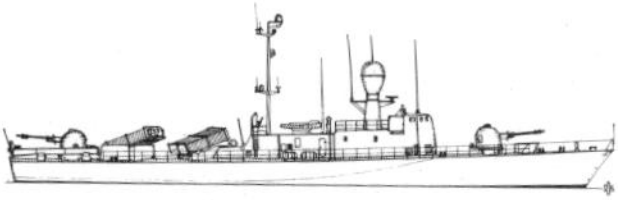

Flugkörperschnellboot „S 61“
F. Lürssen Werft, Bremen-Vegesack
Länge 57 m – Breite 7,8 m – Wasserverdrängung 295/378 t – 16 000 PS – 40 kn – 40 Mann Besatzung – 4 Starter für Flugkörper gegen Seeziele – 2 76-mm-Kanonen – 2 Torpedorohre

6. **Unterseeboote,** taktisches Klassenzeichen „S"(ubmarine)
waren noch bis zum letzten Kriege die „Waffe des armen Mannes", also der Staaten, die sich keine Schlachtflotten leisten konnten. Die inzwischen veränderte waffentechnische Situation hat sie zu einer der gefährlichsten Offensivwaffen gemacht, zumal durch den Antrieb mit Atomenergie erstmalig echte Unterwasserschiffe möglich geworden sind. Bewaffnet mit Mittelstreckenraketen mit Atomköpfen, stellen diese heute eine der maßgebenden Abschreckungswaffen dar. Die Bundesmarine beschränkt sich entsprechend ihrer Aufgabenstellung auf kleine konventionelle U-Boote für den Einsatz in Küstengewässern. Die Boote sind wegen der Grundminengefahr aus unmagnetischem Stahl hergestellt. Sie dienen als vorgeschobene Sicherung und sind nur mit Torpedos bewaffnet.

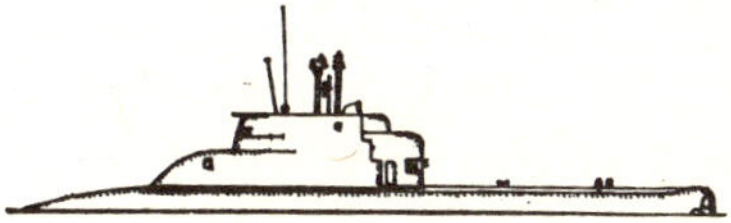

U-Boot „U 5"
1963 Kieler Howaldtswerke AG, Kiel
Länge 43,5 m – Breite 4,6 m – Verdrängung 370/450 t – 1200 PS – 17 Knoten unter Wasser – 21 Mann Besatzung – acht Bugtorpedorohre

7. **Segelschulschiff,** taktisches Klassenzeichen **„A"**
Zur Ausbildung ihres Offiziers- und Unteroffiziersnachwuchses bedient sich die Bundesmarine wieder eines Segelschulschiffes und knüpft damit an eine bewährte Tradition aus den Zwischenkriegsjahren an. Die 1958 erbaute Bark „Gorch Fock" ist eine Weiterentwicklung der früheren Segelschulschiffe, die noch unter fremder Flagge in Fahrt sind.

Schulschiff „GORCH FOCK“
1958 Blohm & Voss AG, Hamburg
Länge 81,26 m – Breite 12 m – Wasserverdrängung 1760 t – 1964 qm Segelfläche – 800-PS-Hilfsmotor – 250 Mann Besatzung, davon 100 Kadetten

Die in der deutschen Bundesmarine nicht vertretenen Schiffstypen führen folgende taktische Klassenzeichen: „C“ Kreuzer, „N“ Minenleger, „R” Flugzeugträger.

DIE FLAGGEN SEEFAHRENDER NATIONEN

TAFEL I

TAFEL II

HONDURAS
INDIEN
IRLAND
ISLAND
ISRAEL
ITALIEN
JAPAN
JUGOSLAWIEN
KANADA
LIBERIA
MAROKKO
MEXIKO
NIEDERLANDE
NORWEGEN
ÖSTERREICH
PAKISTAN
PANAMA
POLEN
PORTUGAL
RUMÄNIEN
SCHWEDEN
SCHWEIZ
SOWJETRUSSLAND
SPANIEN
SÜDAFRIKAN. UNION
TSCHECHOSLOWAKEI
TÜRKEI
VEREINIGTE STAATEN VON AMERIKA

AG „Ems", Emden

AG Reederei Norden-Frisia,
Norderney

Christian F. Ahrenkiel, Hamburg

Argo Reederei
Richard Adler & Söhne, Bremen

Atlantic-Reederei
F. & W. Joch, Hamburg

Reederei
Heinr. v. Bargen & Sohn OHG,
Wischhafen

Reederei Hugo Bartels & Sohn,
Hamburg

Helmut Bastian, Bremen

Kpt. Hans Beilken Reederei,
Brake

Friedrich Beutelrock KG, Lübeck

Bock, Godeffory & Co., Hamburg

Aug. Bolten, Wm. Miller's Nachfl.,
Hamburg

Bornhofen, Robert, Hamburg

Bremer Reederei Bruno Bischoff
& Co. GmbH, Bremen

Bremer Seebäderdienst
D. Oltmann & Co., Bremen

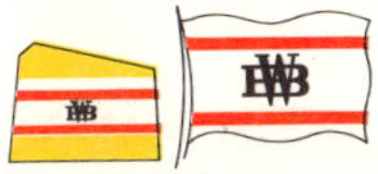
W. Bruns & Co., Hamburg

Bugsier-, Reederei- u. Bergungs-AG.,
Hamburg

F. Busse & Co., Bremerhaven

Chemikalien Seetransport GmbH,
Hamburg

Cimbria Reederei AG, Flensburg

Cosima Reederei-Gruppe,
Unterföhring

Hermann Dauelsberg, Bremen

Peter Deilmann Reederei, Neustadt

Friedrich A. Detjen Reederei,
Hamburg

Deutsche Afrika Linien, Hamburg

Woermann Linie, Hamburg

Deutsche Bundesbahn, Hamburg

Deutsche Dampfschiffahrts-
Gesellschaft „Hansa", Bremen

Deutsche Shell Tanker-
Ges. m. b. H., Hamburg

Peter Döhle, Hamburg

Erich Drescher, Hamburg

EAL Europa-Afrika-Linie GmbH,
Bremen

Emder Bugsier- und Bergungs-
Geschäft P. W. Wessels Wwe.,
Emden

John T. Essberger, Hamburg

ESSO Tankschiff Reederei
G.m.b.H., Hamburg

Fairplay Schiffsparten-
Vereinigung A.G., Flensburg

Fisser & v. Doornum
Hamburg/Emden/Bremen/Lübeck
Fisser KG, Emden

Adalbert Friesecke, Hamburg

Flensburger Schiffsparten-
Vereinigung AG, Flensburg

Förde-Reederei G.m.b.H.,
Flensburg

Fritzen, Johs. & Sohn, Emden

Ganymed Kühlschiff Reederei GmbH,
Hamburg

GEFO
Gesellschaft für Oeltransporte
mbH & Co., Hamburg

Gehrckens, H. M., Hamburg

Gelsenberg Aktiengesellschaft,
Essen

Globus Reederei GmbH, Hamburg

Hafen-Seetouristik und Fährdienst
A.G., Hamburg

Hapag-Lloyd AG, Hamburg / Bremen

Hamburg-Südamerikanische
Dampfschiffahrts-Gesellschaft
Eggert & Amsinck, Hamburg

Hamburger Lloyd
Dr. Jürgen Bernhold & Co., Hamburg

Hanseatische Hochseefischerei AG,
Bremerhaven

Hanseatische Reederei Emil
Offen & Co., Hamburg

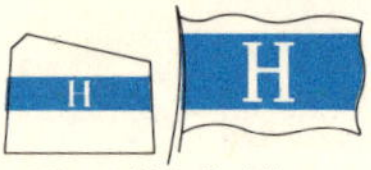

A. F. Harmstorf & Co. G.m.b.H.,
Hamburg

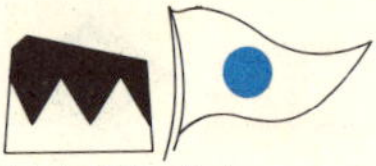

Helmsing & Grimm, Hamburg

Hochseefischerei Kiel G.m.b.H., Kiel

Hochseefischerei Nordstern A.G., Bremerhaven

Horn-Linie, Hamburg

Bernhard Howaldt, Hamburg

Ernst Jacob, Flensburg

H. W. Janssen GmbH & Co. KG, Elsfleth

Kapitän Heyo Janssen, Bad Zwischenahn

J. Jost, Flensburg

Jebsen, Hamburg

Kieler Verkehrsaktiengesellschaft, Kiel

A. Kirsten, Hamburg

Knöhr & Burchard Nfl., Hamburg

Koehn & Bohlmann K.G., Hamburg

Ernst Komrowski Reederei Hamburg
Komrowski, Befrachtungskontor KG, Hamburg

Kosmos, Bulkschiffahrt GmbH, Bremen

Hans Krüger G.m.b.H., Hamburg

Krupp Seeschiffahrt G.m.b.H., Hamburg

Küstenschiffahrt
Bauer & Hauschildt KG, Hamburg

Reederei F. Laeisz, Hamburg

Gebrüder Lehmann-Reederei, Lübeck

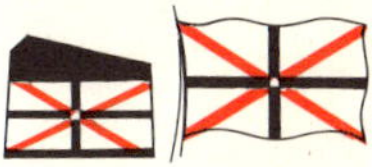
Leonhardt & Blumberg, Hamburg

Leth & Co., Hamburg

Lübeck-Linie A.G., Lübeck

Mathies Reederei KG., Hamburg

Carl Meentzen Schiffahrt und Handel G.m.b.H., Bremerhaven

Reeder Union „Meyer-Brake", Brake

MOBIL OIL A.G. in Deutschland, Hamburg

Otto A. Müller, Hamburg

Reederei „Nord“
Klaus E. Oldendorff, Hamburg

Norddeutsche Hochseefischerei A.G., Bremerhaven

„NORDSEE“ Deutsche Hochseefischerei G.m.b.H., Bremerhaven

Rudolf A. Oetker, Hamburg

Oldenburg-Portugiesische Dampfschiffs-Rhederei Kusen, Heitmann & Cie. K.G., Hamburg

Egon Oldendorff, Lübeck

„Orion“ Schiffahrts-Gesellschaft Reith & Co., Hamburg

Osterwisch & Sohn, Hamburg

H. Peters, Reederei, Hamburg

Petersen & Alpers, Hamburg

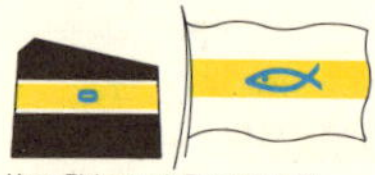

Hans Pickenpack Reederei K.G.,

„Poseidon“ (Kohlen Import & Poseidon Schiffahrt AG), Hamburg

PRINZENLINIEN
Schiffahrtsgesellschaft m.b.H. u. Co., Hamburg

Reederei Richard Schröder, Hamburg

Reederei Bernhard Schulte, Hamburg

Carsten Rehder, Hamburg

J. A. Reinecke, Hamburg

Rhein-, Maas- und See-Schiffahrtskontor GmbH, Duisburg

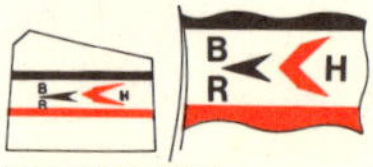

Reederei Barthold Richters, Hamburg

Rickmers Linie, Hamburg

Reederei Josef Roth, Hamburg

Ernst Russ, Hamburg

Schepers Rhein-See-Linie, Duisburg-Ruhrort

Schiffahrtsgesellschaft „Jade“ m.b.H., Wilhelmshaven

Schiffahrtskontor Oste GmbH & Co. KG, Hemmoor

Schlüssel Reederei, Bremen

Otto W. A. Schreiber Reederei, Bremen

H. Schuldt, Hamburg

Seereederei „Frigga" A.G., Hamburg

Sloman-Neptun Schiffahrts-AG, Bremen, Hamburg

Hugo Stinnes Reederei A.G., Hamburg

Tankreederei de Vries & Co. KG, Hamburg

Temaris Bereederungsgesellschaft m.b.H., Bremen

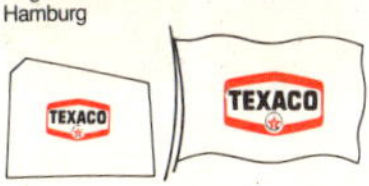

Texaco, Inc., New York

Alfred C. Toepfer, Hamburg

Transmarin Hamburg GmbH, Hamburg

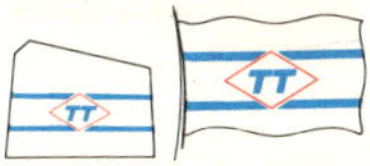

TT-Linie GmbH & Co., Hamburg
Unterweser Reederei AG, Bremen

UK Tankschiff Reederei GmbH, Hamburg

Union-Partenreederei, Bremen

Unterweser Reederei A.G., Bremen

F. A. Vinnen & Co., Bremen

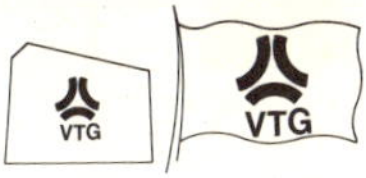

VTG Vereinigte Tanklager und Transportmittel GmbH, Hamburg

Wallenius Bremen G.m.b.H., Bremen

Oskar Wehr KG, Hamburg

Soc. Anon. Chargeurs Reunis, Paris

Blue Star Linie, Inc.

Elder Dempster Lines, Liverpool

Finska Angf. Akt., Helsingfors

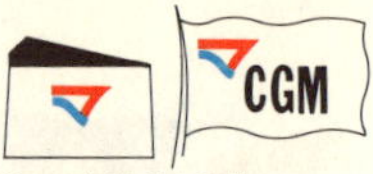

Compagnie Générale Maritime French Line

General Steam Navigation Co. Ltd., London

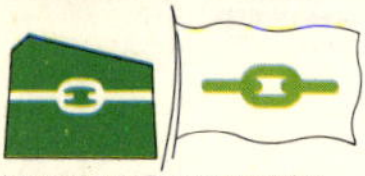
Intercontinental Transport (ICT) BV

Alfred Holt, Liverpool

Anders Jahre, Sandefjord

Kon. Nederlandsche Stoomb. Mij. N.V., Amsterdam

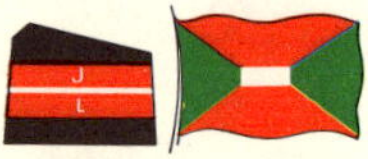

J. Lauritzen, Kopenhagen

Lykes Bros. Steamship Co. Inc., New Orleans

Messageries Maritimes, Cie. des, Paris

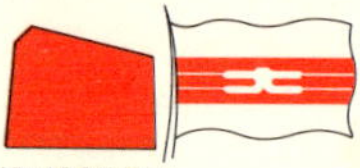
Mitsui O.S.K. Lines

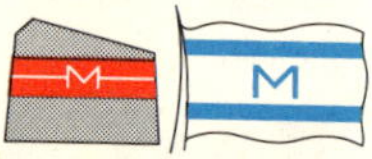

P. Meyer, Oslo

Nippon Yusen Kaisha, Tokio

The EAC Linies, East Asiatic Co., Ltd.

Orient Overseas Container Line

P. + O. Linie, Liverpool

Lion Ferries, Halmstad

Shaw Savill & Albion Co. Ltd., London

A. B. Svenska Ostasiatiska Kompaniet, Gothenburg

United States Lines, New York

Union Castle Line, London

N.V. Vereenigde Nederl. Scheepvaartmaatschappij, S'Gravenhage

Waterman Steamship Cor., PN., Mobile, Alabama

Wilh. Wilhelmsen, Oslo

Leuchttürme, Tonnen und Baken

Vor fast allen mitteleuropäischen Flußmündungen liegen Feuerschiffe als Ansteuerungspunkte verankert, während im südeuropäischen Raum mit seinen größeren Wassertiefen und häufigeren Steilküsten Leuchttürme diese Aufgabe übernehmen. Bei den modernen Feuerschiffen handelt es sich eigentlich um schwimmende Leuchttürme, die zeitlich genau abgestimmte, periodisch wiederkehrende Lichtsignale ausstrahlen. Ihre Farbe und Frequenz gestatten die genaue Identifizierung jedes dieser Seezeichen. Wegen des hohen Personalaufwandes von 10 bis 14 Mann in einer Schicht – die Ablösung erfordert zwei Besatzungen – sucht man seit einigen Jahren nach Möglichkeiten, die Feuerschiffe durch Leuchttürme zu ersetzen. Den Anfang dazu hat man in den bundesdeutschen Gewässern vor der Kieler Förde und dann in der Weser- und Elbmündung gemacht. Auch die Engländer haben ihr traditionsreiches Leuchtschiff „Royal Sovereign“ an der Kanalküste bereits durch einen Turm ersetzt, auf dem sogar Hubschrauber für die Versorgung u. a. m. landen können. Darüber hinaus werden neuerdings im Seebereich als Ersatz für Feuerschiffe auch Großleuchttonnen verwendet, sog. „LANBY‘s“ (Large Navigation Buoy) wie z. B. für die Ansteuerung von Harwich. Amerikaner und Briten sind Schrittmacher auf diesem Gebiet. Sie haben ihre Feuerschiffe bereits weitgehend durch „LANBY‘s“ ersetzt.

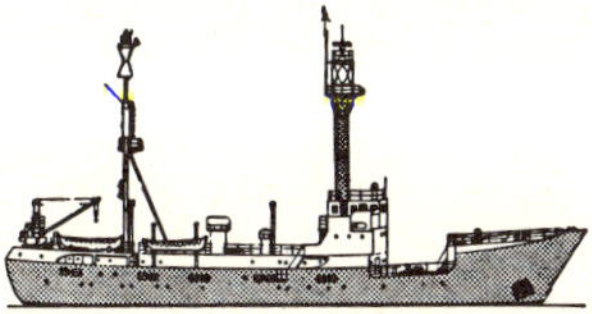

Feuerschiff „BORKUMRIFF“
1956 Norderwerft, Hamburg
Wasser- und Schiffahrtsdirektion Aurich
629 BRT – Länge 53 m – Breite 9 m – 14 Mann Besatzung

Der Name „Feuerschiff" erinnert an die Zeit, in der Leuchttürme noch mit Holz oder Kohlen als Feuerung beschickt wurden. Der älteste, noch aktive Leuchtturm befindet sich in der Nähe von La Coruña an der Nordwestecke Spaniens. Er wurde um das Jahr 100 n. Chr. erbaut. Archäologen pflegen ihre Studenten zu fragen: „Wie viele Leuchtturmwärter-Generationen waren bis heute auf dem ‚Torre de Hercules' tätig?" Spontane Antworten hauen meistens vorbei, weit vorbei.

Lotsen

In der Nähe der Ansteuerungs-Feuerschiffe halten sich auch die Fahrzeuge der „Fremdenführer", der Lotsen auf, die den Kapitänen aufkommender Schiffe als Berater gegen eine Tarifgebühr zur Verfügung stehen. Ihre Höhe richtet sich nach der Größe des gelotsten Schiffes. Wenn auch die Lotsen in der Regel den Rudergängern direkt Kursanweisungen erteilen, nimmt die praktische Übernahme der Schiffsführung dem Kapitän nichts von seiner Verantwortung. Lotsen haben heute die gleiche Ausbildung wie die Kapitäne hinter sich und sind in der Bundesrepublik mit Ausnahme der beamteten Hamburger Hafenlotsen freiberuflich tätig. Ihre Organisation heißt „Lotsen-Brüderschaft".

Tonnensystem

Im Jahr 1978 haben die Tonnenhöfe und Seezeichenschiffe der an der deutschen Nordseeküste liegenden Wasser- und Schiffahrtsämter die gesamte Betonnung auf den Seeverkehrswegen – mit Ausnahme der Feuerschiffe – auf ein neues international vereinbartes System umgestellt. Es beruht auf langjährigen Untersuchungen der Internationalen Seezeichenverwaltungen (IALA), die das Ziel hatten, die bislang 30 verschiedenen Systeme in der Welt zu vereinheitlichen. Nicht zuletzt zur Erhöhung der Verkehrssicherheit will man damit der bislang häufig verwirrenden Vielfalt entgegenwirken, die bereits zu schweren Unfällen geführt hatte.

Die europäischen Seezeichenverwaltungen haben sich für das sog. „System A" entschieden, weil es den Erfordernissen auf ihren Gewässern am besten gerecht wird. Es erlaubt auch die Kombination sog. „lateraler" Zeichen für die Seitenbezeichnung von Fahrwassern und „kardinaler" für die Richtungsbezeichnung, wobei immer „Rot" an

Backbord verwendet wird. Alle Arten von Zeichen können bei Tag und Nacht einwandfrei unterschieden werden. Grundsätzlich wird davon ausgegangen, daß an Bord aktuelle Seekarten vorhanden sind.

Seitenbegrenzende Tonnen

Zur seitlichen Begrenzung von Fahrwassern oder Flußmündungen wird ihre rechte Seite von See kommend neuerdings mit grünen-, früher schwarzen-, Spitz-, Spieren- oder Leuchttonnen bezeichnet. Sie sind im einzelnen durch fortlaufende ungerade Ziffern (1, 3, 5 usw.) gekennzeichnet. Falls erforderlich wie z. B. an Fahrwasserverzweigungen erhalten sie zusätzlich ein kegelförmiges grünes Toppzeichen mit der Spitze nach oben. An der Backbordseite werden rote Stumpf-, Spieren- oder Leuchttonnen mit rotem Feuer und geraden Ziffern (2, 4, 6 usw.) verwendet, die u. U. zusätzlich rote zylindrische Toppzeichen erhalten. Da für die Leuchttonnen auf beiden Seiten beliebige Kennungen gewählt werden dürfen, lassen sich rot-grüne Tonnenpaare mit gleicher Kennung schaffen. Sie erleichtern besonders der Kleinschiffahrt das Fahren auf den Schifffahrtswegen. Fahrwasserverzweigungen lassen sich an der entsprechenden zusätzlichen Beschriftung erkennen. Bezeichnen sie ein besonderes Gebiet oder einen Punkt, so zeigen sie das mit der Zusatzbeschriftung wie z. B. „Reede“ oder „Buhne“ an. Zur Kennzeichnung von kleinen Wattflüssen, den sog. „Prielen“, verwendet man hölzerne Stangen, die „Pricken“, mit besenförmigen Toppzeichen je nach der Fahrwasserseite.

Lotsenschiff ES „KAPITÄN KÖNIG“
1963 Jos. L. Meyer, Papenburg
Wasser- und Schiffahrtsverwaltung des Bundes – Länge 55,1 m – Breite 9,5 m – 763 BRT – 1605 PS – 13 kn – 32 Mann Besatzung

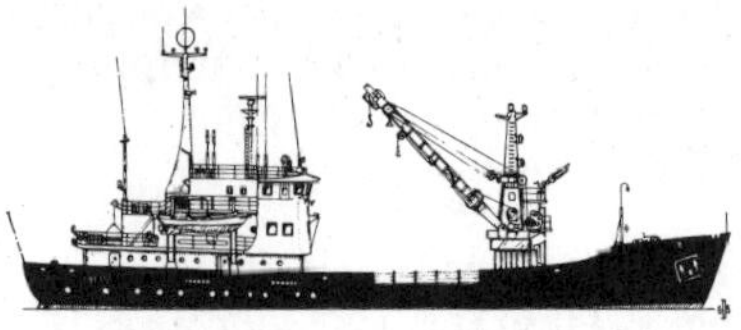

Tonnenleger MS „BRUNO ILLING“
1968 Norderwerft, Hamburg
Wasser- und Schiffahrtsverwaltung des Bundes – Länge 48,8 m – Breite 9,5 m – 494 BRT – 1500 PS – 14 kn – 16 Mann Besatzung

Richtungweisende Tonnen

Die neuen „kardinalen“ Seezeichen teilen den Schiffsführungen mit, auf welcher Seite Gefahrenstellen im Verlauf eines Seeverkehrsweges passiert werden sollen. Dabei handelt es sich um Baken- oder Spierentonnen mit gelbschwarzem Anstrich und immer 2 schwarzen Kegeln übereinander – aber in verschiedener Stellung – als Toppzeichen. Ihre dabei möglichen 4 Anordnungen geben an, wie sie zu der Gefahrenstelle – z. B. ein Wrack oder eine Untiefe – liegen. Und auf neu stationierte Gefahrenzeichen wird in der Anfangszeit durch die doppelte Auslegung dieser Tonnen besonders aufmerksam gemacht. Die frühere besondere Bezeichnung von Wracks ist entfallen.
Bei Nacht fallen diese Tonnen durch ihre markante und schnelle weiße „Funkelkennung“ auf. Welche Richtung sie angeben, kann man sich an Hand des Uhren-Zifferblattes leicht einprägen, denn die Anzahl der „Funkel“ entspricht der den Uhr-Quadraten zugeordneten Zahl wie 3, 6 oder 9.
Einzelgefahr-Zeichen in Spieren- oder Bakenform markieren geringere Gefahrenstellen in allerseits tiefem Wasser. Sie sind schwarz mit horizontalen roten Farbbändern gestrichen und durch 2 schwarze Bälle übereinander als Toppzeichen noch besonders gekennzeichnet. Bei Nacht sind sie an einer weißen Kennung mit der Blitzgruppe 2 zu erkennen.
Als Mitte-Fahrwasser-Zeichen oder zur Bezeichnung von Ansteuerungspunkten dienen jetzt Kugel- oder Spierentonnen mit senkrechten rot-weißen Streifen. In besonderen Fällen kann dazu als Toppzeichen ein roter Ball kommen.
Für Sonderzeichen, die nicht in erster Linie der Navigation dienen, sondern außerordentliche Punkte und Gebiete wie z. B. Baggerschüttstellen, Kabel- und Rohrleitungen, zivile

Im einzelnen bedeuten:

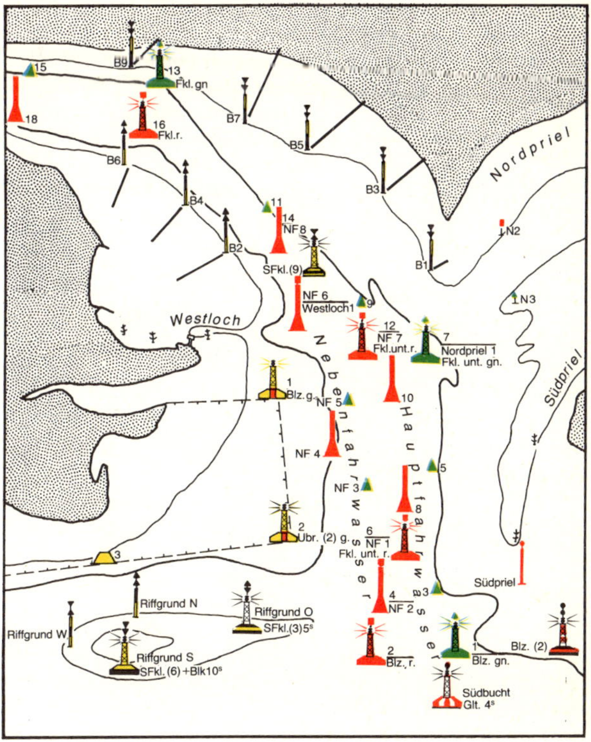

oder militärische Sperrgebiete kennzeichnen, werden gelbe Faß- oder Spierentonnen verwendet, die in besonderen Fällen noch als Toppzeichen ein gelbes, liegendes Kreuz erhalten. Solche Sonderzeichen können ein gelbes Licht in beliebiger Kennung, die jedoch nicht mit anderen in der Nähe liegenden Zeichen verwechselt werden dürfen, zeigen.

Lichtschneisen von Leuchttürmen

Die an den Küsten oder Flußufern erbauten Leuchttürme und Leuchtbaken geben der Schiffahrt den Bereich tiefen Wassers durch Lichtsektoren an. Ein Leitsektor bezeichnet

den Fahrwasserbereich, in dem das Schiff sicher fahren kann. Es ist die Aufgabe der Schiffsführung, die sich in den schwierig zu befahrenden Flußmündungen – auf den „Revieren“ – meist der Lotsenberatung bedient, ihr Schiff von einem Leitsektor in den nächsten einzusteuern.
In schmaleren Fahrwasserbereichen werden sogenannte „Richtfeuer“ verwendet. Sie bestehen aus einem „Unter“- und einem „Oberfeuer“, die in Deckpeilung gesehen genau die Achse des tiefen Fahrwassers bezeichnen. Solche Richtfeuer haben exakt gleiche Lichterscheinungen: sie arbeiten „gleichgängig“.

Leitfeuer

„Quermarkenfeuer“ stehen seitlich vom Fahrwasser im Bereich eines Kurswechsels. In unserer Zeichnung ist der kleine schwarz-weiß gestreifte Turm links dieser freundliche Warner. Der Bereich, in dem das Schiff seinen Kurs ändern muß, um von einer „Richtfeuerlinie“ in die nächste zu gelangen, wird durch einen breiten, farbigen „Kurswechselsektor“ angezeigt, der seitlich durch weiße „Ankündigungssektoren“ begrenzt wird.
Die Leitsektoren einzeln stehender Leuchttürme – in der Regel ruhiges, weißes Festfeuer – werden beidseitig durch auffällige „Warnsektoren“ eingerahmt. Deren Licht kann rot und grün oder weiß mit unterschiedlichen Blitzkennungen ausgebildet sein ... Diese optische Sicherung zeigt damit das Verlassen des „rechten Weges“ an und gibt gleichzeitig die Richtung der notwendigen Kurskorrektur zu erkennen.

Auf dem Strich gehen

Schreibt die Enge eines Fahrwasserabschnittes ein sorgfältiges „Fahren auf dem Strich" vor, bedient man sich eines Verfahrens, das in der Landmesserpraxis zur Ausfluchtung gerader Linien benutzt wird. Zwei Stäbe legen bekanntlich die Richtung einer geraden Linie – etwa einer Straße – fest; die Richtung ihrer Verlängerung wird dadurch ermittelt, daß man, über die beiden Stäbe visierend, den dritten Stab „einwinkt". Als „Richtungsstäbe" fungieren in den Flußmündungen zwei Leuchttürme – Ober- und Unterfeuer genannt –, die einen Lichtstrahl in die Fahrwasserstraße schießen. Das Schiff ist dann der „dritte" Stab, der auf diesen „scharfen" Lichtstrahl von der Schiffsleitung durch die Steuervorrichtung „eingewinkt" wird. Solange man Ober- und Unterfeuer in einer Linie sieht, „liegt man richtig". – Leuchttürme, die nach diesem System arbeiten, heißen „Richtfeuer".

Richtfeuer

Die Kennung

Das Leuchtfeuer Helgoland in der Deutschen Bucht gehört zu den weit sichtbaren „Orientierungsfeuern", die hervorragende Punkte markieren, aber nicht auf eine „Einfahrt" hinweisen. Alle 4,9 Sekunden trifft dieses „Drehfeuer" jeden Punkt am Horizont. Bei guter Sicht ist es im Umkreis von 23 Seemeilen mit einem Blitz von 1/10 Sekunden Dauer zu sehen. Es „morst" dadurch gewissermaßen seinen „Namen" über die See. Den Rhythmus der Signale eines Leuchtfeuers nennt man die „Kennung". In einem bestimmten Küstenbereich unterscheidet man die Kennun-

gen der Seezeichen deutlich voneinander, damit keine Verwechslungen unterlaufen. Seezeichen sind mit ihrer „Kennung“ symbolisch in die Seekarte eingezeichnet. Darüber hinaus werden sie in dem vom „Deutschen Hydrographischen Institut“, Hamburg, in regelmäßigen Abständen herausgegeben.
Und der ja von den Gezeiten mit Ebbe und Flut abhängige Wasserstand auch auf den Flüssen wird neuerdings nicht mehr von hohen mastartigen Bauwerken mit Bällen, Kegeln und farbigen Lichtern aufgezeigt, sondern an der Weser durch beleuchtete „Schiffahrtspegel“ und an der Elbe durch Wasserstandsanzeiger mit Leuchtzifferanzeige.

Am Tag sind alle Küsten grau

Unterschiede im Bau und im Anstrich der Leuchttürme ersetzen für die Tagfahrt die optische Kennung. „Am Tag sind alle Küsten grau“, und bei weitem Abstand sind Landstriche gleicher Struktur – wie etwa die Dünenküste der Nordsee – schwer zu unterscheiden. Deshalb versieht man hervorragende Punkte der Küste auch mit Holzgerüsten, Baken, die als Toppzeichen einfache mathematische Symbole tragen. Als bekanntestes Beispiel sei die „Kugelbake“ von Cuxhaven genannt. „Kugel“ bedeutet also „Cuxhaven“; das „Dreieck“ Vogelinsel „Mellum“, und eine „Eieruhr“ kennzeichnet die Ostspitze von Wangerooge. – Diese künstlichen Merkmale sind ebenfalls in die Karte eingezeichnet und in den „Baedekern“ des Seemannes, den „Seehandbüchern“, beschrieben und abgebildet.

Nebelsignale

Zur Sicherung der Fahrt bei unsichtigem Wetter sind einige Leuchttürme und alle Feuerschiffe in den „Außenrevieren“ mit Heulgeräten oder Glocken ausgerüstet, die sich in der Charakteristik ihrer Signale ebenfalls voneinander unterscheiden. Sie besitzen also außer der optischen auch eine „akustische Kennung“. Die erwähnten Heul- und Glockentonnen dienen ebenfalls der Schiffssicherung bei unsichtigem Wetter. Beide besitzen keine akustische Kennung, weil der Rhythmus der Signale unregelmäßig vom Seegang gesteuert wird. Die Heulbojen erzeugen ein grausliches Geräusch. Die Seeleute nennen es deshalb „Seekuh“. – Beschert ihnen ein hartes Geschick bei der Verehelichung eine richtige „böse“ Schwiegermutter, wird sie gelegentlich „Heulboje“ genannt.

Schiffe, die sich nachts begegnen . . .

müssen genau wie Kraftfahrzeuge beleuchtet sein, damit die Gefahr eines Zusammenstoßes vermieden wird. Bei den Landverkehrsmitteln ist diese Frage jedoch verhältnismäßig einfach, weil der Wagen in der Regel nicht querfeldein fahren kann, sondern an die Landstraße gebunden ist. Dadurch wird seine Fahrtrichtung festgelegt. Auf der Hochsee gibt es jedoch theoretisch eine unbegrenzte Zahl von Wegen, sofern die Gestalt der Küsten oder Untiefen nicht die Einhaltung eines bestimmten Kurses erzwingt und dadurch so etwas wie eine „Schiffahrtsstraße" entsteht. Der Sund und die Belte in der Ostsee sowie der Englische Kanal sind solche Hochstraßen des Weltverkehrs.
Sinn der Lichterführung auf Schiffen ist die Signalisierung von Kurs und Manövrierfähigkeit. Für das Ausweichen gelten folgende Grundregeln:

1. Das wendige Schiff weicht dem behinderten aus. Deshalb haben Fischereifahrzeuge beim Fang, Segler und Schleppzüge das „Vorfahrtsrecht" vor Dampfern und Motorschiffen.

2. Der Überholer weicht dem Überholten.
Große Schiffe, die sich in engen Fahrwassern nicht an diese Regeln halten können und deshalb ein „Sondervorfahrtsrecht" beanspruchen, führen im Vormast einen schwarzen Zylinder.

3. Bei Begegnungen mechanisch bewegter Schiffe gelten folgende Ausweichregeln:
Treffen sich Dampfer oder Motorschiffe auf entgegengesetzten geraden Kursen, so weichen beide nach Steuerbord, nach rechts, aus. Kreuzen sich die Kurse solcher Fahrzeuge, so weicht das Fahrzeug aus, welches das begegnende Schiff an der Steuerbordseite hat. Wie im Automobilverkehr pflegt man die Absicht einer Kursänderung durch Signale anzuzeigen: An Bord werden sie akustisch mit der Dampfpfeife oder dem „Typhon", dem „großen Bruder" des Bosch-Horns, gegeben. Es bedeuten: Ein kurzer Ton: „Ich will nach Steuerbord fahren." Zwei kurze Töne: „Ich ändere meinen Kurs nach Backbord." Drei kurze Töne: „Ich gehe mit äußerster Kraft zurück."

Positionslaternen

Der am Tage unmittelbar feststellbare Grad der Manövrierfähigkeit eines Schiffes und seines Kurses wird während der Dunkelheit durch farbige Seiten- und weiße Mittschiffslaternen angezeigt.

Alle Schiffe führen Seiten- und Hecklaternen. Die beiden Seitenlampen leuchten in einem Sektor von 115 Grad nach vorn, nach der Seite und etwas nach hinten. – Die Steuerbordlaterne – die rechte Laterne – zeigt grünes, die Backbordlaterne rotes Licht (Merkwort „rote Backen"). Die Hecklaterne scheint am Hinterschiff in einem Kreisausschnitt von 130 Grad.

Segler führen nur Seitenlampen und die Hecklaterne. Größere Dampfer und Motorschiffe außerdem in beiden Masten je eine weiße Topplampe. Kleinere dürfen sich mit einer Topplampe begnügen.

Dampfer oder Motorschiff

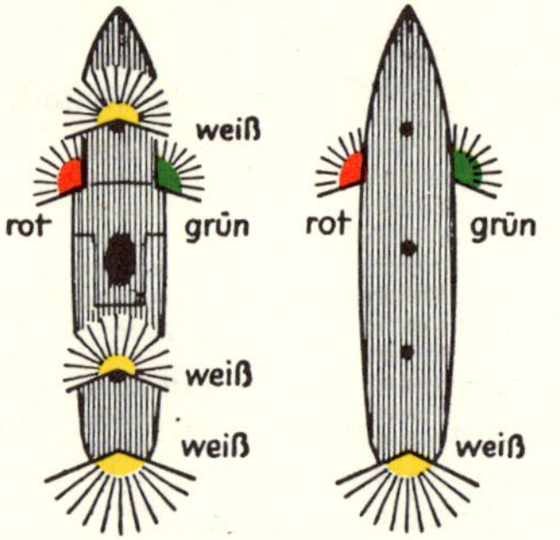

Segler

Positionslaternen

Die zahlreichen Unterscheidungsmerkmale anderer, in ihrer Bewegung behinderter Fahrzeuge können hier nicht alle interessieren. Erwähnt sei nur noch die Lichterführung von Fischdampfern und Schleppzügen. Fischdampfer, die mit dem Schleppnetz arbeiten, führen außer einer über den ganzen Horizont leuchtenden Topplaterne im Fockmast eine Lampe, die das rote, weiße und grüne Licht in bestimmten Kreisausschnitten in sich vereinigt. Von den Fischerleuten wird sie deshalb „Trinitas"-Lampe genannt. – Vor Anker liegende Fahrzeuge zeigen am Tage einen schwarzen Ball, in der Nacht je nach ihrer Länge eine oder zwei über den ganzen Horizont leuchtende weiße Ankerlaternen.

Die Ausweich-Ode
Die Ausweichregeln sehen etwas kompliziert aus, sind aber einfacher als die Sache mit dem Vorfahrtsrecht beim Autofahren, denn die Seeleute – praktische Naturen – haben ein Lehr-„Gedicht" zur Hand, das Sicherheit gibt:

Kommt Grün, Weiß, Rot voraus in Sicht,
Weich aus nach rechts, zeig rotes Licht.

Wird Rot an Steuerbord gesehn,
Dann mußt du aus dem Wege gehn.

Siehst du jedoch an Backbord Grün,
Darfst du getrost des Weges ziehn.

Grün an Grün und Rot an Rot,
Geht klar, du bist dann nicht bedroht.

Wie du wirst navigieren müssen,
mußt du als Seemann selber wissen.

Diese Verse stehen nicht in Goethes „Faust". Der Verfasser ist Mr. Thomas Gray, C. B., Ritter des Bath-Ordens. Ob der Tote die hohe Auszeichnung für die „Ausweich-Ode" bekommen hat, ist unbekannt geblieben.

Rechtsverkehr im Englischen Kanal
Die immer größer werdende Verkehrsdichte im Englischen Kanal hat im Jahre 1967 zu einer Verkehrsregelung geführt, wie sie auf dem Nordatlantik schon vor der Jahrhundertwende betrieben wurde. Anreger waren Franzosen. Ihre Vorschläge fanden ein lebhaftes Echo. Das Problem wurde durch die Eintragung in den Seekarten „Kollisionsschutzweg" gelöst. Die Großschiffahrt fährt jetzt rechts. Für die Küstenschiffahrt bestehen besondere Regelungen.

Der große Unbekannte
Den Namen des Mannes aber, der im wahren Wortsinne die einleuchtende Idee mit den farbigen Seitenlaternen hatte, kennt kaum einer unserer „seefahrenden Brüder", obwohl ihm viel mehr Männer das Leben verdanken als Mr. Plimsoll, dessen Name in aller Munde ist an den Küsten des Vereinigten Königreiches. Der Vater der Positionslaternen heißt Shaw, wie der große irische Dichter. Er war als Ingenieur bei einer irischen Küstenreederei tätig und hat im Jahre 1836 den D „City of Dublin" mit einer weißen Topplaterne, einem roten Seitenlicht auf der Backbordseite und einem weißen auf der Steuerbordseite verse-

hen. Zwei Jahre später griff die bekannte „Peninsular and Oriental Steamship Co.“, kurz „P. & O. Line“ genannt, den Gedanken auf, „verfärbte“ ihn aber durch Einführung des grünen Lichtes, dessen Leuchtkraft dem Erfinder wahrscheinlich nicht genügt hatte. Die P. & O. gilt als die vornehmste britische Schiffahrtsgesellschaft; man unterscheidet nämlich in England drei Arten von Seeleuten: die der Royal Navy, der P. & O. und der Handelsflotte. Möglicherweise wich die Gesellschaft im Bewußtsein ihres „Adels“ von der irischen Farbfolge ab. Sie wies der vornehmen Steuerbordseite das leuchtende Rot zu, während die Backbordseite sich mit dem dunklen Grün begnügen mußte. – Die königliche Flotte aber, die anschließend an die Erfahrungen der Reederei sorgfältige Versuche mit den Positionslaternen im Küstenverkehr durchgeführt hatte, war für erneuten Farb- und Seitenwechsel. Durch Befehl der Admiralität wurden in dem politisch unruhigen Jahr 1848 die Positionslaternen für die Royal Navy eingeführt. Der Erfolg überzeugte so, daß die Handelsmarine ein Jahr später folgte, soweit – und dies ist das seltsame – es sich um Dampfer handelte. Die Segler, die bei dem zunehmenden Dampferverkehr täglich mehr gefährdet wurden, „segelten achteraus“; sie sahen das Unheil zwar jetzt kommen, ohne selbst von den „Mächtigeren“ gesehen zu werden. Die Segelschiffe mußten sich das Recht auf die Lichterführung geradezu erkämpfen. Inzwischen ist die Großseglerflotte auf ein Dutzend Schulschiffe zusammengeschmolzen, und dieses kleine Geschwader hat für sich jüngst einen optischen Sonderschutz durchgesetzt: Sie fahren am Vormast ein übereinander angeordnetes rot-grünes, nach hinten abgeblendetes Lampenpaar.

Österreich ist in seinem Lager . . .
sagt Grillparzer, und wir müssen es dem populären Erzherzog Johann von Österreich, seinerzeit Verweser des Deutschen Bundes, hoch anrechnen, daß er die Bedeutung dieser Neuerung sofort erfaßte, vermutlich, weil er auf der Adria sehr zu Hause war. Er erließ eine entsprechende Verordnung. Diese erregte an den deutschen Küsten zunächst einen Heiterkeitsausbruch, und Preußen war selbstverständlich aus politischen Gründen dagegen. Aber auch die Hansestädte zeigten keine Begeisterung. Erst als Lübeck, wie so häufig in früheren Zeiten, das gute Beispiel gab und Preußen schließlich im Jahre 1853 den Nutzen der

Laternen erkannte, folgten die anderen bald nach. Bremen aber hielt in dieser Frage nichts von „Wagen und Winnen“, sondern erinnerte sich seiner historischen Verpflichtung zur „Bedächtigkeit“. Erst nach der Gründung des Norddeutschen Lloyd im Jahre 1858 führte die Hansestadt die farbigen Laternen ein, nicht ohne auf seinem höchst eigenen Revier, der Unterweser, die Flußschiffahrt ausdrücklich auszunehmen.
Man sollte diesem Shaw ein „Denkmal“ setzen und die farbigen Schiffslaternen nach ihm benennen.

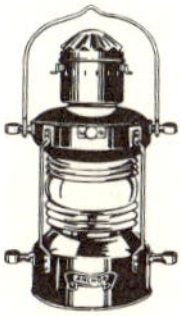

Ankerlaterne

Schiffe finden ihren Weg

Grundlage der Bestimmung des Ortes, an dem sich ein Schiff zu einem bestimmten Zeitpunkt auf See befindet, bilden die von dem Flamen Gerhard Mercator (1512 bis 1594) entworfene Seekarte, der Kompaß und das „Hochseetacho“, das sogenannte Log. Der Schiffskompaß besteht aus mehreren, parallel zueinander angeordneten Stabmagneten, die nicht über der Rose schweben, sondern mit ihr durch ein System von Fäden fest verbunden sind. Durch einen im Kompaßgehäuse angebrachten, genau auf

Kompaßrose

den Bug zeigenden „Steuerstrich“ läßt sich ersehen, wann das Schiff den aus der Karte ermittelten und um die Kompaßfehler berichtigten Kurs aufgenommen hat. Die Kompaßrosen sind heute wie ein Kreis in 360 Grade eingeteilt. Die Einteilung läuft im Uhrzeigersinne; Osten ist 90, Süden 180, Westen 270 und Norden 360 Grad. Die unsinnige Einteilung nach „*Strichen*“ – 11¼° – konnte erst nach ungewöhnlich harten Kämpfen mit den alten Schiffern von den kleinen „*Klütenewern*“ nur dadurch beseitigt werden, daß man die „Striche“ auf Seekarten und in der Literatur einfach fortfallen ließ. Die Kleinschiffahrt mußte zu ihrem Glück gezwungen werden.

Kompaß unzuverlässiger Genosse

Leider erweist sich der Kompaß als ein unzuverlässiger Richtungsweiser. Zunächst ist er mit einem „Geburtsfehler", mit einer richtigen Mißbildung behaftet, die auch den Namen „Mißweisung" bekommen hat. Die Magnetnadel zeigt nämlich nicht genau nach Norden, sondern in unseren Breiten zur Zeit etwa 6° in westlicher Richtung „vorbei". Vor der südlichen Atlantikküste Kanadas wächst der Fehler auf rund 30° und erreicht in der Hudsonbai einen Höchstwert von 90°. In deren benachbarten Eiswüsten entfaltet nämlich der magnetische Nordpol seine Tätigkeit, anstatt „vorschriftsmäßig" in unmittelbarer Nachbarschaft des geographischen Poles zu wirken.

Der zweite Fehler, *Deviation* genannt, tritt in der Regel nur an Bord von stählernen Schiffen auf. Diese werden nämlich während des Baues durch die auflockernde Klopfarbeit im Magnetfeld der Erde zu großen Magneten, die die kleineren „Brüder" im Kompaß zu lebhaften und unangenehmen „Seitensprüngen" veranlassen.

Das Log, ein Hochsee-Tacho

Die wesentlichen Bestandteile des Logs, des Schiffs-Tachos, sind ein kleiner Propeller und ein Uhrwerk, das die Zahl der abgelaufenen Seemeilen (1852 m) angibt. der Propeller wird an einer Leine am Heck des Schiffes nachgeschleppt und dadurch wie Windmühlenflügel vom Winde in rotierende Bewegung versetzt. Je schneller die Fahrt, um so größer ist auch die Drehzahl des Propellers, die mittels der Schleppleine auf das an der *Reling* – Schiffsgeländer – befindliche Zählwerk übertragen und in Seemeilen angezeigt wird. Ein zwischen „Uhr" und Propeller eingefügtes Schwungrad sorgt für „regelmäßigen Lebenswandel" der sich drehenden und zur Sprunghaftigkeit neigenden Schleppleine.

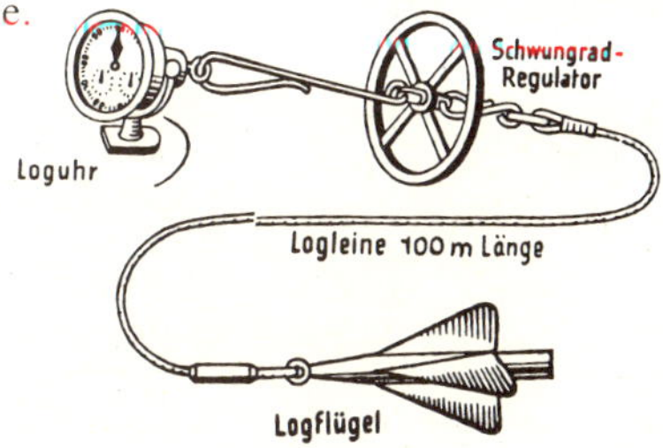

Patentlog

Kursbestimmung

Zu Beginn einer Reise wird auf der Seekarte der Ausgangspunkt der Fahrt mit dem nächsten Zwischenziel durch einen Bleistiftstrich verbunden. Dadurch erhält man den Kurs des Schiffes; dessen Richtung in Graden wird aus den auf der Seekarte befindlichen Windrosen durch Parallelverschiebung mittels eines Speziallineals oder anderer Vorrichtungen ermittelt. Diesen „rechtweisenden" Kurs verwandelt man unter Berücksichtigung der Kompaßfehler in den Kompaßkurs.

Das Schiff wird dann mittels der Steuervorrichtung so gedreht, bis der ermittelte Kurs am Kompaß *„anliegt"*. Dann wird „geradeaus" gefahren; das Schiff befindet sich jetzt auf der Kurslinie, die in die Karte eingezeichnet wurde. Gleichzeitig nimmt man auch den *„Tacho"* in Betrieb. Nach einer Stunde wird die Zahl der zurückgelegten Seemeilen an der Zähluhr abgelesen und in die Seekarte auf der Kurslinie mittels eines Zirkels eingetragen. Der Maßstab in Seemeilen – eine Bogenminute entspricht einer Seemeile – befindet sich an den beiden Seitenkanten der Karte. Der so gefundene Punkt wäre der genaue Ort, wenn der Kompaß und das Log fehlerfrei arbeiteten. Beide sind jedoch zum Leidwesen der Seeleute nicht zuverlässig.

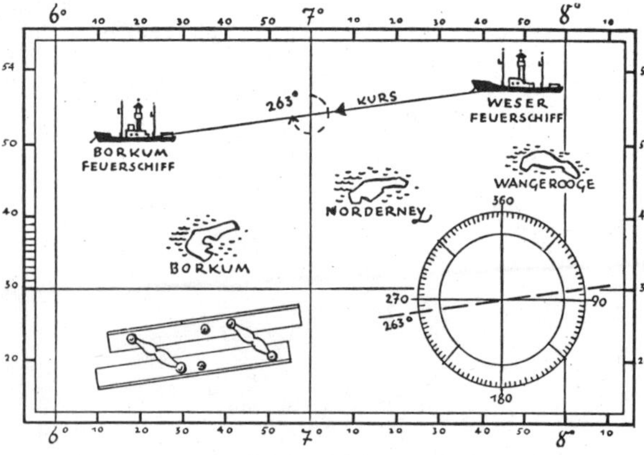

Kursbestimmung

Der Kompaß hat also zwei „Charakterfehler", die für größere Gebiete konstante „Mißweisung" und die „bösartige", mit den gesteuerten Kursen wechselnde „Deviation".

Auch die Angaben des Logs sind unzuverlässig, weil die Umdrehungen des kleinen Metallpropellers außer von der Schiffsgeschwindigkeit auch noch von den Meeresströmungen abhängen, deren Stärke vom Schiff aus nur roh geschätzt werden kann. Bei Gegenstrom zeigt das Log zuviel, mit der Strömung zuwenig an. Der Schiffsort, der durch *„Kompaß und Log"* gefunden wurde, das sogenannte *„gegißte Besteck"*, muß deshalb durch andere Methoden auf seine Richtigkeit hin überprüft werden.

Küstennavigation

In den Flußmündungen erfolgt die Kontrolle des Schiffsortes, wie auf Seite 152 erwähnt, nach den Seezeichen, die sich voneinander durch verschiedene Merkmale, wie Form, Farbe oder Dauer der Lichtsignale usw., unterscheiden.

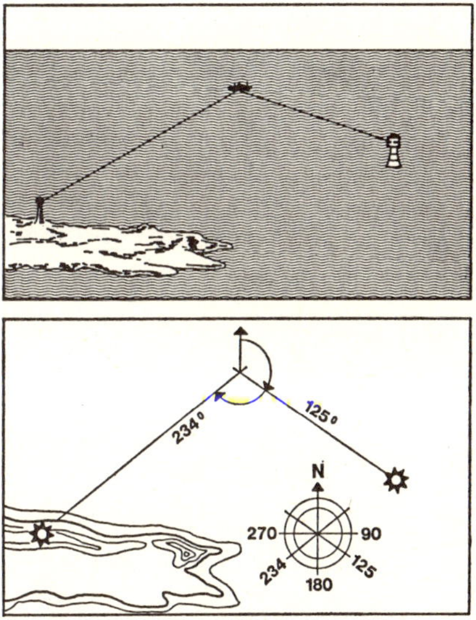

Kreuzpeilung

Unter der Küste wird der Schiffsort wie bei der Landvermessung durch Winkelmessung an Landmarken festgestellt, deren Lage in der Seekarte eingezeichnet ist. Die wichtigste Kontrollmethode ist die sogenannte „*Kreuzpeilung*". Man bestimmt durch Visieren über den Kompaß die Richtungen in Graden, in denen zwei von der Brücke aus sichtbare Leuchttürme oder Baken erscheinen. Die ermittelten „Peilungen" zeichnet man wieder durch Parallelverschiebung aus der Kompaßrose in die Seekarte so ein, daß die Richtstrahlen durch die beiden Objekte hindurchgehen. Der Schnittpunkt der Peilstrahlen, das „Kreuz", ist dann der Standort des Schiffes.

Himmelsnavigation

Wenn wir jetzt die Küsten verlassen, müssen wir uns alter Schulweisheit erinnern. Man orientiert sich auf der Erde durch ein Gradnetz, dessen markante Teile zwei Punkte, Nord- und Südpol, sowie zwei Kreise, der Äquator und die Nord-Süd-Linie – der Meridian –, bilden, der durch das Hauptfernrohr der Sternwarte von London-Greenwich geht.

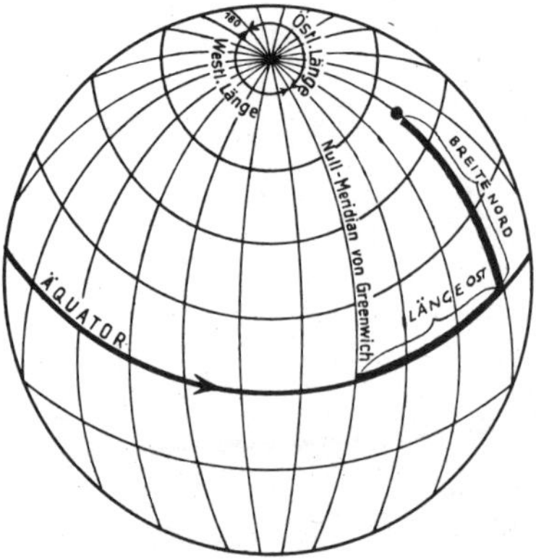

Geographische Länge und Breite

Die geographische Breite rechnet man in Graden vom Äquator nach den beiden Polen als Nord- oder Südbreite. Der Äquator hat die Breite 0°, die beiden Pole die Breite

90° mit dem Zusatz „Nord“, beziehungsweise „Süd“. Die Insel Helgoland liegt auf 54° (Grad) 11’ (Bogenminuten = $^{11}/_{60}$ Grad) nördlicher Breite, das heißt, sie ist um dieses Winkelmaß vom Äquator entfernt.
Die geographische Länge rechnet man seit 1888 vom Greenwich-Meridian um 180° nach Osten und Westen. Vorher hatte jeder Staat, der etwas auf sich hielt, seinen eigenen Meridian. Frankreich rechnete nach dem von Paris, Spanien nach dem Meridian der Kanareninsel Hierro, die als Ferro auch in den deutschen Atlanten des 19. Jahrhunderts erscheint.
Helgoland liegt auf 7° 53’ östlicher Länge von Greenwich. Durch den Schnittpunkt von Länge und Breite ist jeder Ort auf der Erde eindeutig bestimmt.

Der Polarstern und die Sonne nützliche Helfer

Auf hoher See benutzt man zur Bestimmung der geographischen Breite des Schiffsortes die Eigenschaft der Gestirne, daß sie einem Beobachter auf verschiedenen Breitengraden unter Höhenwinkeln (Winkel zwischen Horizont und Stern) erscheinen, die mit dem Breitengrad des Beobachtungsortes in rechnerisch genau festzustellender Beziehung stehen. Besonders einfach liegen diese Zusammenhänge beim Polarstern. Sein Höhenwinkel stimmt mit dem geographischen Breitengrad des Beobachtungsplatzes ungefähr überein. Das heißt also, man sieht

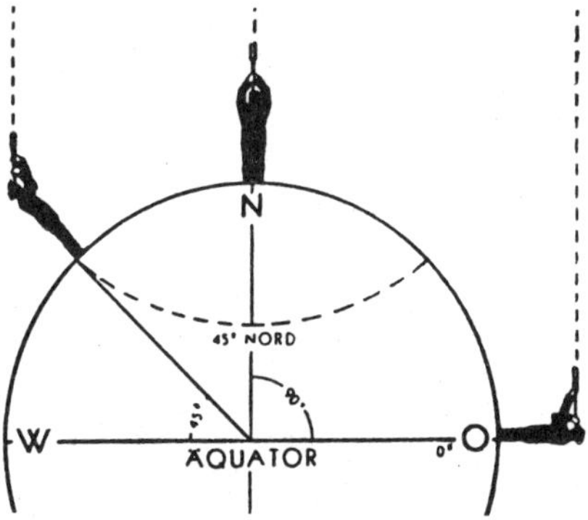

Breitenbestimmung nach der Winkelhöhe des Polarsterns über dem Horizont

den Polarstern am Nordpol (Breite 90°) auch etwa 90° über dem Horizont, also senkrecht über sich, und auf Helgoland (Breite 54°) 54° über dem Gesichtskreis, während er am Äquator (Breite 0°) gerade im Horizont verschwindet.

Unser Kapitän, hier in übernatürlicher Größe zur Erde gezeichnet, muß am Pol den Kopf weit zurückwerfen, um den „Drehstern" unseres Himmelsgewölbes in sein Fernrohr zu bekommen. In Kairo steckt er die Nase kühn unter 30 Grad in die Luft, und am Kongo peilt er ohne jede Anstrengung sinnig „geradeaus".

Die Bestimmung der Breite aus der Höhe des Polarsternes war schon den antiken Völkern bekannt. Verbessert hat sich lediglich die Feinheit der Beobachtung an Bord. Hier kann man wegen der „ewigen Unruhe" kein Stativgerät benutzen wie die Landmesser, sondern nur ein Handgerät, mit dem man roll- und Schlingerbewegungen ausgleichen kann. Bis zum 18. Jahrhundert behalf man sich mit dem sogenannten Jakobstab, einer Langleiste, auf dem ein Querholz verschiebbar angebracht war. Erst 1731 erfand John Hadley das Winkelspiegelgerät, den Sextanten. Neben dem oben angebrachten Drehspiegel ist der feste Halbspiegel sein wesentlicher Teil. Er wurde in Vorderansicht noch einmal besonders herausgezeichnet. Im Fern-

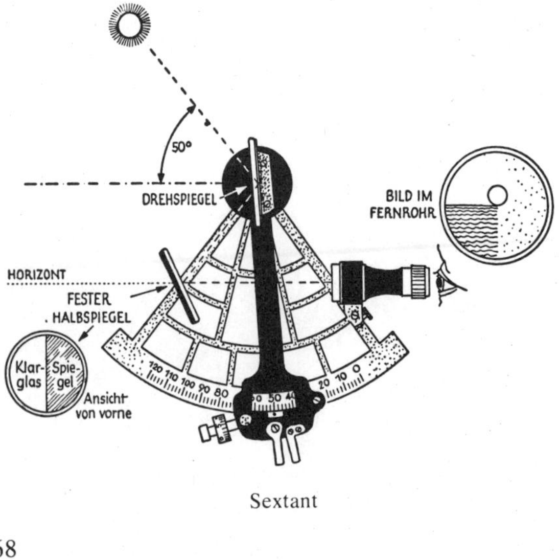

Sextant

rohr kann man gleichzeitig durch das „Klarglas“ nach dem Horizont und über die spiegelnde Hälfte und den Drehspiegel nach einem Gestirn „schielen“, dessen Winkel über dem Horizont gemessen werden soll. Der Winkel ist bestimmt, wenn das Gestirn – gewissermaßen vom Himmel heruntergeholt – den Horizont berührt, wie es die rechte Sonderzeichnung darstellt. Neuzeitliche Sextanten messen Winkel bis auf eine Bogenminute genau. Zehntelminuten lassen sich schätzen.
Auch aus der Sonnenhöhe in der genauen Mittagszeit lassen sich Schlüsse auf die geographische Breite ziehen, nur liegen die Verhältnisse hier umgekehrt wie beim Polarstern. Am Äquator – Breite 0° – muß man den Kopf um 90° heben, und am Pol – Breite 90° – kann man gemächlich mit Nasenhöhe 0° arbeiten, wenn man in die Mittagssonne blinzeln will. Die beobachtete Sonnenhöhe von einem rechten Winkel abgezogen ergibt deshalb die Breite. Allerdings gilt dies nur für Frühlings- und Herbstanfang, die Zeit der Tagundnachtgleiche. An anderen Tagen muß man im Sommerhalbjahr das Plus an Sonnenhöhe abziehen und im Winter das Minus zuzählen. Den Winkelbetrag für diese „*Abweichung*“ der Sonne kann man für jede Stunde eines Kalendertages dem „Nautischen Jahrbuch“ entnehmen.
Hier ein Rechenexempel mit abgerundeten Zahlen. Ort Biskaya. Zeit 28. Mei 1966. Beobachteter höchster Sonnenstand 70°. Die Abweichung, die sommerliche „Überhöhung“ der Sonne, war an diesem Tage um die Mittagsstunde 21°.

Sonnenhöhe	70°
subtrahiert die Abweichung	21°
ergibt	49°

Dieser Winkel von 90° abgezogen liefert uns die Breite mit 41° Nord.

Das schwierige Längenproblem

Die Grundlage der Ermittlung der geographischen Länge des Schiffsortes bildet ein Vergleich der sehr „privaten“ Schiffszeit, die sich fortwährend mit der Fahrt nach Westen oder nach Osten verändert, mit der Uhrzeit des Nullmeridians, d. h. der Sternwarte von Greenwich. Wir haben in Deutschland wie alle Kulturstaaten aus praktischen Gründen eine sogenannte „Zonenzeit“, die genaugenommen nur für die auf dem 15. Längengrad liegenden Orte wie Stargard und Görlitz stimmt. Auch in Düsseldorf sagen wir: „Es ist zwölf Uhr“, obleich die Sonne erst in Görlitz ihren höchsten Stand erreicht hat. Am Rhein tritt dieses astronomische Ereignis gut eine halbe Stunde später ein. – Diese Zonenzeit machen die Seeleute auf der Kommandobrücke nicht mit, sondern richten sich wie zu Goethes Zeiten nach der Sonnenuhr der einzelnen Dörfer.

Für die rechnerische Bestimmung der geographischen Länge ist die einfache Überlegung maßgebend, daß jeder Punkt der Erde sich in vierundzwanzig Stunden einmal um die Erdachse, das heißt um 360°, dreht. Demnach entspricht einem Zeitunterschied von einer Stunde eine Längengraddifferenz von 360:24 = 15°.

Nach dieser Formel läßt sich also ein Zeitunterschied leicht in Längendifferenz verwandeln. Voraussetzung für die Anwendung dieser Methode war die Schaffung einer genau gehenden, den harten Beanspruchungen an Bord gewachsenen Uhr, welche die Greenwichzeit gewissermaßen konserviert. Entgegen den Voraussagen aller Gelehrten gelang dem Engländer Harrison im Jahre 1764 die Konstruktion eines solchen Zeitmessers. Er bekam dafür einen Staatspreis von 10 000 £ Im Hinblick auf die damalige Kaufkraft des Geldes verblassen hiergegen selbst die größten Lottogewinne der Neuzeit. – Leider muß der Chronist melden, daß Mr. Harrison hart um sein Recht kämpfen mußte und zunächst um die Hälfte des Preises betrogen wurde. Das englische Parlament hatte nämlich 20 000 £ ausgesetzt. Der Rest dieses Betrages wurde Harrison erst nach harten Kämpfen und auf Intervention des Parlaments zuerkannt. Im Preisgericht saßen ausschließlich Gelehrte, die sich scharf gegen den „Unsinn“ der Uhrenmethode ausgesprochen hatten. Sie waren für reine Mathematik und wollten wenigstens einen Teil der Summe für einen Fachgenossen retten. Hierzu gehörte der deutsche Naturwissenschaftler Tobias Mayer.

Tobias Mayer meldet sich

Im Jahre 1755 lief bei der englischen Admiralität ein Antrag auf Auszahlung des Preises aus Deutschland ein, dem ein dickleibiger Band beigegeben war. Der Briefschreiber hieß Tobias Mayer. Er war 1723 in Marbach am Neckar geboren und wirkte nach seinem Studium als Professor der Astronomie an der Georg-August-Universität zu

Göttingen. Er galt als eine Leuchte der Mondkunde, weil er eine Karte des Satelliten entworfen und auch den Nachweis über das Fehlen einer Atmosphäre auf unserem Trabanten geliefert hatte. Mayer wollte den Mond, der sich ja mit erheblicher Eigengeschwindigkeit über das Firmament bewegt, als Uhr benutzen, ein Gedanke, den schon vor 250 Jahren der Astronom und Mathematiker Johannes Werner, Pfarrer zu St. Johannis in Nürnberg, geäußert hatte. Nach genauer Überprüfung des Mayerschen Verfahrens in der königlichen Sternwarte zu Greenwich und an Bord von Schiffen sprach das englische Parlament im Jahre 1765 dem Gelehrten seine Anerkennung aus. Leider war Tobias Mayer schon drei Jahre vorher gestorben; seiner Witwe wurde zu ihrer freudigen Überraschung ein Betrag von 3000 Pfund Sterling überreicht. Von den Zinsen dieser Summe konnte man derzeit sorgenfrei und standesgemäß leben. Mayers Verfahren wurde später zur Chronometerkontrolle auf See bis zur Wende des Jahrhunderts benutzt. Für die praktische Längenbestimmung hat es keine Bedeutung erlangt.

Sonnenuhr und Taschenuhr

Auf einer Fahrt durch die Sahara ist die geographische Länge einfach zu bestimmen, wenn man im Besitz einer genau gehenden Uhr und einer Sonnenuhr ist. Man stellt die Sonnenuhr auf und liest die Differenz zwischen Greenwich- und Sonnenuhrzeit ab. Dann rechnet man um:

Sonnenuhr und Taschenuhr

1 Stunde Zeitunterschied gleich 15 Längengrade. In unserem Bildbeispiel zeigt der Chronometer auf 16.00 Uhr, der Schattenstab aber weist auf 13.30 Uhr. Zeitunterschied demnach 2 Stunden 30 Minuten oder 2½ Stunden; demnach beträgt die Längendifferenz 2,5x15 = 37,5° oder 37° 30'. In diesem Fall westlich von Greenwich, denn es ist in London bereits Nachmittag, und sie trinken Tee, während an Bord in der Messe gerade das zum Mittagessen benutzte Geschirr abgeräumt wird. – Leider ist die Sonnenuhr wegen der Schiffsbewegungen nicht „seeverbunden", aber der Sextant springt, besser helfend, in die Bresche.
In der Bordpraxis rechnet man heute Länge und Breite nicht mehr getrennt, sondern macht eine „Kreuzpeilung" nach zwei „himmlischen Leuchtfeuern", das heißt nach zwei Sternen. Hierbei ist der Chronometer auch unerläßlich.

Funkpeilung

Seit dem 1. Weltkrieg ist der Schiffahrt in den Radiowellen ein freundlicher Helfer entstanden. Seither braucht man sich bei unsichtigem Wetter nicht mehr durchzutasten, sondern man kann die wichtigsten Ansteuerungsfeuer auch elektro-akustisch peilen. Die bekannte Rah-

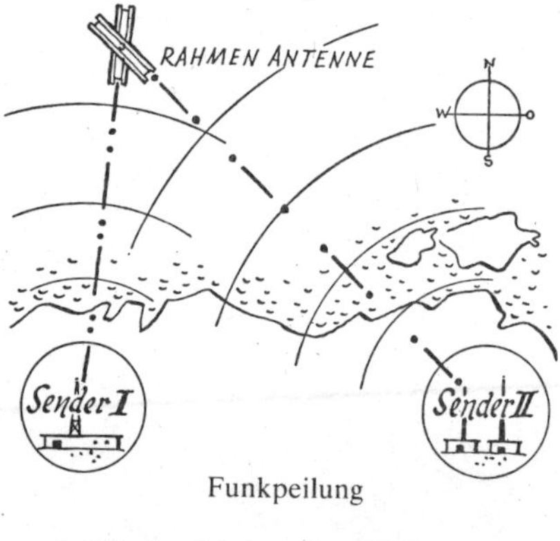

Funkpeilung

menantenne ist für hochfrequente Wellen dasselbe wie die Visiereinrichtung des Kompasses. Man hört nämlich die Morsezeichen von Sendern dann am lautesten, wenn die Rahmenebene genau auf den Sender weist. Versieht man die Rahmenantenne mit einer Gradscheibe, gewinnt man auf diese Art genau wie bei der optischen Kreuzpeilung eine Standlinie. Die zweite liefert ein anderes *Funkfeuer* – meistens ein Feuerschiff oder ein Leuchtturm –, das ein unterschiedliches Morsezeichen als Kennung ausstrahlt. Beide Peilstrahlen nacheinander mit ihrem Winkelwert in der Seekartenrose aufgesucht und parallel durch die angehorchten Funkfeuer verschoben, ergeben wieder das berühmte Kreuz und damit den Schiffsort (siehe Seite 165).

Ein medizinisch vorgebildeter Kunsthistoriker will zum Nordpol . . .

Wir dürfen mit hoher Wahrscheinlichkeit annehmen, daß der am Gymnasium in Zweibrücken wirkende Mathematikprofessor Anschütz höchst ungehalten war, als sein Sohn Hermann ihm nach gut bestandenem Physikum mitteilte, daß ihm das Studium der Medizin nicht zusage und daß er lieber Kunstgeschichte studieren wolle. Diesen Floh hatte ihm sein Onkel Kaempfe ins Ohr gesetzt, der über Kunstgeschichte in Salzburg dozierte. Der gehörte zu den reichen Leuten der Stadt und freute sich über den aufgeweckten begeisterungsfähigen Neffen, weil er selbst keine Kinder hatte. Onkel Kaempfe verschaffte Anschütz die Möglichkeit, sich überall in Europa umzusehen, wo gute Bilder hingen oder bemerkenswerte Plastiken standen, und Hermann Anschütz studierte mit Erfolg. Kurz vor der Jahrhundertwende promovierte er mit einer Dissertation „Über die venetianischen Maler des 16. Jahrhunderts“ zum Dr. phil. Vorher hatte der Onkel den jungen Kunstgelehrten adoptiert, der daraufhin einen Doppelnamen führte. Als Dr. Kaempfe nach einem erfüllten Leben starb, war Anschütz plötzlich ein wohlhabender Mann, der, wie man an der Küste sagt, „sein Geld leben konnte“. Dies hat er auch eine Zeitlang, von fröhlichen Freunden unterstützt, auf eine vergnügliche Art getan, bis er eines Tages dem österreichischen Polarforscher von Payer begegnete. Dieser wußte die in Anschütz wirkende naturwissenschaftliche Komponente seines Geistes wieder zu wecken und ihn für die Polarforschung zu begeistern. Anschütz hat sich daraufhin in Spitzbergen und auf Franz-Josephs-Land mit der praktischen Seite des Problems vertraut gemacht und kam zu diesem Ergebnis: „Das Packeis läßt sich nicht mit der Methode der Infanterie, sondern nur mit Hilfe des U-Bootes überwinden, indem man von Wake zu Wake – den offenen Stellen im Polarmeer – nordwärts schippert.“

. . . und erfindet den Kreiselkompaß

Beim Studium der technischen Voraussetzungen ergab sich, daß der Magnetkompaß, an Bord stählerner Schiffe frei aufgestellt, schon kein unbedingt zuverlässiger Richtungszeiger ist, im geschlossenen „Stahkörper" des Unterwasserschiffes noch „charakterloser" wird. Deshalb wurde das sekundäre Problem zunächst, und zwar mit Energie, angepackt. Fußend auf Pendelversuchen des berühmten französischen Physikers Foucauld, entwickelte Anschütz in

Prinzip des Kreiselkompasses

München zunächst ein Kreiselgerät, dessen Achse für eine gewisse Zeit eine einmal eingestellte Richtung beibehält. Im Jahre 1903 wurden auf dem Starnberger See die ersten praktischen Erprobungen erfolgreich durchgeführt. 1904 ist Anschütz in Kiel und macht zunächst Versuche auf der Förde, dann mit dem Kreuzer „Undine" auf der Ostsee. Ergebnis: Das richtunghaltende Gerät genügt nicht; gebraucht wird ein mechanischer Apparat, der nicht eine eingestellte Richtung hält, sondern wie die Magnetnadel eine Bezugsrichtung von selbst aufsucht. Hierzu ist der Kreisel – wie Foucauld auch theoretisch gezeigt hatte – ebenfalls geeignet. Seine Achse – hohe Drehzahl und „Gesichtigkeit" vorausgesetzt – stellt sich ebenfalls in die Nordrichtung, und zwar in die „genaue", die rechtweisende Nordrichtung, ein. Die Versuche werden jetzt in Kiel betrieben, wo besserer Kontakt zur sehr interessierten Marine möglich ist. Im September 1907 ist der Anschützsche Kompaß fertig und wird auf Linienschiff „Deutschland" vier Wochen lang erprobt. Die ersten Bestellungen von der Marine gehen ein, und ein eigenes Werk wird gegründet.

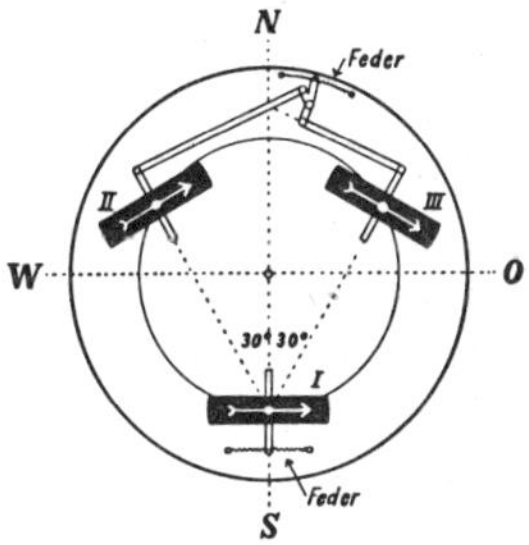

Prinzip des Dreikreiselkompasses

Die Erfahrungsberichte aber besagen schließlich: Bei Seegang zeigen sich bedeutende Fehlweisungen an dem neuen Gerät. Jetzt stürzt sich der ganze Mitarbeiterkreis auf dieses Problem, und Anschütz' Vetter, Dr.-Ing. Schuler, findet die Lösung in einem Dreikreiselsystem, das alle sich durch die Schiffsbewegungen ergebenden Abweichungen bis auf einen unbedeutenden Restfehler ausgleicht. Im Jahre 1911 ist der Kreiselkompaß als zuverlässiger und der mißweisenden Magnetnadel vielfach überlegener Richtungsweiser „fertig".

Mutter und Tochter

Die Leute von der Handelsmarine wollten in ihrer traditionellen Gebundenheit natürlich nichts von dieser Kompaßmaschine wissen. Sie waren dagegen, strikt dagegen, mit Ausnahme von Albert Ballin, Generaldirektor der Hamburg-Amerika-Linie; der ließ vor dem ersten Kriege die Hapag-Riesen „Imperator" und „Vaterland" mit dem Anschütz-Kreisel ausrüsten. Dessen „zivile" Erfolge sprachen sich herum, und als nach dem ersten Weltkrieg, der den Verlust der ganzen Überseeflotte im Gefolge hatte, die ersten neuen Passagierdampfer vom Stapel laufen, findet der Kreisel in zunehmendem Umfange Verwendung an Bord von Handelsschiffen. Ich vergesse nie die Begeisterung meines Vaters, als er nach einem Anschütz-Lehrgang nach New York „kreiselte", sozusagen wie „Schalke null vier". Auch ich machte große Augen, als er mir die Anlage vorführte, weil der eigentliche Kompaß nicht auf der Brücke, sondern unten bei den „Brüdern in Zechen und Gruben" stand. Dort sauste die „Dreieinigkeit" mit 20 000 Umgängen pro Minute um ihre Achsen und stiftete rechtweisenden Segen. Die Apparatur „unter Tage" nannte

Anschütz „Mutterkompaß"; von hier aus konnte man nämlich durch elektrische Übertragung überall im Schiff wohlerzogene „Töchter" im Stile der Mutter richtungweisend arbeiten lassen.
Ich habe einmal eine „Anschütz-Tochter" an der Kojenwand des Kapitäns „Wenn-man-nicht-alles-selbst-macht" gesehen. Das war Vorwegnahme der Zeithetze: Der „Alte" sagte, diese Bettgenossin wirke beruhigend in schlaflosen Nächten. Er kannte seine alten „Jugendsünden" bis in jede farbliche und zeichnerische Nuance: die Tätowierungen nämlich, die ihm Li San Pu in Shanghai als Leichtmatrose verpaßt hatte, als sie von einer beschwingenden soziologischen Studienfahrt durch die Stadt an Bord der „Ellen Rickmers" zurückkehrten. Mit Betrachtung dieser „Kunstwerke" hatte er sich bis dahin die schlaflosen Stunden vertrieben.

Die Kurse werden aufgeschrieben

Das zweite Wunder von „Mutter" und „Tochter" war der Kursschreiber. Der Kreisel kann nämlich auch die gesteuerten Kurse aufzeichnen, und der Kapitän „Wennmannicht" konnte jeden Morgen dokumentarisch feststellen, wenn der Wachoffizier bei Ausweichmanövern sein Schiff „um den ganzen Kompaß gedreht" hatte, damit er und es auch sicher klarfahre.

Der „Eiserne Mann"

Schließlich wurde auch noch das Selbststeuer geboren. Nachdem die Richtungsanzeige von Mutter und Tochter elektrisch erfolgte, konnte man auch eine Apparatur herstellen, die das Schiff automatisch steuerte. Man braucht nur am „Eisernen Mann", wie Hein Mück die Maschinerie nennt, den Kurs zwischen zwei Kontakten einzustellen, und dann schnurrt der mechanische Rudergänger ebenso wie die Anschütz-Mutter im Schiffsbauch. Tolle Sache damals! Heute ist dieses Wunder selbstverständlich geworden, dennoch steht der „Eiserne" auch jetzt noch im Mittelpunkt jeder Brückenbesichtigung.
Natürlich haben die anderen auch Kreisel gebaut, beispielsweise der Amerikaner Elmer Ambrose Sperry. Soviel ich weiß, war er 1926 fertig. Ich will keinen Prioritätsstreit aufrühren, möchte aber einen Satz aus einem fröhlichen amerikanischen Buch (Woon, „Frantic Atlantic") nicht unterschlagen: „Gyro Compasses have now been adopted

by every navy, except the German." – „Alle Flotten, mit Ausnahme der deutschen, haben den Kreiselkompaß eingeführt." Diese Meinung macht das so amüsant geschriebene Buch noch amüsanter.
Im Jahre 1924 oder so forderte ein Ruderverein vom Oberrhein eine Offerte für Kreiselkompasse bei Anschütz an. Man wollte rheinabwärts an die Küste fahren und neuzeitlich navigieren. Diese Anfrage erregte seinerzeit Heiterkeitsausbrüche an der Küste.

Die kleine Tragik

Was aber Dr. Hermann Anschütz-Kaempfe anbelangt, so endete die glanzvolle Entwicklung aus der Sicht des Urproblems ein wenig tragisch. Er hatte den Kreiselkompaß entwickelt, um zum Pol der Erde fahren zu können. Ich weiß nicht, ob er laut aufgestöhnt hat, als er erkennen mußte, daß sein Richtungsweiser in hohen polaren Breiten nicht funktioniert, nicht wirken kann. Eins ist sicher, Anschütz hat diesen Fehlschlag überwunden. – Sein Werk in Kiel aber wurde in eine wissenschaftliche Stiftung verwandelt und dem Zeiss-Unternehmen angegliedert. Anschütz war von innen und außen ein „nobler" Mann. Jede deutsche Seestadt sollte eine Straße seines Namens haben.

Auch Behm, der Erfinder des Echolotes, wollte zunächst „höher hinaus"

Das Leben des Physikers Behm ist nicht so farbig wie das von Anschütz, es sei denn, daß man sein Praktikantenjahr bei einem Büchsenmacher – Donnerbüchsenmacher – in Hadersleben zur Vorbereitung für das Studium an der Technischen Hochschule in Karlsruhe als seltsam hervorheben mag. Er konnte übrigens später seine Kenntnisse in der Ballistik bei Erprobung seiner ersten Geräte verwerten; in der Frühzeit der Entwicklung wurde noch richtig geknallt.
Alexander Behm, von Geburt ein Mecklenburger, hat ohne Abschluß seines Studiums zunächst als Assistent am Physikalischen Institut in Karlsruhe gewirkt, bevor er nach Kiel übersiedelte, um eine großartige Idee zu verwirklichen. Die fürchterliche „Titanic"-Katastrophe vom Jahre 1912 hatte ihn angeregt, sich Gedanken über ein Eisbergwarngerät zu machen. Wie Anschütz hatte auch Behm sich zunächst eine größere Aufgabe gestellt und übrigens auch, einer Einla-

dung von Anschütz folgend, in dessen Laboratorium experimentiert. Behm wollte in Kursrichtung von Schiffen, die im Sommer die große grönländische Eisbergstraße des Atlantik kreuzen müssen, Schalldruckwellen ausstrahlen. Diese mußten von den mit $^9/_{10}$ ihres Volumens eintauchenden Eisbergen reflektiert und an Bord aufgenommen werden können. Aus der Zeit zwischen Absendung des Schallimpulses und Ankunft des Echos mußte eine Entfernungsbestimmung des gefährlichen Schiffahrtshindernisses möglich sein. Man hatte nämlich schon kurz nach der Jahrhundertwende ausgezeichnete Erfahrungen mit Unterwasserschallsignalen gemacht, die als Glockentöne von Leuchtschiffen gesendet wurden.

Das Echo-Prinzip

Behm wollte also praktisch das alte Kinderspiel auswerten, das uns früher während der Ferien im Südharz bereits Freude gemacht hatte: „Huhu" gegen eine Steilwand rufen und die Rückkehr des Schalles mit der Stoppuhr messen. Die Zahl der Sekunden X 331 m gab dann den Weg für „Hin- und Rückfahrkarte" und die Teilung des Ergebnisses durch 2 die Strecke für die einfache „Fahrt" des Schalles. Genauso sieht auch die Behm-Formel aus, nur hat es der Schall im Wasser eiliger. Seine „Mauer" liegt bei 1500 m, und dies macht die Zeitmessung schwieriger als im Südharz. Wir konnten mit unserer Sportstoppuhr ($^1/_{10}$-Sekunden-Teilung) Entfernungsbestimmungen mit einer Genauigkeit von etwa 16,5 m vornehmen. Im Wasser erweitert sich der Grenzwert auf rund 75 m, und diese Größe ist etwas zu „happig". Übrigens „haute" die Sache mit der Eisbergwarnung nicht „hin". Gletscherkälber sind nämlich wie ihre Mütter voller nervöser Spannung und haben Freude am Lärm. Es knackt an allen Ecken und Enden, und deshalb war es schwierig, Echos vom „Krach im Hinterhaus" zu unterscheiden. „Glücklicherweise" dürfen wir heute sagen, ansonsten wäre Alexander Behm möglicherweise nicht auf den Gedanken gekommen, seine Schallstrahlen gegen den Meeresboden zu schießen und das Echolot zu konstruieren, das sich nun zu einem wahren Segen für unsere seefahrenden Brüder entwickelt hat. Denn immer noch bildet der Lotwurf wie zu den Zeiten des Odysseus – Patent etwa „A III", *Kapitän auf kleiner Fahrt* – das A und O jeglicher Navigation. Jede Lotung ist aber mit Unlustgefühlen verbunden, weil ein 200-m-Lot immerhin 10 kg wiegt. Außerdem verliert man Zeit, weil die Fahrt des Schiffes vermindert werden muß. Beides vermeidet das Echolot: Man drückt einen Knopf, und man weiß, weiß *laufend*, wieviel Wasser man unter dem Kiel hat.

Es begann in einem Aquarium

Die ersten Versuche machte Alexander Behm übrigens in einem Zimmeraquarium von den üblichen bescheidenen Abmessungen. Es gelang ihm in diesem Gefäß erstmalig, Schalldruckwellen im Wasser zu photographieren und ihre Eignung für sehr exakte Messungen nachzuweisen. Wie gesagt, die Formel ist einfach, die Schwierigkeiten liegen in der Zeitbestimmung. Behm half sich zunächst mit dem alten Trick der Physiklehrer: Er arbeitete mit den Schwingungen einer Stimmgabel, ein Verfahren, das uns noch vom Gesetz des freien Falles in scheußlichster Erinnerung ist. Er bekam mit der schwingenden Stimmgabel ausgezeichnete Resultate. Für die Bordpraxis war die Methode allerdings zu umständlich. Sie wurde im Laufe der Zeit durch ein mechanisches Verfahren ersetzt. Gleichzeitig bemühte man sich auch um „Lärmbekämpfung“. Behm hatte zunächst mit Knalleffekten gearbeitet, dann aber halfen die Radioleute, deren Verstärker auch Hammerschläge wahrnehmbar machten. Heute ist auch diese Methode bereits überholt: Man arbeitet mit Tönen, die für das menschliche Ohr nicht mehr wahrnehmbar sind; deren Druckwellen lassen sich schärfer „bündeln“.

Großartige Erfolge der Ozeanographen

Die Nutznießer des Echolotes waren zunächst die Meeresforscher. Das deutsche Forschungsschiff „Meteor“ der Reichsmarine, das in den Jahren 1925–1927 siebenmal den Südatlantik überquerte, brachte 64 000 Echolotungen nach Hause. Bislang hatte es in diesem Seegebiet nur rund 3000 Drahtlotungen gegeben. Unsere Kenntnis von der Bodengestalt der Ozeane wurde durch das Echolot in unvorstellbarem Maße vergrößert, und Alexander Behm erhielt im Jahre 1928 die Würde eines Dr. h. c. der Christian-Albrechts-Universität zu Kiel. Seltsamerweise waren es die Mediziner, die sich zu dieser Ehrung entschlossen, *nicht* die Naturwissenschaftler, die *eigentlichen* Kollegen. Die hielten nichts von Behms Ideen, und außerdem hatte er kein Examens-Diplom erworben. Seit der Bewährung auf der „Meteor“ hat die Idee der Echolotung ihren

Siegeszug durch alle sieben Weltmeere angetreten. Die Weiterentwicklung des Echolots zu seiner jetzigen Vollkommenheit ist das Ergebnis internationaler Forschung.

Fische werden angelotet

Beim Auslaufen der „Meteor" standen den Wissenschaftlern bereits zwei Typen von Echoloten zur Verfügung: das Behmsche und der von den Atlas-Werken in Bremen entwickelte Typ. Wie bereits oben erwähnt, arbeitet man heute mit Tönen, die außerhalb des menschlichen Wahrnehmungsbereiches liegen. Das Wasser erbebt durch diese zarten Wellen in verhältnismäßig starken, und zwar scharf gerichteten Impulsen. Selbst Fische zählen zu den „Betroffenen", und wenn man durch die Auktionshallen unserer vier Fischereihäfen geht und verstände wie Christian Morgenstern etwas von der Sprache der Fische, so könnte man sicher erfahren, daß Behm und „Atlas" nicht zu ihren Freunden zählen. Sie haben den Fischen das Leben richtig schwer gemacht, weil man sie jetzt „anloten" kann. Für Kabeljaus und Heringe ist Behm zum Symbol einer neuen Zeiteinteilung geworden. „Vor Behm", „nach Behm" sagen die Dorschmütter ihren Kindern. Das ist in die Menschensprache übertragen so etwa wie „vor und nach Hiroshima".

Die Wirkungsweise des Echolotes

Fußend auf der Idee Dr. Behms, sind verschiedene Echolote entwickelt worden. Wir haben hier das Prinzipschema der Atlas-Werke abgebildet, weil seine Wirkungsweise uns am besten verständlich erscheint. Ein „genaugehender" Elektromotor treibt über zwei Zahnräder eine Welle. Auf dieser sind ein Nockenrad und ein Blechstreifen aufgesetzt. Der Blechstreifen trägt als Zeiger ein Neonröhrchen, das vor der feststehenden ringförmigen Tiefenskala rotiert. Jetzt geht's in Gedanken los. Der Motor wird eingeschaltet und dreht die Neonröhre wie einen Uhrzeiger, nur höllisch schnell, nämlich siebeneinhalbmal in einer Sekunde. Sowie der Zeiger durch die Null-Linie geht (siehe die umstehende Zeichnung: Pfeil „Neonzeiger") leuchtet die Röhre kurz auf; gleichzeitig drückt der „Nock" der Welle auf den „Klingelknopf". In demselben Augenblick gibt es im Sender ganz kurze unhörbare „Musik". Während die Neonröhre sich weiter dreht, stürzt sich ein „Atonaler" mit einer Geschwindigkeit von 1500 Meter in der Sekunde durch das Wasser auf den Grund, wendet wie ein Olympiakämpfer im

Schwimmbecken, schießt wieder nach oben und klatscht gegen den Emfpänger. Dieser Schlag verwandelt sich in einen Stromstoß, der im „Radiogerät" eine ordentliche „Stärkung" mit auf den weiteren Weg bekommt. Mit den bekannten Kniffen der Rundfunkleute – Spule/Kondensator/Spule – erreicht der Impuls zwei auf der Rückseite der Blechscheibe angebrachte Schleifringe (punktiert gezeichnet) und bringt von hier aus die Neonröhre zu kurzem Erröten. Dies möge auf ihrer Karussellfahrt gerade in dem Augenblick erfolgen, wenn der Zeiger die halbe Kreisbahn zurückgelegt hat. Bei einem Lot mit „Tiefenwirkung" 100 m stehen hier 50 m angeschrieben. – Heutzutage gibt es kaum noch Schiffe ohne Echolot. Selbst der Lotschreiber, der die gemessenen Tiefen wie ein Barograph laufend aufzeichnet, ist schon zu einer Selbstverständlichkeit geworden. Fischdampfer besitzen meistens zwei Echolote. Mit dem zweiten Gerät gehen sie den Fischen zu Leibe, und dieser Apparat heißt dann „Fischlupe" oder ähnlich.

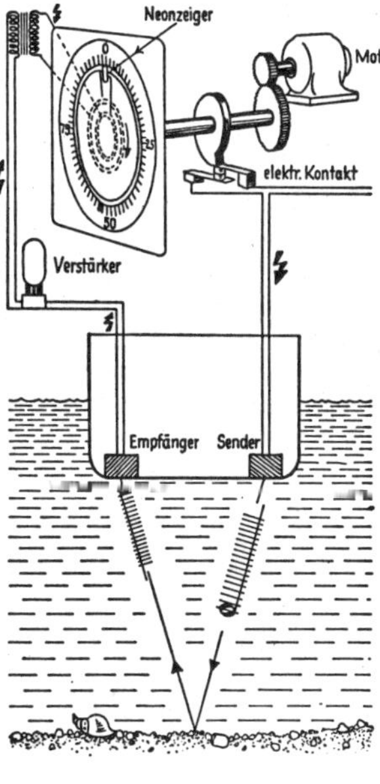

Echolot

Das Wunder des Radars

Der zweite Weltkrieg mit seiner auf Vernichtung eingestelltcn intensiven Forschungstätigkeit schenkte den Nautikern ein neues Navigationsgerät, das unter der amerikanischen Stummelbezeichnung „RADAR“ allgemein bekannt geworden ist. Die Wurzeln dieser Wortschöpfung sind: Radio Direction And Range, das heißt Radio, Richtung und Entfernung. In Deutschland sagte man „Funkmessung“, in Großbritannien „Radio Location“, also Ortsbestimmung durch Radiowellen.

Das Radargerät arbeitet nach dem Prinzip des Echoverfahrens. Von einem Sender wird ein durch „Spiegel“ gebündelter Impuls elektrischer Kurzwellen ausgestrahlt; dieser trifft ein Ziel, Flugzeug oder Schiff, wird reflektiert und in verminderter Stärke einem „Fernsehempfänger“ zugeleitet, auf dessen Röhre der Impuls sich über einer geeichten Skala durch ein Lichtzeichen bemerkbar macht. Die Zeit zwischen Ausstrahlung und Empfang des Impulses wird gemessen; das Ergebnis, mit der Geschwindigkeit der Radiowellen multipliziert und durch zwei dividiert, liefert die Entfernung Radar–Ziel. – Da elektrische Wellen sich mit einer Geschwindigkeit von etwa 300 000 Kilometern in der Sekunde bewegen, kann das Zeitmeßproblem nicht mit Hilfe mechanischer Uhren gelöst werden. Als Stoppuhr bietet sich aber in vollendeter Form die Röhre des Fernsehgerätes an. Jener Elektronenstrahl, der mit blitzartiger Geschwindigkeit über den Leuchtschirm fährt und uns das Bild, bald stärker, bald schwächer leuchtend, „malt“, wird auch mit der Zeitmessung fertig. Dieser leuchtende Punkt besitzt eine faszinierende Geschwindigkeit: Er hat die Strecke um den Äquator, also 40 000 Kilometer, zurückgelegt, wenn man sich eine Stunde über das Programm des heimischen Senders gefreut beziehungsweise geärgert hat. Der „rasende“ Strahl, der in der Sekunde seine Richtung 40 000mal ändert, wirkt als Zifferblatt der „Radaruhr“. Für ihn ist übrigens die Sekunde dasselbe wie für die Eintagsfliege der Zeitabschnitt von 24 Stunden, quasi eine sogenannte „Ewigkeit“. Deswegen haben sich die Radarleute auch ein neues Zeitmaß anschaffen müssen, die Mikrosekunde. Sie entspricht der millionstel Sekunde bürgerlicher Zeit. Für unser erdgebundenes Denken ist eine Mikrosekunde kaum vorstellbar. Ein Auto, das mit 125 „Sachen“ über die Autobahn braust, legt in einer Mikrosekunde rund $^{3}/_{1000}$ Millimeter zurück. Zum Vergleich sei angeführt, daß das feinste Haar eines echt blonden Mädchens etwa $^{5}/_{100}$ Millimeter mißt.

Das Problem der Funkmessung lag bei Ausbruch des Krieges in der Luft. In Deutschland waren im August 1939 einige wenige Versuchsgeräte frontreif geworden, und die Bandproduktion konnte beginnen. In einem militärischen Lehrgang bekam der Verfasser zu hören, daß Deutschland auf diesem Gebiet am weitesten fortgeschritten gewesen sei. Die Briten behaupten in ihrer Literatur das gleiche von sich. Nach der Primitivität der englischen Beutegeräte aus dem Westfeldzug zu urteilen, möchte der Verfasser den deutschen Konstrukteuren die „Goldmedaille" wenigstens bis zum Jahre 1940 zuerkennen. Dann aber liefen uns die Alliierten davon. Einmal konnten sie zur Lösung des Problems mehr Physiker ansetzen, und zum anderen nahmen sie die ganze deutsche Entwicklung gewissermaßen „en passant" noch mit. Nach dem Überfall auf Norwegen holte ein britischer Kommandotrupp ein deutsches Gerät auf einer Insel im Lofotgebiet „ab", und 1943 wiederholte sich diese Radarkaperei noch einmal am Kap d'Antifer bei Le Havre, wo die neuesten deutschen Gerätetypen auf engem Raum beieinanderstanden. Hier sprang ein Bataillon britischer Fallschirmjäger während der Nacht ab, machte die kleine Besatzung der Meßstelle nieder und fuhr nach Demontage der wichtigsten neuen „Bausteine" mit Motorbooten wieder ab. Nur zwei englische Soldaten gerieten in deutsche Gefangenschaft; sie hatten das letzte Boot verpaßt.

Damals hatten die Alliierten schon das Radar entwickelt, das ein maßstabsgerechtes Bild der Landschaft auf dem Leuchtschirm lieferte und Flugverbänden auch Angriffe ohne Erdsicht gestattete. Dieses Gerät – das große Geheimnis des Krieges – ist heute zu einer Selbstverständlichkeit selbst an Bord kleiner Einheiten wie Schlepper und Fährschiffe in nebelreichen Gewässern geworden. Das Radar hat sich als ein ausgezeichnetes Navigationsgerät bewährt, vorausgesetzt, daß der Beobachter Radarbilder zu lesen versteht. Sie unterscheiden sich nämlich nicht unerheblich von den optisch unmittelbar wahrgenommenen Landschafts- beziehungsweise Seebildern, und deshalb kommen gelegentlich auch Kollisionen im Nebel zwischen solchen Schiffen vor, die beide mit Radargerät ausgestattet sind.

Neue Hilfe durch Hyperbeln

Als die Amerikaner nach Kriegseintritt ihr riesiges Schiffbauprogramm von 12 Millionen Tonnen pro Jahr veröffentlichten, meinte die deutsche Seekriegsleitung: „Na, sagen wir die Hälfte!" und zitierte weiter das englische Wort: „Männer kämpfen, nicht Schiffe!", das heißt, die Amerikaner würden, selbst wenn sie die technische Leistung vollbrächten, die benötigte Anzahl von Schiffsoffizieren nicht ausbilden können. Die Yankees hatten aber auch die Lösung dieser Frage eingeplant. Einmal gaben sie eine lexikonartige nautische Tafel, sozusagen ein „Halbfabrikat" heraus, mit der die astronomischen Ortsbestimmungen stark vereinfacht wurden, und zum andern schufen sie in ihrem „Loran"-Verfahren – Stummelwort aus „Long Range", große Entfernung – eine neue Ortungsmethode, deren Anwendung keine besonderen geistigen Fähigkeiten voraussetzt.

„Consol"-Verfahren

Die deutsche Marineleitung kam übrigens bald in eine ähnliche Situation durch die zunehmende Bedeutung der Luftwaffe: Der Übergang vom Großkampfschiff zu kleinen Einheiten begann sich zu vollziehen und bedingte innerhalb kurzer Zeit einen großen Bedarf an Führungskräften. Deshalb genügte schon der Besuch einer Hochseejachtschule für die Qualifikation zum Kommandanten von

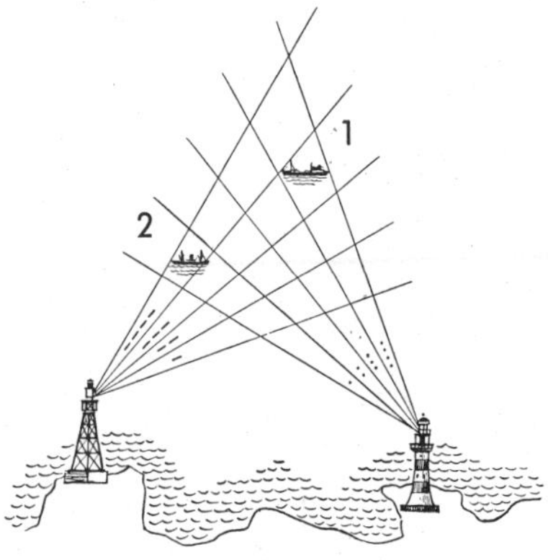

Optisches „Consol"-Verfahren

Sicherungsfahrzeugen, aber man sah sich auch in Deutschland genötigt, ein einfaches Ortungsverfahren zu entwikkeln. Dies geschah mit der von der Firma Lorenz konstruierten „Elektra-Sonne", die nach dem Krieg unter dem von den Alliierten geprägten seltsamen Tarnnamen „Consol"-Funkfeuer – in dem Wort steckt möglicherweise „sol", die Sonne der Römer – bekannt geworden ist. Diesem Verfahren zollen auch unsere Gegner hohe Anerkennung, weil man ohne kostspieliges Bordgerät auskam. Ein gewöhnlicher Rundfunkempfänger genügte, da die Ortsbestimmung durch Zählen von Funkzeichen erfolgt.
Zum Verständnis des „Consol"-Verfahrens sei ein Beispiel aus dem optischen Bereich gewählt: Zwei Leuchttürme strahlen in scharf abgegrenzten Sektoren weißes Licht im Rhythmus von Morsezeichen aus. Der rechte Turm gibt kurze Blitze gruppenmäßig zusammengefaßt: Sektor 1 einen Punkt, Sektor 2 zwei Punkte, Sektor 3 drei Punkte usw. Der linke Turm strahlt Morsezeichen in Strichen nach dem gleichen Prinzip aus. – Zeichnet man diese Sektoren mit ihren „Kennungen" in eine Seekarte ein, dann bildet sich ein Netz, in dessen „Lichtmaschen" das Schiff sozusagen gefangen ist, wie die Zeichnung verdeutlicht. Schiff 1 befindet sich beispielsweise in „4 kurz", „3 lang", Schiff 2 in „1 kurz", „4 lang".
Beim „Consol"-Verfahren ersetzt man nun die Leuchttürme durch „*Funkfeuer*", deren Einrichtung allerdings sehr verwickelt ist, und schießt Radiowellen in Sektoren über die See. Deren „Kennung" besteht in Punkten und Strichen des Morsealphabetes, die mit dem Rundfunkgerät abgehört werden. Die betreffenden, sich kreuzenden „Sektoren" ermittelt man durch einfaches Zählen der aufgenommenen Punkte und Striche. Voraussetzung ist, daß man im Besitz einer Sonderkarte ist, in die die „Sektoren" eingezeichnet sind. Der Genauigkeitsgrad des „Consol"-Verfahrens ist für die Küstenschiffahrt und Fischerei genügend. Die beiden für die Nordsee und das europäische Nordmeer in Frage kommenden Sender liegen bei Stavanger/Norwegen und in der Nähe von Bushmills/Nordirland.

„Loran" und „Decca"

Die Amerikaner und Briten kramten bei der Entwicklung ihrer Ortungsmethoden in Erinnerungen des ersten Weltkrieges. Dieser erstarrte nach dem ersten „Anlauf" in Stellungskämpfen. Man grub sich ein und versteckte sich voreinander. Dennoch kam man ballernden Kanonen durch das neuentwickelte Schallmeßverfahren so genau auf die Spur, daß man sie – ebenfalls mit der Schallortungsmethode – sogar bekämpfen konnte.

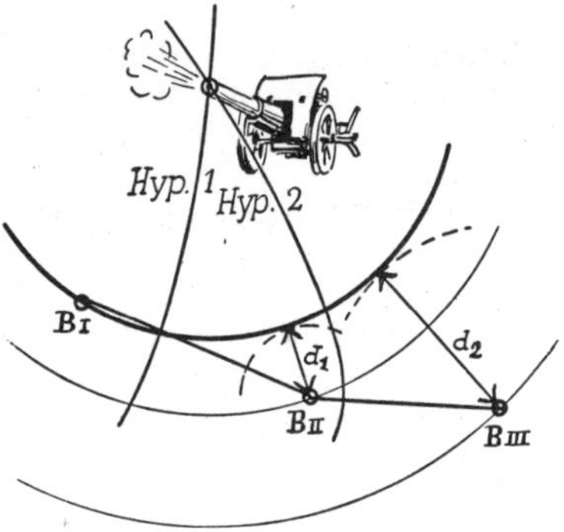

Schallmeßverfahren

Die Schallmesser benutzten zur Feststellung eines Geschützes drei Horcher im Gelände. Deren Tätigkeit bestand darin, einen „Klingelknopf" zu drücken, wenn das feindliche Geschütz „von sich hören ließ".
Der Geschützknall breitet sich kugelförmig mit der Geschwindigkeit von 331 m pro Sekunde aus. – Im Regelfall hören die drei Beobachter den Geschützknall zu verschiedenen Zeiten. „B I" in unserer Zeichnung nimmt ihn zuerst wahr, „B II" und „B III" nach gewissen Zeitintervallen. Diese Differenzen werden mit Stoppuhren gemessen, und aus den beiden Zeitunterschieden läßt sich der Ort des Geschützes nach verschiedenen Methoden ermitteln. Die Schallmesser des ersten Weltkrieges bedienten sich der Hyperbelmethode. – Jetzt aber müssen wir uns alter Schulweisheit erinnern und wiederholen: „Der Kreis ist eine Linie – „geometrischer Ort" heißt es in der Fachsprache –, deren Punkte von einem gegebenen Punkt, dem Zentrum, gleichen Abstand haben. Die Ellipse ist eine Kurve, für die die Summe der Entfernungen von zwei Punkten, den „Brennpunkten" konstanten Wert besitzt, und die Hyperbel schließlich ist eine Linie, für die die Differenz der Entfernungen von zwei festen Punkten unveränderlich bleibt. Die ermittelten Zeitunterschiede

lassen sich durch einfache Multiplikation mit der Schallgeschwindigkeit, 331 m/s, in Entfernungsdifferenzen verwandeln, und nun kann man mit den maßstabgerecht aufgezeichneten Beobachtungsstellen „B I", „B II" und „B III" als Brennpunkte zweier Hyperbeln zeichnen. Deren Schnittpunkt markiert dann den Ort des gegnerischen Geschützes. In der Praxis konstruierte man übrigens nicht die Kurven einzeln, sondern hatte für alle in Frage kommenden Fälle die Hyperbeln bereits in die Karte eingezeichnet.

Das Schallmeßverfahren läßt sich auch umkehren. Feuert man nämlich von drei in eine Karte eingezeichneten Punkten gleichzeitig drei Geschütze ab, dann kann ein Beobachter im Gelände nach den gemessenen Zeitunterschieden der bei ihm eintreffenden Schallwellen seinen Ort durch einen Hyperbelschnittpunkt bestimmen.

Ein ähnliches elektronisches Verfahren wird auch bei den amerikanischen „Loran"- und den britischen „Decca"-Geräten angewendet. In beiden Fällen werden von karten-

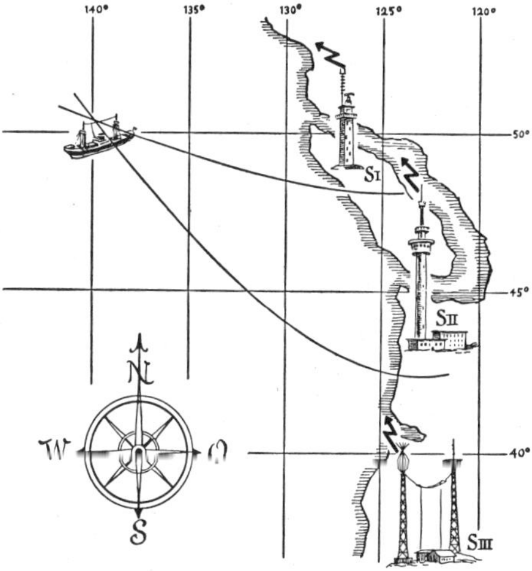

Loran- und Decca-Verfahren

Umkehrung des Schallmeßprinzips. Die Sender I, II und III strahlen gleichzeitig ein Funksignal aus. Das zu verschiedenen Zeiten auf dem Schiff empfangen wird. Aus den Zeitunterschieden – Signal I gegen II und I gegen III – ergibt sich durch Hyperbelkonstruktion der Schiffsort.

mäßig genau festliegenden Stellen gleichzeitig Radio-„Kanonen" abgefeuert und vom Schiff aus die Zeitdifferenzen gemessen, mit denen die Funksignale an Bord eintreffen. Natürlich muß man hier wieder mit Mikrosekunden und einer ebenso komplizierten wie kostspieligen Apparatur sowohl an Land wie an Bord arbeiten. Die Auswertung der Ergebnisse geschieht wieder in Spezialkarten, auf denen Hyperbelscharen eingedruckt sind. Das englische Decca-Verfahren arbeitet übrigens nicht mit Zeit-, sondern sogenannten Frequenzunterschieden: das am „rohen" akustischen Beispiel gezeigte Grundprinzip bleibt aber unverändert. Die Firma Decca ist übrigens den Musikfreunden als Herstellerin von Schallplatten bekannt. – Viele Bundesbürger sind auch schon dem Decca-„Meister"sender und seinen „Sklaven" begegnet, ohne ihren Zweck zu kennen. Die Sender befinden sich nämlich alle binnenlands. Der deutsche „Meister" steht bei Brilon, Postleitzahl 579, und die „Sklaven" haben sich in der Eifel, in der Lüneburger Heide bei Zeven und bei Coburg angesiedelt. – Der Genauigkeitsgrad der Decca-Ortung ist ungewöhnlich hoch; der Fehler beträgt in der Nordsee 90–100 m, also nicht einmal die Länge eines Ozeanschiffes. Sollten Sie sich in geometrischen Kurven gar nicht mehr auskennen, weil Sie den ganzen mathematischen Zauber beim Verlassen der Schule rücksichtslos über Bord gepfeffert haben, dann ist doch zu hoffen, daß Ihnen eins aufgegangen ist: Diese Hyperbelscharen stiften bei der Lösung des Problems „Wo?" innerhalb der Unermeßlichkeit des Ozeanischen einen erheblichen Nutzen.

Warum noch Sextant?

Es erhebt sich nun die Frage: Warum bedient man sich überhaupt noch der astronomischen Ortsbestimmung, wenn die elektronische schnellere und bessere Resultate liefert? Hier die Antwort: Einmal läßt die Genauigkeit der Radioortung auf den ozeanischen Weiten nach, und zum anderen können die elektronischen Geräte im Falle kriegerischer Verwicklungen vom Gegner gestört werden; ein falscher Schiffsort aber kann katastrophale Folgen haben. Deshalb wird, solange man die Sterne nicht durch „Sonden" und Raketen von ihrem Standort verdrängen kann, der Sextant neben dem Kompaß und dem Chronometer immer noch das wichtigste Navigationsgerät der Schiffahrt bleiben.

Vorsicht!
Wenn Sie diese vereinfachte Darstellung der Navigation „mitbekommen" haben, wissen Sie so ungefähr Bescheid, was auf der Brücke eines Schiffes vor sich geht. Die Praxis ist natürlich viel schwieriger als dieses simple „Peilen im Geist". Da spielen die „Ausnahmen" und die „unregelmäßigen Verben" die Hauptrolle.
Das Wesentliche aber genügt nicht einmal für die Sportschifferprüfung.

Putte mit „Jakobstab", dem Sternhöhenmeßgerät bis zur Erfindung des Sextanten

Ganz kleine Meereskunde

Allen Ernstes, fast so steil, wie die Zugspitze in den Himmel ragt, stürzen die Ozeanhänge an manchen Stellen vom Kontinentalsockel 4000 m in die Tiefe. Böschungswinkel von Mittelgebirgen dürften die Regel sein. In den deutschen Flußmündungen fängt es „gemütlich“ mit 15 m Wasser unterm Kiel an. In der Nordsee zeigt die Lotleine auf 30–35 m. Dann sacken die Tiefen in der Doverstraße auf 55 m ab, und am Kanalausgang sind wir erst auf 120 m angekommen. In diesem sinnigen Gefälle geht es weiter bis so auf gut 200 km vor der irischen Westküste. Wir wären dann 1300 km vom „Elbe-I“- oder „Weser“-Feuerschiff entfernt. Welch abwechslungsreiches Landschaftsbild hätte sich uns geboten, wenn wir mit der Bahn südwärts gereist wären: Tiefebene, Mittelgebirge, Hochebene, Hochgebirge. Mitten unter den Viertausendern wären wir.

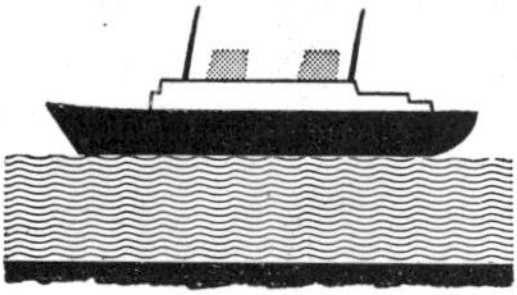

Nordsee (1 cm = 50 m)

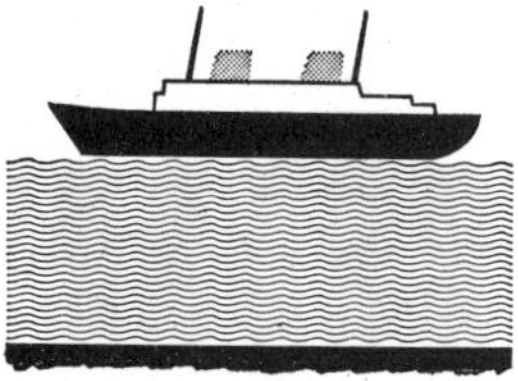

Englischer Kanal

Erst sinnig, dann Achterbahn

Aber man soll sich nicht täuschen über die anscheinend temperamentlose Sinnigkeit; plötzlich braust es nach unten wie auf der Steilkurve der Achterbahn, von 200 m auf 4000 m. Man hat dies gemerkt, als um die Mitte des vorigen Jahrhunderts die ersten Ozeankabel verlegt wurden. Sie rissen wie Zwirnsfäden, als man an diese kritischen „alpinen“ Stellen kam. Die Führer der Kabeldampfer sind die ersten praktischen Meeresforscher gewesen.

Bis dahin interessierte sich nämlich kein Seemann für die großen Tiefen. Der Amerikaner Maury und die Kapitäne der Kabeldampfer haben die Grundlagen für die Ozeanographie geschaffen, an deren Ausbau vor allen Dingen Engländer, Deutsche und Franzosen beteiligt gewesen sind und ... der Schwiegeronkel von Grace Kelly, Fürst Albrecht von Monaco, aus privater Leidenschaft. Neben der Fahrt des englischen Forschungsschiffes „Challenger“ (1872–1876) ist die in den Jahren 1925 bis 1927 erfolgte Expedition des „Meteor“ der Deutschen Reichsmarine berühmt geworden. Sie hat unsere Kenntnisse vom Südatlantik in hervorragender Weise bereichert.

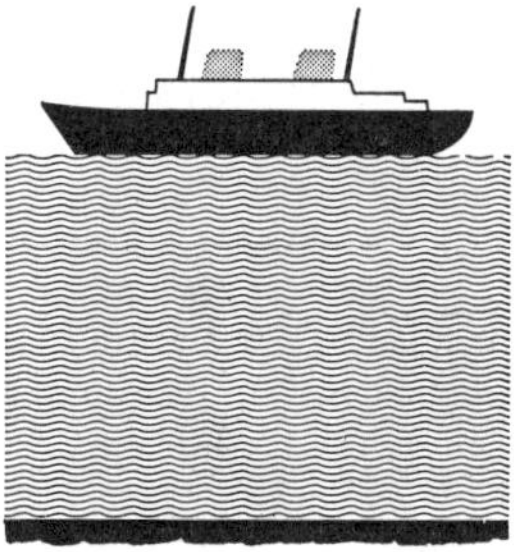

Gründe vor dem Kanal

Ozeanische Tiefen können in diesem Taschenbuch zeichnerisch nicht dargestellt werden. Achtzig Zentimeter Schraffur wären nämlich für die Durchschnittstiefen erforderlich, wenn der gleiche Maßstab beibehalten würde. Bis vor einigen Jahren galt das vom Kreuzer „Emden“ (II) im „Philippinengraben“ entdeckte „Loch“ von 10 497 m als Rekordtiefe. Es wurde durch das südlich der Marianeninsel Guam gelegene „Challenger-II“-Tief von 10 893 Meter und durch das russische „Vitayaz“-Tief (1959) von 11 030 m entthront. Am 8. November 1962 erwarb das britische Forschungsschiff „Cook“ eine neue wissenschaftliche Weltmeisterschaft von 11 516 m im sogenannten Mindanao-Graben östlich der Philippinen-Gruppe.

Die ozeanischen Becken

Hier das Wichtigste aus der Meereskunde für den Hausgebrauch: 361 Millionen Quadratkilometer, d. h. rund zwei

Drittel der Gesamtoberfläche der Erde, werden von den Weltmeeren eingenommen. Unsere „Erde“ sollte deshalb eigentlich richtiger „Wasser“ heißen. In großen, gleichförmig gestalteten Becken von durchschnittlich 3700 Meter Tiefe hat sich das Meerwasser gesammelt. Im Urzustande unseres Planeten ist es als Wasserdampf und den Bestandteilen des Kochsalzes (Chlor und Natrium) in gewaltigen Eruptionen in die Lufthülle geschleudert worden. Mit zunehmender Abkühlung der Erde wurden die heißen Dämpfe und Gase zu Seewasser verdichtet. In den Weltmeeren bilden sich infolge der unterschiedlichen Sonneneinstrahlung am Pol und in den äquatorialen Breiten Wärmedifferenzen an der Wasseroberfläche heraus. Als Folge stellen sich in den großen Meeresbecken vom Nord- und Südpol zum Äquator vertikale Kreisläufe der Wassermassen ein: das an den Polen abgekühlte und damit schwerere Meerwasser sinkt nach unten, während als Ausgleich aus den tropischen Breiten Warmwassermengen an die Oberfläche herangeführt werden. Diese werden ebenfalls dem Abkühlungsprozeß unterworfen, sinken wieder unter und vollenden den Kreislauf. – Sehr einfach und einleuchtend. Zu einfach, als daß es stimmen könnte. Die „Meteor“-Leute haben auch gezeigt, daß alles viel verwickelter abläuft, aber für den Hausgebrauch ist die Theorie des vergangenen Jahrhunderts noch brauchbar.

Das Bodenwasser der Ozeane hat wegen des Kreislaufes Temperaturen, die um den Gefrierpunkt liegen. Das kalte Wasser kühlt nun seinerseits den Meeresgrund ab und bedingt im Vergleich zum Festlande dadurch ein schnelleres Schrumpfen der vom Weltmeer bedeckten Teile der Erdrinde und somit die Bildung der großen Tiefen, die für die Ozeane bezeichnend sind. Die Weltmeere haben danach die Tendenz, mit der Zeit immer tiefer zu werden. Diese Theorie setzt voraus, daß die großen Meeresräume der Erde im wesentlichen von der Urzeit an auf der Erde bestanden haben müssen. Hinsichtlich des „Stillen Ozeans“ dürfte diese Annahme durch viele geologische und biologische Tatsachen als erwiesen gelten. Der Atlantische Ozean hat sicherlich eine wechselvollere Entstehungsgeschichte gehabt. Abgesehen von seinem mittleren Teil ist er nach der herrschenden Auffassung in seiner jetzigen Gestalt während der erdgeschichtlichen Epoche entstanden, die von den Geologen als Tertiärzeit bezeichnet wird.

Die große Zentralheizung

Das Oberflächenwasser des Atlantiks ist in mittleren Breiten auch im Winter ganz schön warm; so um 16 Grad herum. Im Juli klettert das Thermometer noch 5 Grad höher. Wir sind in Westeuropa vor anderen Weltmeerküsten klimatisch bevorzugt. Die Kohlen- und Ölhändler in New York verdienen mehr als ihre Kollegen bei uns. Es ist fast tragisch zu nennen, drüben in Amerika „produzieren sie den Golfstrom“ und haben nichts davon, obwohl er fast unmittelbar an der Tür vorbeifließt, weil Winde aus westlicher Richtung auf dem Nordatlantik vorherrschen. Sie tragen von der amerikanischen Ostküste die Wärme weg und führen sie uns zu. Die Ozeanographen von gestern sagten: „Die Passate und die ‚braven Westwinde‘ bringen Schwung in die Wassermassen des Nordatlantiks und verfrachten sie nach Europa.“ Wieder *sehr* einleuchtend, aber unzulänglich; die Dinge liegen verwickelter. Demgegenüber meinen die „Meteor“-Leute, Dichtigkeitsunterschiede spielten als beschwingendes Moment dieser riesigen Wassermenge eine bedeutende Rolle. – Die Wasser- und Wärmemenge, die innerhalb einer Stunde durch die Floridastraße braust, ist unvorstellbar: 90 Milliarden Kubikmeter; dabei fließen diese mit einer Geschwindigkeit von 1,7 m/sek, das heißt mit demselben Temperament wie der Rhein bei Koblenz. Die Tragfähigkeit der Welthandelsflotte reicht nicht aus, um den *Salzgehalt* dieser stündlichen Wasserförderung zu transportieren. – Die Ursachen für die Entstehung des Golfstromes interessieren uns weniger als die Wirkungen. Fahren wir nämlich auf dem Helgoländer Breitengrad immer nach Westen, kommen wir schon in die Hudson Bay, den Eiskeller Kanadas, und die Badehose bleibt eingepackt. So *könnte* es bei uns sein! Glücklicherweise aber reift in Norwegen, jenseits des Polarkreises, die Gerste in derselben Zeit wie in Ägypten. Vielleicht kommt jemand einmal auf den Gedanken, die „friedliche Atomkraft“ zur Ablenkung des Golfstromes zu benutzen; dann wäre „Feierabend“ in West- und Nordeuropa. Man sollte rechtzeitig eine westliche Interessengemeinschaft hiergegen gründen.

Gold im Seewasser

Seewasser ist eine salzige Angelegenheit. In einem Liter sind 35 bis 37 Gramm Kochsalz und andere Salze enthalten. Deshalb ist es schwerer als Süßwasser, und es schwimmt sich leichter in der salzigen See. Der üble und jetzt so „gesunde“ Geschmack des Seewassers rührt vom Bittersalz her. Auch Gold ist mit anderen Spurenelementen im Seewasser enthalten. Tatsächlich! Wir denken dabei gar nicht in Symbolen und an das Geschäft mit auf Flaschen abgefülltem Seewasser „Borkumer Tiefenlese“, Originalabfüllung mit und ohne „Geschmack“ – Der Abbau von Edelmetallen in den Ozeanen ist leider, wie eine Rentabilitätsrechnung ergab, nach dem jetzigen Stand der Technik noch nicht lohnend.

Blau – die Wüstenfarbe des Meeres
Wegen der Farbe des Seewassers haben wir auch wieder umlernen müssen. Übermäßiger Salzgehalt, tropisches Klima und der blaue Himmel sind es nämlich nicht, die den blauen Farbton ozeanischer Wassermassen hervorrufen. So hatten die Gelehrten unserer Großväterzeit angenommen.

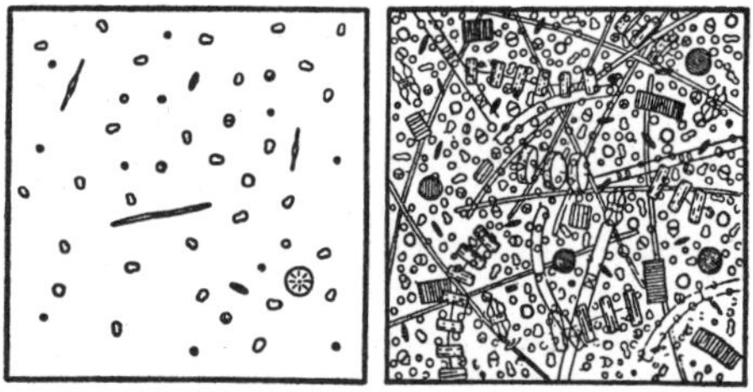

„Wüste“ „Fettweide“

Zwerg-Plankton unter dem Mikroskop
Nach dem Bericht der „Meteor“-Expedition

Es gibt nämlich im heißen und salzreichen Roten Meer mit seinem unbewölkten Himmel auch grüne Wasser„weiden“, wie umgekehrt im kalten und durch die sibirischen Ströme ausgesüßten Nordpolarbecken auch satte blaue Farbtöne auftreten. Die Meeresforscher, darunter wieder die Leute von der „Meteor“, haben auch diese Frage geklärt. Man hat weißgestrichene Metallscheiben an der Lotleine ins Wasser gelassen und ihre Sichttiefe gemessen. Hier folgt das Ergebnis dieser Untersuchungen: Im kobaltblauen Sargassomeer sieht man die Scheibe noch bis 66 m Tiefe, vor

Helgoland aber verschwindet sie schon bei 9 m. Also: je durchsichtiger, um so blauer. Die Durchsichtigkeit des Wassers hängt aber wieder von dem Bestand an Sinkstoffen der Flüsse und kleinsten pflanzlichen oder tierischen Organismen, sogenanntem Plankton – das „Umhergetriebene“, Lebewesen ohne Eigenbewegung –, ab. Überall, wo diese Kleinorganismen in großer Zahl vorhanden sind, erfolgt eine Wasserfärbung von Blau in Grün. Mangel an Plankton, der Urnahrung, ruft Blautönung hervor. Blau ist die „Wüstenfarbe des Meeres“, wo es kein Plankton gibt, fehlen auch die Fische.

Vollkommen planktonfreies Wasser würde alle Strahlen des Sonnenspektrums „verschlucken“ und daher, genügende Tiefe vorausgesetzt, dem Auge schwarz erscheinen. Derartiges Wasser kommt in der Natur nicht vor. Ozeanisches Wasser weist immer eine Anzahl kleiner Organismen auf, welche die blauen Strahlen des Sonnenlichtes zurückwerfen. Wuchert aber das Plankton in großer Fülle, dann werden neben den blauen auch gelbe Strahlen des Sonnenlichtes reflektiert, und daraus resultiert dann das Grün des Nordseewassers. Die „Meteor“-Expedition vom Jahre 1925/27 stellte in einem Liter blauen tropischen Wassers 3000 Kleinorganismen, im küstennahen grünen Wasser dagegen 100 000 fest.

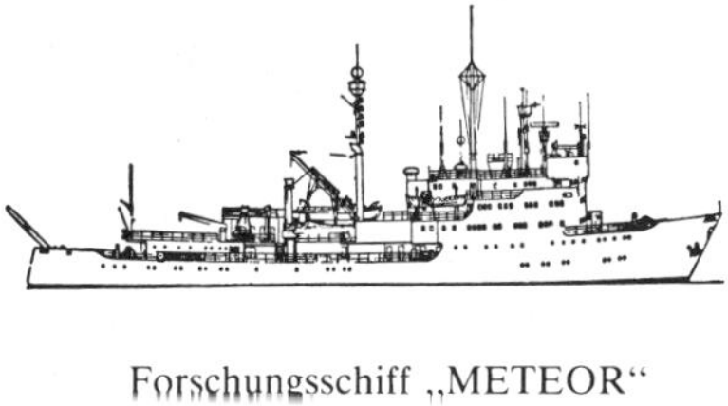

Forschungsschiff „METEOR“
1964 Seebeckwerft der AG „Weser“, Bremerhaven
Bundesverkehrsministerium und Deutsches Hydrographisches Institut, Hamburg – Länge 82,1 m – Breite 13,5 m – 2609 BRT – 3000 PS – 13,5 kn – 55 Mann Stammbesatzung – Wohn- und Arbeitsplätze für 24 Wissenschaftler

In den Teilen der Weltmeere, in denen das Plankton gewissermaßen wie auf Wiesen wuchert, der Nordsee, den isländischen und grönländischen Gewässern, der Barentssee, dem Japanischen Meer und über den Neufundlandbänken, übt die Hochseefischerei ihr Gewerbe aus. – Das blaue Mittelmeer ist fischarm, deshalb sind seine Küstenbewohner auf den Import von Trockenfisch aus Norwegen, Island und Neufundland angewiesen.

Wetter und Winde

Es zieht

Zur Zeit der Bewirtschaftung, als wir nur einen Raum im Winter heizen konnten, spielte sich in unserer Wohnung täglich das große Wettergeschehen im kleinen ab. Irgendwo „zog" es immer, und im Zimmer wollte keine rechte Behaglichkeit aufkommen. Die kalte Luft aus dem eisigen Nachbarraum drängte sich stets mit rührender Unverschämtheit durch die unteren Ritzen der Schiebetür in unser lauwarm beheiztes Gemach. Aber damit noch nicht genug, die rationierten kostbaren Wärmeeinheiten verließen über die oberen Undichtigkeiten in entgegengesetzter Richtung das Zimmer und sorgten, die unteren Luftströme brüderlich unterstützend, für langsamen Temperaturausgleich mit dem Nachbarraum. Es gab eher keine Ruhe, als bis im Laufe der Nacht ein vollständiger Temperaturausgleich zwischen den beiden Räumen erfolgt war. – Sollte das Erinnerungsbild an diese Tage bereits verblaßt sein, empfiehlt sich in der nächsten Heizperiode eine experimentelle Nachprüfung. Eine brennende Kerze, keine Taschenlampe, oben und unten an den Türrahmen gehalten, gibt dann eine einfache Bestätigung, daß es auch in unserer Wohnung weht.

Der Passat braust gegen den Äquator

Auch auf unserer Erde „zieht" es immer, nur nehmen die Ausmaße der Luftbewegungen die der Größe des Planeten

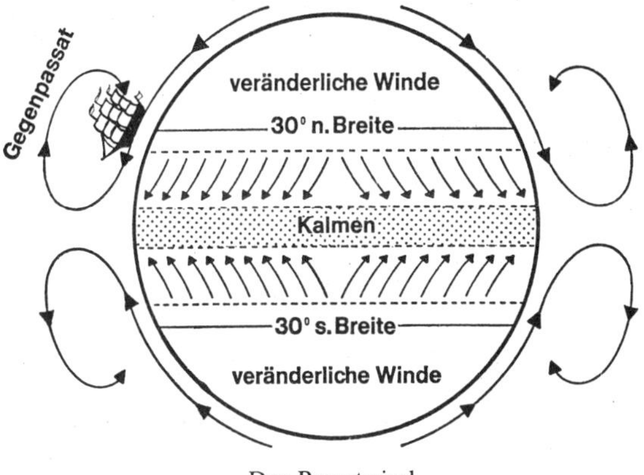

Der Passatwind

angemessenen Formen an. Der Grund für die Entstehung der Winde aber ist der gleiche: Ein „Raum“ wird besser erwärmt als der andere, und schon sorgt die Natur für Ausgleich. In den äquatorialen Breiten, wo die Sonne es besonders „gut meint“, weil sie ihre Strahlen senkrecht zur Erde sendet, wird stark „eingekachelt“. Die dort erwärmte Luft steigt nach oben, und als Ausgleich brausen ständig frische Winde von beiden Erdhalbkugeln auf diese sonnigen Gegenden los. Diese Winde, die Passate, waren bei den Seeleuten vergangener Zeiten besonders beliebt, weil sie die Seereisen beschleunigten. Die Engländer nennen sie deshalb „Tradewinds“ – Handelswinde.

Der Seewind bläst

Unterschiedliche Erwärmung zweier „Räume“ kann aber auch in gleicher Breitenlage auf der Erde erfolgen: Landmassen sind schneller zu heizen als Meeresflächen, kühlen aber andererseits mit gleicher Eile wieder ab. Deshalb gibt es auf einer Insel täglich ein lustiges „Windspiel“. Sowie die Sonne morgens an Höhe gewonnen hat und zentrale Beheizung spendet, saugt das Land die Wärme gierig ein und heizt seinerseits die über der „Herdplatte“ befindliche Luft. Diese steigt empor, und von der See strömt eine frische Brise, der „Seewind“, nach. In beiden Fällen gibt es übrigens in luftigeren Höhen eine ausgleichende Gerechtigkeit in Gestalt von Windströmungen, die entgegengesetzte Richtung haben. So kommt ein richtiger Kreislauf zustande. Falls riesige Landmassen, wie der asiatische Kontinent, diese auch handelsfreundliche Luftbewegung hervorrufen, spricht man von „Monsunen“.

Der Wind macht „krumme Touren“

Die wärmeren Räume zeichnen sich in der Regel durch einen niedrigeren Luftdruck – „Tief“druckgebiet –, die kälteren durch hohen Luftdruck – „Hoch“ – aus. Die Luft strömt aus dem Gebiet des hohen Drucks in das Loch des Tiefs hinein und sucht den Ausgleich herbeizuführen. Der Luftdruckaustausch zwischen Hoch und Tief erfolgt aber nun nicht, wie man annehmen sollte, auf dem geraden, dem kürzesten Wege, sondern der Wind macht – allerdings unfreiwillig – im wahren Sinne des Wortes „krumme Touren“, um sein Ziel zu erreichen. Die Karussellfahrt der Erde um sich selbst befiehlt den Luftteilchen diktatorisch diese zusätzliche Mühe.

Die Bahn der Winde hat die Form einer Spirale. Der Marsch aus dem Hoch erfolgt auf der nördlichen Halbkugel im Sinne des Uhrzeigers, der Eintritt ins Tief in der Richtung gegen den Uhrzeiger. Auf der Südhalbkugel ist es umgekehrt. Die Passatwinde wehen deshalb auch nicht stur auf den Äquator los, sondern werden in eine nordöstliche beziehungsweise auf der südlichen Halbkugel in südöstliche Richtung von der drehenden Erde gezwungen.

Die Windstärke ist vom Druckgefälle zwischen Hoch und Tief abhängig. Je größer der Unterschied, um so mehr brist es. Drängen sich auf der Wetterkarte die schwarzen Linien gleichen Luftdrucks, die Isobaren, um das Tief in dichter Fülle zusammen, ist mit einer großen „Mütze voll Wind" zu rechnen.

Wir mußten zum zweitenmal umlernen

Die „Stubentheorie" ist so einleuchtend, daß sie Verdacht auf ihre Richtigkeit erwecken muß. Sie hat auch schon zweimal in diesem Jahrhundert eine Durchleuchtung und Berichtigung erfahren; zuletzt nach dem zweiten Weltkriege. Die zahlreichen Wetterhöhenflüge, die von beiden Seiten an allen Fronten durchgeführt wurden, haben unsere Kenntnisse in der „höheren" Meteorologie erheblich erweitert. Die Fachleute mußten wieder einmal umlernen; namentlich die Lehre über die Entstehung der so freundlichen „planetarischen" Winde, der Passate und Monsune, mußte sich Korrekturen gefallen lassen.

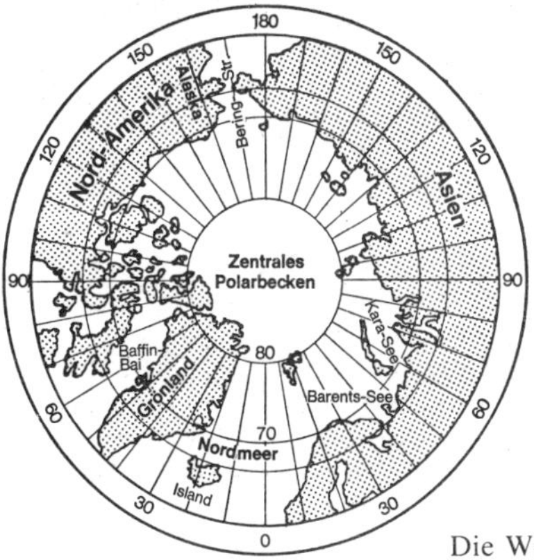

Die Wetterküche

Über die Entstehung der ausgesprochen nassen und unfreundlichen Westwinddriften unserer Breiten, über die Minima, die den Atlantischen Ozean kreuzen, ist bislang noch keine restlose Klarheit geschaffen worden. Wir müssen sie vorläufig schicksalhaft unbegründet hinnehmen. – Wenn wir an der Vorstellung der „Warm-Kalt-Stube" festhalten wollen, bleiben wir im Bilde, wenn wir uns beide Zimmer nicht stationär, sondern beweglich, sozusagen auf einen Lkw gesetzt, vorstellen. Kein Zweifel, daß die Dinge jetzt viel verwickelter werden. Deshalb hauen die „Wetterfrösche" auch manchmal – meistens an den hohen kirchlichen Feiertagen, zum Hamburger Dom und zum Bremer Freimarkt – vorbei. Die Wetterpropheten haben in unseren Breiten keine leichte Aufgabe. Das „Lied vom braven Mann" aber sollte man den Leuten auf den „Wetterschiffen" singen, die seit 1947 gerade in den ungemütlichen Gegenden des Atlantiks und des Pazifiks im Kreise herumfahren und ihre Wettermeldungen zur Sicherung der Flugdienste und Seeschiffahrt abgeben. An den Wetterbeobachtungen und -meldungen beteiligen sich übrigens auch die Schiffe der Linienfahrt. Die Tätigkeit der Offiziere ist freiwillig; die zur meteorologischen Mitarbeit verpflichteten Einheiten werden „See-OBS-Schiffe" genannt.

Beaufort und Petersen schaffen Ordnung

Seeleute sind zu allen Zeiten gute Wetterbeobachter gewesen, weil sie im wesentlichen auf den Wind als Kraftquelle angewiesen waren, solange das Segelschiff dominierte. Ein Seemann, der britische Admiral Beaufort, hat auch die bekannte Windstärkenskala – typische „Dutzendware" – geschaffen; der deutsche Segelschiffskapitän Petersen hat die Seegangstabelle hinzugefügt und dabei das Wettergeschehen auf dem Ozean nach den einzelnen Stufen in so klassischer Form beschrieben, daß ihr Studium auch heute noch lohnend ist. Übrigens gibt es in den höheren Luftschichten größere Windgeschwindigkeiten, als Beaufort angenommen hatte. „Windstärke 17" ist kein Witz mehr.

Ein Lobgesang auf die „Laubfrösche"

Der große Fortschritt, den die systematische Wetterforschung und ihre Auswirkung für die Praxis der Segelschifffahrt gebracht hat, erhellt eindrucksvoll aus einer im Jahre 1953 veröffentlichten Arbeit des „Hanseatischen Museums" zu Bergen in Norwegen über das Frachtherrenbuch der lübischen „Bergen-Fahrer". Daraus geht hervor, daß noch im 17. Jahrhundert drei Reisen von Lübeck nach Bergen im Verlaufe eines Jahres zu den Bestleistungen gehörten. Der Durchschnitt lag bei zweieinhalb Reisen. Inhaber des „Blauen Bandes" war Hans Helmeke mit 34 Tagen. Am Schluß der Bewertungsliste marschierte Schiffer Balhorn, der für die 370-Seemeilen-Strecke einmal 94 Tage benötigt hat. Dagegen fuhren um die Jahrhundertwende die Viermaster der Hamburger Reederei Laeisz, die berühmten „Flying P-Liner", in 75 bis 80 Tagen von Cuxhaven nach Valparaiso.

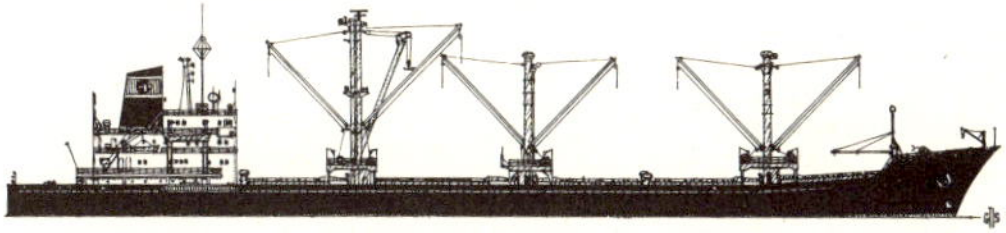

MS „LUISE BORNHOFEN"
1976 Seebeckwerft der AG „Weser", Bremerhaven
Robert Bornhofen, Hamburg – Länge 149,8 m – Breite 21 m – 9775 BRT – 16 250 tdw – 9000 PS – 16,5 kn – Serienfrachter vom Standardtyp „36 L"

Sturmsignale

Die motorisierte Schiffahrt hat sich von Wind und Wetter weitgehend unabhängig gemacht. Dennoch geht auch heute selbst ein Schiff mit starker Maschinenleistung großen atmosphärischen Störungen zur Beschleunigung der Reise lieber aus dem Wege. – Für die Kleinschiffahrt und die Fischkutter ist ein starker Sturm immer noch gefährlich. Deshalb werden Stürme im Rundfunk für die Schiffahrt besonders angekündigt. Obwohl heute jedes Kleinfahrzeug über einen „Klönkasten" verfügt, hat man dennoch die optischen Sturmwarnungsstellen beibehalten. Man könnte sie bestimmt ohne Gefährdung der Schiffssicherheit eingehen lassen. Deshalb wurde auch auf Wiedergabe der Sturmsignale verzichtet. Nur der Bedienungsmann sieht noch auf die an Rahen pendelnden schwarzen Körbe; und die Deichspaziergänger, wenn es sonst nichts zu peilen gibt. Die Sturmsignale wurden von dem britischen Marineoffizier Robert Fitzroy um 1855 eingeführt. Ihnen verdanken viele Seeleute ihr Leben.

Windstärken von erlebten Stürmen pflegen im Laufe der Zeit zu wachsen. Aus „acht" ist bald „elf" geworden. Im fünften Jahre heißt es: „Kapitäne und Offiziere waren verzweifelt.“ Beim zehnjährigen Jubiläum glaubt man selbst an den „Orkan“.

Autotransporter „FREDENHAGEN“

1977 a. Vuyk & Zonen Scheepswerven, Capelle/Ijssel, Lübeck-Linie AG, Lübeck – Länge 89,2 m – Breite 18 m – 999 BRT – 1313 tdw – 3000 PS – 13,7 kn – 12 Mann Besatzung – 750 Mittelklasse-Pkw

Die britische Wetterdichtung

Manche von den „Oldtimers“, von den Alten auf der Brücke, bleiben den Voraussagen der „Wettermacher“ gegenüber skeptisch. Kapitän Brummsack und sein Freund Hermann Marlschlag halten auch nicht viel von fremden Prognosen, sondern sich an ihr altes Barometer und die goldenen Wetterverse britischer „Master Mariner“, die sich wie die Ausweichode bis auf die heutige Generation vererbt haben. Der Dichter dieser quasi klassischen Lehrmeinungen ist leider unbekannt geblieben. Der Verfasser hat sich aber bei der Übertragung bemüht, die Feinheiten des englischen Originals sozusagen verchromt herauszubringen. Die erste Strophe, in der „Seegeflügel“ als „Wahrsager“ auftritt, scheint ihm gut geglückt zu sein:

Wenn die Möwe bleibt am Strand,
Gibt es schönes Wetter.
Zieht sie aber weit ins Land,
„Pfeifen“ bald die Götter.

Der nächste Zweizeiler ist sozusagen klar wie Kloßbrühe:

Fällt das Glas wie Stein vom Turm,
Rüste dich für harten Sturm

Weniger bekannt ist die Bedeutung steigender Barometertendenz bei ausgesprochenem Sauwetter:

Bei Tiefstand zeigt des „Glases“ Klettern
Vermehrte Kraft von Sturm und Wettern.

Die nächsten beiden Strophen sind Binsenwahrheiten, die auch in deutschen Bauernregeln wiederkehren:

Sonnenrot bei Morgengrauen
Solltest niemals du vertrauen.
Himmelsröte doch im Westen
Ist ein Grund zu Freudenfesten.

Tiefere Erkenntnisse in der Wetterkunde setzen aber unsere letzten Strophen voraus:

Wenn der Sturm im eitlen Wahn
Läuft verquer zur Sonnenbahn,
Traue niemals diesem Trick,
Er kommt bald darauf zurück.

Wie gesagt, Kapitän Brummsack hält'er viel von und behauptet, er hätte sich mit seinen Voraussagen gegen die offiziellen „Wettermacher" gut gehalten.

Die Wellen

Die Entstehung der Wellen lernt man am besten in ihrem Todeskampfe verstehen, das heißt, wenn sie als Brandung am Strande auflaufen und schlürfend im Sande vergehen. – In „Zugkolonne" sehen wir sie weit von der See angeritten kommen. Nähern sie sich dem Strande, dann beginnt ihr Kamm zu brechen, ihre Vorderseite höhlt sich, und im mächtigen Überschlag brüllt der „Roller" bei schwerer See gegen die Steilküste oder jagt den Strand hinauf. Bei diesem Rollen handelt es sich gewissermaßen um einen Stolpervorgang. Ebenso wie ein Mensch, der im Lauf mit den Füßen ein übersehenes Hindernis berührt und wegen des in ihm wohnenden Schwunges zu Fall kommt, so stolpern auch die Wellen bei ihrem Ritt gegen den Strand: Ihr „Fuß" kommt mit dem hindernden festen Boden in Berührung, wird gebremst, und der obere Teil kippt infolgedessen über.

Der Windstrahl stößt und saugt

Ähnliches ereignet sich auch bei der G e b u r t d e r W e l l e n: Über eine bleiern stille See fällt eine Bö. Der darüber hinstreichende Wind benimmt sich jetzt ähnlich wie die Brandungswelle. Seine unteren Luftschichten, welche die See berühren, werden gebremst, und ihre „Oberschicht" überschlägt sich, daß heißt ihr Windstrahl drückt schräg von oben auf die Meeresoberfläche. Da das Wasser sich nicht zusammendrücken läßt, weicht es vor und hinter dem Treffpunkt des „Püsters" aus, und schon sind zwei embryonale Wellenberge geboren. Der „gestolperte" Windstrahl verhält sich übrigens sehr sportlich.

Er macht nicht plump Pardauz wie ein Trampel und schlägt sich die Knochen wund, sondern er stolpert wie der Sportler nach dem Hechtsprung mit einer eleganten „Rolle". Ebenso macht der Windstrahl nach dem Auftreffen einen „Mordswirbel" und steigt an der hinteren Seite des kleinen

Tälchens wieder hoch. Dabei übt der Strahl eine saugende Wirkung aus und trägt „zur Vertiefung der Gegensätze" bei.

Durch „rückkoppelnden" Einfluß des Windes werden dann die Wellen immer höher geschaukelt, ohne allerdings in den Himmel zu wachsen. Bei freiem Seeraum und stetigen Stürmen, wie sie auf der südlichen Halbkugel in dem Gürtel der „braven Westwinde" auftreten, werden beträchtliche Wellenhöhen – Unterschied zwischen Wellenberg und Wellental – erreicht. Früher schätzte man die Höhen. Das Verfahren ist ungenau, weil die Bezugshorizontale auf dem schwankenden Schiff fehlt; auf einem in einem Wellental fahrenden Schiff scheint der nächste Kamm über die Mastspitze angerollt zu kommen. Die Wissenschaft hat deshalb die Erzählungen von den „haushohen" Wellen nicht gelten lassen wollen. 1934 vorgenommenen Messungen mittels Stereo-Kameras auf MS „San Francisco" der HAPAG haben in der Biskaya Wellenhöhen von 16 m ergeben. Man nimmt deshalb an, daß im Sturmgürtel des Pazifischen Ozeans Wellen von 20 m Höhe auftreten können. Während eines Orkans übersteigen die Wellen der Nordsee selten 4 m, die des Englischen Kanals 6 m. Windstärke, Wellenhöhe und Wellenlänge stehen in Abhängigkeit voneinander. Der englische Ozeanograph Cornish gibt folgende Werte an:

Windstärke nach Beaufort	Windgeschwindigkeit in m/sec	Wellenhöhe in m	Wellenlänge in m
7	16	7,5	100
8	19	9,0	144
9	22	10,7	203
10	25	12,6	285
11	27	14,5	376

Der Seegang wird nach Kapitän Petersen in zehn Grade eingestuft. Es gibt kein Gerät, um ihn zu messen. Wir müssen uns mit Goethe trösten: „Gefühl ist alles."

Lob des kleinen Schiffes

Die Wellenberge zwingen ihren Rhythmus den auf ihnen schwimmenden Schiffen auf. Bei leichter Brise bewegen sich nur die kleinen. Die Konservendose eröffnet den Reigen, dann kommen die Boote. Ihnen schließen sich die Fischkutter und Kümos an. Mit steigender Wellenhöhe

werden immer mehr Schiffe in den Walzer einbezogen, und bei Windstärke fünf ist auch die große „France“ kein Mauerblümchen mehr. Wegen ihrer „Dickfälligkeit“ genießen die Ozeanriesen beim „großen“ Publikum einen gewissen Vorzug. Ihr „Stehvermögen“ bezieht sich aber nur auf den Eröffnungsreigen. Wenn es majestätisch aus dem Nordwesten bläst und das Pflaster richtig „ruppelig“ ist, dann schwimmen die kleineren Schiffe wieder in Vorhand.
Folgendes schrieb Prof. Dr. Seilkopf von der Deutschen Seewarte in „Stürme und Orkane und ihre Bedeutung für die Schiffahrt“, Hamburg 1937:

> „Geraten diese großen Schiffe in Rollschwingungen, so wirkt sich bei ihnen die Seehöhe der oberen Decks und deren Abstand von der Schiffslängsachse aus, so daß die bei der Schwingung durchlaufenen Wege, die Geschwindigkeiten und Beschleunigungen ganz bedeutend sind und an die Seefestigkeit der Fahrgäste erhebliche Anforderungen stellen.“

Passagier- und Autofähre GTS „FINJET“
1977 Wärtsilä-Werft, Helsinki
Oy Finnlines, Helsinki – Länge 212,8 m – Breite 25,4 m – 24 605 BRT – 2500 tdw – 2× 37 500 PS – über 30 kn – 1532 Passagiere – 350 Pkw oder Lkw bzw. Busse – schnellste und größte Fähre der Welt, im Pendelverkehr zischen Helsinki und Travemünde

Die Welle radiert

Sturmwellen pflanzen sich mit D-Zug-Geschwindigkeit fort, wohlgemerkt nur die Wellenzüge, nicht das Wasser selbst. Man erkennt dies am Treibgut. Die Wasserteilchen treten sozusagen auf der Stelle und führen nur eine Kreisbewegung aus. Wie der Halm im wogenden Getreidefelde kehren die Teilchen immer wieder an ihren Ausgangsort zurück. Nur die Energie wird weiter verfrachtet. Die lebendige Kraft von Sturmwellen ist gewaltig. Auf einer Forschungsfahrt wurde der Inhalt eines Wellenberges mit 19 500 Tonnen gemessen. Dies Gewicht mit 60 Kilometerstunden gegen die Scilly-Inseln geschleudert, gibt Kleingranit. Ganze Länder wurden durch die Wirkung der Meeresbrandung geradezu abradiert. Als Meißel bedient sich die brandende Sturmsee dabei des Brandungsgerölls, das sie gegen die Steilküste donnert. Die Wasserbauer rechnen im Gebiet der Nordsee mit einem Brandungsdruck von 15 t auf einen Quadratmeter.

Dünung reist über den Ozean

Mit Verschwinden der bewegenden Ursache, dem Abflauen des Sturmes, tritt auf den weiten Weltmeeren noch keine Beruhigung ein. Die Wellenbewegung bleibt wie die Schwingungen einer angestrichenen Saite als Dünung noch eine gewisse Zeit bestehen, bis die Reibung ihre Energie aufgezehrt hat. Die Dünung hat es oft sehr eilig und legt weite Strecken zurück. Dünungswanderungen über 2500 Seemeilen sind keine Seltenheit. Wirkungen nordatlantischer Stürme machen sich bis in die Kalmenzonen des Äquators bemerkbar und waren dort früher für Segelschiffe sehr unangenehm.

Graf Larisch – nicht Grillparzer – hat das schönste Buch über Meereswellen geschrieben. Es heißt „Sturmsee und Brandung". Herrliche Aufnahmen von Wellengebirgen sind zwischen den Text gestreut. Ein genaues Studium der Fotos lohnt sich sehr. Bei der Betrachtung ahnt man, was die Leute auf den Salpeterschiffen geleistet haben. wenn sie ihre „Windjammer" um Kap Hoorn knüppelten.

Der „Jammer" ist übrigens kein Ausdruck für großes menschliches Leid, für entbehrungsreiches Leben auf schlecht gebauten Schiffen. Es handelt sich vielmehr um einen englischen Ehrennamen für die Segler. Der zweite Stamm ist aber nicht etwa dem Wort für britische Qualitätsmarmelade entlehnt, sondern hat seine Wurzel in dem Tätigkeitswort to jam = pressen. Der Windjammer ist also das vom Winde gepreßte Schiff. – Das berühmte Kap hat übrigens nicht ein Stück (vom) Rindvieh, sondern das holländische Städtchen Hoorn zur Patin.

Als besonders wesentlich behalten wir uns:

Die große Liebe zu kleinen Schiffen ist wegen ihres Wohlverhaltens in Stürmen berechtigt.

Ebbe und Flut

Zu den stärksten Eindrücken eines Besuches an der Küste gehört für jeden unverbildeten Menschen die Beobachtung, daß das Wasser in den Mündungen der Ströme nicht immer dem „natürlichen" Gefälle folgt, sondern im Laufe eines Tages zweimal gute sechs Stunden bergauf fließt. Dieses Auf und Ab erfolgt mit bestimmter Regelmäßigkeit, die allerdings nicht mit der gewohnten zeitlichen Ordnung unserer bürgerlichen Beschäftigung in Einklang steht. Das periodische Steigen und Fallen des Wassers und der damit einhergehenden Strömungen – Ebbe und Flut – richtet sich nicht nach der „Sonnenuhr", sondern steht – wie man schon früh erkannt hat – im Einklang mit den Bewegungen, die unser Satellit, der Mond, um die Erde ausführt. Mit der gleichen Zeitdifferenz, um die sich der Mondaufgang täglich verspätet, machen sich auch Ebbe und Flut an unseren Küsten bemerkbar. Innerhalb von 24 Stunden und 50 Minuten haben wir zweimal Ebbe und Flut. Die Dauer einer *Gezeit* oder *Tide* beträgt 6 Stunden und 13 Minuten. In den Unterläufen von Elbe und Weser gilt diese Periodizität nicht wegen des zu Tal strömenden Bergwassers, das sich der Flut „entgegenstemmt". Die Ebbe dauert hier etwa 7½, die Flut dagegen nur 5 Stunden.

Ein Maß für die Größe der im Laufe eines Tages zweimal bewegten Wassermengen innerhalb eines verhältnismäßig kleinen Seeraumes geben uns die Verhältnisse im Jadebusen. In das 200 qkm große Gebiet strömen im Verlaufe einer normalen Flut 451 Mill. cbm Seewasser ein. An der Jademündung beträgt die Wasserbewegung pro Sekunde 26 000 cbm. Demgegenüber führt der Niederrhein bei Emmerich normalerweise etwa 2330 cbm pro Sekunde.

Ganz besonders interessant sind die Gezeiten an der friesischen Küste. Deren Inseln verlieren im Verlauf der Ebbe ihren insularen Charakter und werden durch das Watt für einige Stunden Bestandteil des Festlandes. Das Watt ist eine tischebene graue Fläche aus Schlick und Sand, das von scharf ausgeprägten kleinen Tälern, den *Prielen*, durchzogen wird. Die größeren Priele dienen der Küstenschiffahrt; sie sind bei Flut an dem eng gesteckten Buschwerk, den *Pricken*, erkennbar. Die Öffnungen zwischen den Inseln heißen *Seegatten*.

Bei Blockierung der Inseln durch winterliches Packeis pflegt man auch heute noch in Notfällen zu Fuß zum

Festland zu gehen. Die gefährlichen Stellen bei Wattwanderungen sind die Priele, weil sie sich zuerst mit Wasser füllen und von hier aus die Wattebene überfluten.
Isaac Newton, der große englische Naturforscher, fand 1687 erstmalig eine Erklärung für diese großartige Erscheinung. Er wies nach, daß „himmlische Kräfte“, nämlich die gegenseitige Anziehung der Himmelskörper, die Gezeiten hervorrufen. Einerseits ist es die „Gewichtigkeit“ der Himmelskörper, ihre Masse, zum anderen aber, viel stärker wirkend, ihre Entfernung voneinander, die das Ausmaß der Wasserbewegungen beeinflussen. So übt der nahe, aber kleine Mond eine bedeutend größere Anziehungskraft auf die Erde aus als die riesengroße, aber 400 mal weiter entfernte Sonne. Der Einfluß unseres Trabanten dominiert so stark, daß wir bei flüchtiger Beobachtung geneigt sind, die Mitwirkung der Sonne überhaupt zu leugnen.
Die Anziehungskraft des zunächst allein zu betrachtenden Mondes zeigt sich darin, daß die leicht verschiebbaren Wassermengen der Ozeane bestrebt sind, auf ihn „zuzufallen“ und seiner Bewegung um die Erde zu folgen. Es bildet sich sozusagen auf dem Stück des freien Weltmeeres, das dem Mond gerade gegenüberliegt, eine Erhöhung, eine Wasserwulst, von einigen Dezimetern, die wellenförmig auf die Küste zusteuert. Hier wird die Flutwelle durch Stauungen, namentlich im Englischen Kanal und in den Mündungen unserer Flüsse, stark „überhöht“. Der große bekannte Tidenhub von über 20 m wird in der Fundy Bay in Neufundland gemessen. Deutsche Häfen zeigen folgende mittlere Werte:

	Mittlerer Tidenhub m	Springtidenhub m	Nipptidenhub m
Helgoland	2,25	2,56	1,84
Bremen	3,29	3,34	2,94
Bremerhaven	3,44	3,77	2,94
Wilhelmshaven	3,59	3,96	3,06
Cuxhaven	2,84	3,18	2,43
Hamburg	2,17	2,28	1,84
Emden	3,02	3,31	2,66

Übrigens tritt seltsamerweise auch an der dem Mond entgegengesetzten Seite der Erde eine Wasserschwellung auf, die Kopfzerbrechen macht. Wir haben die Zusammenhänge für den Hausgebrauch bewußt vereinfacht, aber jetzt müssen wir Farbe bekennen: Außer der Anziehung des Mondes wirkt nämlich auch die Fliehkraft des wie Mutter und Töchterchen umeinander wirbelnden Paares Erde/Mond auf die Entstehung der Gezeiten ein. Beide Kräfte beschwingen die Wassermassen. Auf der Mondseite der Erde dominiert die Anziehung über die Fliehkraft, auf der um den Erddurchmesser vom Mond weiter entfernten Gegenseite herrscht die Fliehkraft über die Anziehung vor. So entstehen zwei „Wasserberge", je einer bei „Füßlern" und „Gegenfüßlern" oder anders ausgedrückt: Der Gezeitenwechsel tritt normalerweise zweimal im Laufe eines Tages auf.

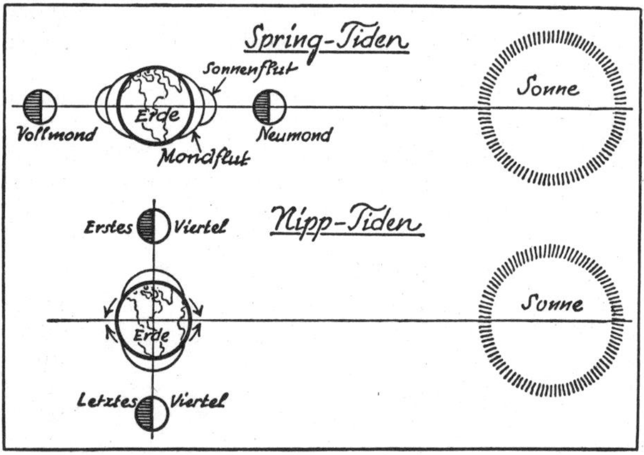

Beobachtet man die Niveauunterschiede an der Küste regelmäßig längere Zeit, dann stellt man in größeren zeitlichen Abständen wiederkehrende Ungleichheiten in den Gezeiten fest. Zweimal im Verlaufe eines Monats, eines Mondumlaufs, tritt besonders hohes Hochwasser, Springflut, und zweimal auffällig niedriges Hochwasser, die Nippflut, ein. Beide Ereignisse fallen mit auffälligen Konstellationen des Tages- und Nachtgestirns zusammen. Stehen Sonne und Mond „in einer Linie", wie bei Voll- und Neumond, dann summieren sich die große „Nahwirkung" des Mondes und die kleine „Fernwirkung" der Sonne. Sie rufen mit „vereinten Kräften" die Springflut hervor. Während des ersten und letz-

ten Viertels dagegen, wenn beide im rechten Winkel zueinander stehen, „stiehlt“ die Sonne dem Mond einen Teil „seiner“ Flut; dann haben wir geringen Tidenhub, man spricht von Nippflut. – Den Veränderungen im Niveau entsprechen beachtliche Strömungen in der Waagerechten. Sie betragen in der Deutschen Bucht bis zu 1,5 Seemeilen, in den Mündungstrichtern von Elbe und Weser bis zu 4 Seemeilen in der Stunde (1 Seemeile gleich 1852 m). Im Englischen Kanal werden Stromgeschwindigkeiten bis zu 8 Knoten, das sind 15 km je Stunde, gemessen. Kleine Frachtdampfer sind dann gezwungen, „auf der Stelle zu treten“, wenn sie nicht verstehen, die Strömungen geschickt auszunutzen. Die britische Regierung hat deshalb einen Gezeitenatlas für den Englischen Kanal herausgegeben, in dem die Strömungsverhältnisse nach Richtung und Geschwindigkeit für jede Hochwasserstunde, bezogen auf Dover, eingezeichnet sind.
Wegen der Trägheit der großen bewegten Wassermengen treten übrigens Spring- und Nippflut nicht bei Erfüllung der astronomischen Bedingungen (Vollmond, Neumond, erstes Viertel, letztes Viertel) ein, sondern an unseren Küsten erst mit dreitägiger Verspätung.

Zwei Flutwellen in der Nordsee

Die Flutwelle, die den Ablauf der Gezeiten in der Deutschen Bucht vor allen Dingen beeinflußt, dringt nördlich Schottlands vom Ozean herein. In die westliche Nordsee stößt auch die Kanalflut vor. Beim Zusammentreffen zweier Flutwellen gibt es interessante Interferenzerscheinungen, sozusagen Gezeiten-„Fadings“. Trifft nämlich ein Wellenberg des einen Zuges mit einem Wellental des anderen zusammen, kann ein Teil-, ja sogar ein vollständiger Ausgleich erfolgen. So wird beispielsweise in bestimmten Gebieten der Nordsee nur ein geringer Tidenhub beobachtet. Cuxhaven hat einen mittleren Tidenhub von 2,84 m, dagegen weist das an der jütländischen Nordwestküste gelegene Hirtshals nur einen Gezeitenunterschied von 30 cm auf.
Das Steigen des Wassers heißt Flut, sein Fallen nennt man Ebbe. Bei Flut zeigen die Tonnen stromaufwärts, bei Ebbe neigen sie sich nach See. Der höchste Wasserstand bei Flut wird Hochwasser, der niedrigste bei Ebbe Niedrigwasser genannt. Die kurze Übergangszeit zwischen Ebbe und Flut – etwa eine Viertelstunde – nennt

man Stau- oder Stillwasser. Der dann folgende Stromrichtungswechsel heißt „Kentern des Stromes".
Ebbe und Flut sind dynamische, Hoch- und Niedrigwasser statische Begriffe. Beide miteinander zu vermengen, gilt als Todsünde. „Tiefebbe" anstatt „Niedrigwasser" ist eine Beleidigung für das Ohr des Ozeanographen.
Der Schöpfer dieser Wissenschaft ist übrigens der amerikanische Seeoffizier Maury. Er war der Anreger der ersten internationalen meereskundlichen Konferenz von Brüssel im Jahre 1853. Der erste deutsche Meeresforscher war der Dichter Adalbert von Chamisso. Er nahm von 1815 bis 1818 als „Naturwissenschaftler", Hauptfachrichtung Botanik, an einer russischen Expedition rund um die Welt teil. Sollten Sie noch die gesammelten Werke des Dichters in Ihrer Bücherei stehen haben, dann werfen Sie einmal einen Blick in seine ausgezeichnete „Reise um die Welt". Deutsche Ozeanographen von hohem Rang sind Krümmel, Schott, Defant, Merz und Wüst.
Wahrscheinlich werden die Ozeanographen den Finger heben, weil die Sache mit der Richtung der Tonnen – stromaufwärts Flut, stromabwärts Ebbe – auf den „Hausgebrauch" abgestellt ist. Der Verfasser hat nämlich eine seltsame Tatsache unterschlagen: Gegen Schluß der Flut strömt das Wasser in unseren Flußmündungen zwar noch stromaufwärts, aber es fällt bereits; umgekehrt ist es am Schluß der Ebbe. Eine tolle Erscheinung, die nicht ganz leicht „eingeht". Die Gezeiten sind sozusagen eine magische Angelegenheit.

Gezeiten, ein komplizierter Akkord

Das, was vereinfachend als „Zweiklang" – Mond- und Sonnenflut – dargestellt ist, erweist sich in Wirklichkeit als ein sehr komplizierter „Akkord", in dem gut zwanzig andere Stimmen – verschiedene Entfernungen der Gestirne voneinander, ihre wechselnde Höhe usw. – ja sogar „Obertöne" beteiligt sind. Deshalb lassen sich die Gezeiten rechnerisch nur mit Hilfe von besonderen Gezeitenmaschinen bewältigen, von denen es auf der Welt etwa ein Dutzend gibt. Die größte befindet sich im „Deutschen Hydrographischen Institut" in Hamburg. Sie hat keine Ähnlichkeit mit modernen Büromaschinen; auch nicht mit Computern. Ihr Gewicht zeigt uns ihre Eigenarten: Die Gezeiten-Rechenmaschine wiegt sieben Tonnen bei 7,5 m Länge. Die Berechnungsdauer für die Gezeiten eines

Hafens nimmt 15 Stunden in Anspruch. Dann hat die Maschine einen Papierstreifen von 210 m Länge und ½ m Breite beschrieben.

Gezeitentafeln

Das Deutsche Hydrographische Institut, Nachfolger der „Deutschen Seewarte", gibt regelmäßig umfangreiche Gezeitentafeln heraus, die den Eintritt von Hoch- und Niedrigwasser für die wichtigsten deutschen Häfen, sogenannte „Bezugsorte" angeben. Für kleinere Küstenplätze in der Nachbarschaft, die „Anschlußorte", werden Differenzen veröffentlicht, nach denen man sich die Gezeitendaten aus den Werten für die Bezugsorte berechnen kann. Es heißt dann beispielsweise: „Stade, Bezugsort Cuxhaven Hochwasser + 2 st 54 min; Niedrigwasser: 3 st 37 min". Auch die Höhen der Wasserstände lassen sich auf diese Art ermitteln. – Die deutschen Gezeitentafeln enthalten ebenfalls Angaben über wichtige Auslandshäfen, die im Austauschdienst mit den fremden Schwesterinstituten bezogen werden.

Sturmfluten

Weht der Wind längere Zeit in erheblicher Stärke aus einer Richtung, kommt es zu Wasserstauungen an den Küsten, die die Wirkung der Gezeiten überdecken. Steife Nordwestwinde bringen in der Nordsee hohe Wasserstände, lang anhaltende Ostwinde fegen das Wasser hinaus. Trifft bei Orkanen die Höhe des Windstaues zeitlich mit Springhochwasser zusammen, kommt es zu den gefürchteten Sturmfluten.

Die Orkanflut vom 16. Februar 1962, die in Wilhelmshaven noch um 15 cm höher auflief als die Sturmflut von 1906, hat an den deutschen Küsten 300 Menschenleben gefordert. Sie zeigt uns in erschreckender Deutlichkeit, daß die holländische Katastrophe vom Jahre 1953 als Warnung nicht eindringlich genug gewesen war. Seit 1955 wurde zwar planmäßig an der Erhöhung der Deiche gearbeitet, weil die Gefahr erkannt worden war, aber das Unheil war schneller als das Bautempo.

Forschung und Aberglaube

Die Forschung beschäftigt sich heute übrigens vorzugsweise mit Gezeiten in den Meeresteilen, in denen es in navigatorischem Sinne keine Gezeiten gibt. Das Mittelmeer, das Schwarze Meer, der Genfer und der Chiemsee stehen im Vordergrund des Interesses. Man hat sogar Gezeiten experimentell im Wasserbecken nachgewiesen. – Auf Borkum glauben die Frauen, daß neue Erdenbürger sich nur bei Flut auf die Insel getrauen, und in Bremerhaven ist man davon überzeugt, daß bei Ebbe ein Gewitter nicht über die Weser könne". Die Geburts- und die Klimastatistik sind dagegen. – Aber was heißt schon Statistik – ich halte es mit Hamlet, I. Akt, dort steht die Sache mit der Schulweisheit. Shakespeare hat sicherlich die Steigerungsform des Begriffes „Unwahrheit" gekannt: Lüge, Meineid, Statistik.

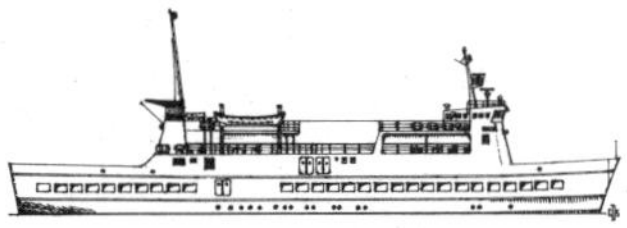

Autofähre „RHEINLAND"
1974 Werftunion GmbH & Co., Gassens-Werft, Emden
AG „Ems", Emden – Länge 63,3 m – Breite 12 m – 797 BRT – 2500 PS – 15,5 kn – 1200 Tagespassagiere beim Emden-Borkum-Verkehr – 50 Pkw

Die Nordsee

Die Nordsee, ein Nebenmeer des Atlantischen Ozeans, gehört zu den sogenannten Schelfmeeren, das heißt zu den Seegebieten, die sich durch ihre geringe Tiefe von dem ozeanischen Becken scharf abheben und die deshalb den Kontinenten zugerechnet werden. Die Grenzen der Nordsee bilden die Küsten der anliegenden Staaten Norwegen, Dänemark, Deutschland, Holland, Belgien, Großbritannien und eine Linie, die von den Shetlandinseln auf dem 61. Breitengrad nach der Mündung des Sognefjords läuft. Der Flächenraum dieses Gebietes ist zu 575 000 qkm vermessen, entspricht also etwa dem Areal Deutschlands vor dem ersten Weltkriege.

Während die Küsten Englands, Schottlands und Norwegens mit ihren Felsenufern steil nach der See abfallen, sind die Ufer der übrigen Grenzländer Dünenküsten, die häufig durch Deiche vor der Gewalt der berüchtigten Sturmfluten geschützt werden müssen. Die Höhe dieser Deiche ist wegen des Sinkens der Küste nicht immer hinreichend. Wie noch erinnerlich, kam es 1953 in Holland und 1962 in Deutschland zu katastrophalen Deichbrüchen und Überschwemmungen. Im Mittelalter sind weite Strecken fruchtbaren Schwemmlandes durch Deichbruch verlorengegangen; beispielsweise die Gebiete der Zuidersee, der Lauwers, des Dollarts, der Leybucht und des Jadebusens sowie die ehemalige Verbindung zwischen den Nordfriesischen Inseln und der jetzigen Festlandsküste. Rund 3000 qkm wurden durch neue Deichbauten, besonders im Gebiet der Zuidersee, dem Meere wieder abgerungen. Bei den Ost- und Westfriesischen Inseln handelt es sich übrigens nicht um abgetrennte Teile der Festlandküste. Sie sind im doppelten Sinne des Wortes „aufgeblasene“ Sandbänke, bei deren Wachstum der Strandhafer, der „Helm“, wichtige Hilfe leistete.

Die Tiefe der Nordsee beträgt in der Helgoländer Bucht etwa 30 m, maximal 50 m in der Helgoländer Rinne. In nördlicher Richtung wachsen die Lotungen langsam an und betragen bei den Shetlandinseln etwa 175 m. Die 200-m-Grenze wird nur in der sogenannten „Norwegischen Rinne“, einem der skandinavischen Westküste vorgelagerten, 800 m tiefen Graben, überschritten. Die geringsten Tiefen werden auf der Doggerbank gemessen, den großen Sänden, die sich östlich von Nordengland in einer Ausdeh-

nung von 3300 qkm erstrecken. Sie betragen stellenweise nur 13 m. Dort lagen während der Eiszeit die Mündungen von Rhein, Maas und Schelde. Die Grundschleppnetze von Fischdampfern bringen gelegentlich braune Beweise für diese Küstenverschiebung herauf: den Doggerbanktorf. – Die Bezeichnung „Silberpit", das heißt „Silberloch", in der Seekarte deutet übrigens das alte Rheintal an. Der Grund ist hier mit typischen Rheinkieseln „gepflastert".
Die breite Verbindung der Nordsee mit dem Atlantischen Ozean im Norden von Schottland sichert ihr den hohen Salzgehalt, der im Mittel vor den deutschen Küsten 3,2 % beträgt. Der Höchstwert im Atlantischen Ozean wurde mit 3,75 % ermittelt. – In subtropischen Ländern werden pro Jahr durch Verdunstung in „Salzgärten" etwa 30 Mill. t Salz gewonnen.

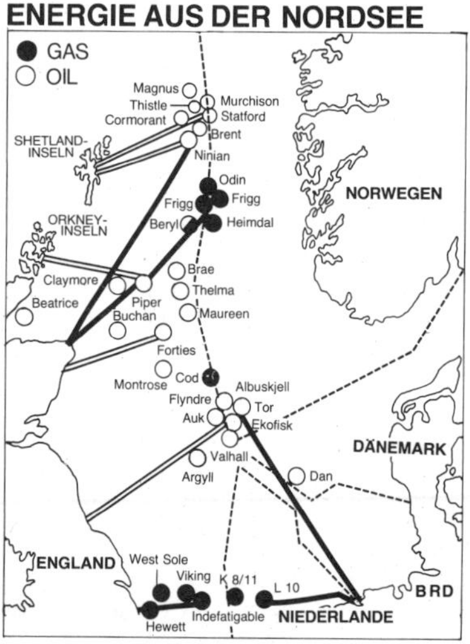

Öl- und Gasfunde in der Nordsee

Die Temperatur des Oberflächenwassers stellt sich im Sommer auf 13–17 Grad, im Winter auf 3–7 Grad Celsius,

je nach der Breitenlage, wobei die Temperatur von Süden nach Norden gesetzmäßig abnimmt.
Während des zweiten Weltkrieges wurde die Nordsee von beiden Gegnern mit magnetischen und akustischen Minen verseucht. Aus Sicherheitsgründen hält man sich auch heute noch an die gleich nach Beendigung der Feindseligkeiten geschaffenen minenfreien Zwangswege, über deren Lage die obige Karte Auskunft gibt. – Der für den internationalen Schiffahrtsverkehr wichtige Borkum-Weg wurde im Jahre 1969 auf 7 Seemeilen verbreitert und gleichzeitig eine Verkehrsregelung nach dem Rechtsprinzip eingeführt.
Neben dem Atlantischen Ozean und dem Englischen Kanal spielt die Nordsee für den Überseeverkehr eine wichtige Rolle. Zahlreiche Häfen von Weltbedeutung liegen an ihren Küsten oder an den Flußmündungen. Die wichtigsten deutschen Umschlagplätze sind Hamburg, Bremen, Bremerhaven, Nordenham, Brake, Wilhelmshaven und Emden. Wilhelmshaven, früher ausschließlich Marinestützpunkt und nach dem zweiten Weltkrieg durch Zerstörung der Staatswerft und Sprengung der Schleusen maritim vollkommen entwertet, hat sich inzwischen durch Bau eines Ölhafens zum bedeutenden Umschlagplatz für Mineralöle entwickelt. Das Öl wird vom Hafen unmittelbar durch eine Rohrleitung dem Ruhrgebiet zugeführt.

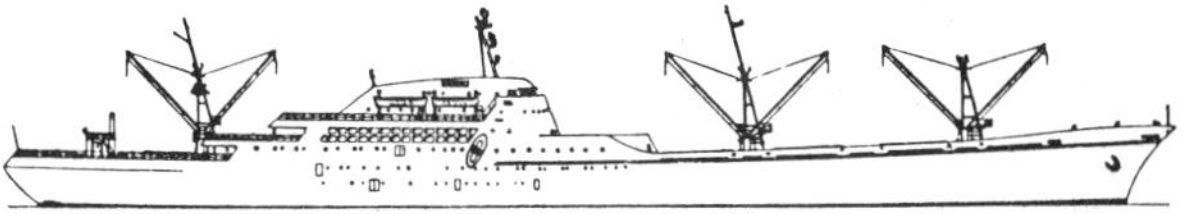

NS „SAVANNAH“
Schiff mit Kernenergieantrieb
1962 New York Shipbuilding Corporation, Dambden
Maritime Administration, Washington – Länge 181,5 m – Breite 23,8 m – 13 559 BRT – 9990 t Tragfähigkeit – 20 000 PS – 24 kn – 60 Fahrgäste – 110 Mann Besatzung

Die Ostsee

Der Volksmund bezeichnet die Ostsee gelegentlich als Schwester der Nordsee. Möglicherweise gab der frühere Name der Nachbarin „Westsee" Veranlassung für diesen unpassenden Vergleich. Mit Ausnahme ihrer Größe – 422 000 qkm – haben beide keine Familienähnlichkeit. Eigentlich wird alles anders, wenn man die Schleusen des Nord-Ostsee-Kanals in Holtenau oder die natürlichen Zuwegungen vom Kattegat im Norden, den Sund und die Belte, passiert hat. Alles ist anders: die Küsten, das Wasser, der Grund, die Pflanzenwelt und die Entstehungsgeschichte dieses „Mittelmeeres".

Die Diktatur der Eisheiligen

Die Ostsee stand nämlich viel länger unter der Herrschaft der „Eisheiligen" als unsere Nordsee. Diese ließen vor etwa 600 000 Jahren die Gletscher Skandinaviens gegen Mitteleuropa „stürmen" und zogen sie später ganz langsam in ständigen, von gelegentlichen „Gegenangriffen" unterbrochenen Absetzbewegungen wieder ins Heimatgebiet zurück. Es war ein langer, im wahren Sinne des Wortes zermürbender kalter Krieg. Er hat so rund 580 000 Jahre gedauert. – Als es dann vor etwa 15 000 Jahren im Gebiete der heutigen Ostsee auch „soweit" war und die Spitzen der norwegischen Gebirge durch die Eisdecke brachen, da jumpten die von der Eislast befreiten Landmassen in die Höhe; die Verbindung der Ostsee mit dem Eismeer und dem Atlantik wurde unterbrochen, und das Baltische Meer wurde zu einem reinen Binnensee. Dieses Auf und Nieder hat sich mehrfach wiederholt; natürlich nicht im Sprintertempo, sondern hübsch gemächlich, wenn wir unser Dasein als Zeitmaß wählen. Zur Zeit strebt die finnische Westküste wieder zum Licht, und zwar an einzelnen Stellen im Norden um den soliden Betrag von rund 1 m pro Jahrhundert. Bei Wasa, wo noch im 17. Jahrhundert die Kriegsschiffe König Gustaf Adolfs ankerten, kann man jetzt auf einer Wiese sein Campingzelt aufschlagen. Die gesamte Hebung des skandinavischen „Schildes" erreicht in der Nordwestecke des Bottnischen Meerbusens die Höhe der Harzer Vorberge; 180 bis 200 m ist hier das Land seit der Eiszeit aus der See gestiegen. Dagegen senkt sich die deutsche und dänische Küste. Hier sind durch

Ertrinken von tieferen Landesteilen die reizvollen Förden entstanden.

Die Gletscher hobelten und bauten

Spuren der Eiszeit finden sich überall im Ostseegebiet. An den Felsenküsten Finnlands und Schwedens sind es die Gletscherschliffe am Gestein. Hier haben die Eisströme mit ihren Schuttmassen am Grunde beim „Vormarsch" wie Feilen gewirkt und alles Kantige rund geschliffen. Man sieht es besonders schön an den „Rundhöckern" des Schärengebietes Finnlands und Schwedens. – Was aber die Gletscher im Norden abgehobelt haben, lagerten sie in der deutschen Tiefebene, in Jütland, auf den dänischen Inseln und schließlich im Gletscherlande selbst in Gestalt von Moränenhügeln wieder ab. Die anmutige Hügellandschaft im südlichen Holstein mit ihren lieblichen Seen, der die Fremdenverkehrsleute den Namen „Holsteinische Schweiz" angehängt haben, sind ein besonders erfreuliches Ergebnis der formenden Kräfte des fließenden Eises.

Trawlfischerei unmöglich

Die Fischerleute haben übrigens unter der Jugend ihres Fanggebietes besonders zu leiden. Während die Felsbrokken, die in der Eiszeit auf dem Grunde der Nordsee abgelagert wurden, fast überall schön eingesandet sind, liegen sie am Grunde des Baltischen Meeres noch „ungepolstert" auf dem Meeresboden. Eine Stelle ist besonders berüchtigt, der sogenannte „Adlergrund", südwestlich von Bornholm, auf dem die „Meilensteine" nur 6 m unter der Meeresoberfläche liegen. Die Ostseefischer können deshalb nicht mit dem „aktivistischen" Grundschleppnetz arbeiten, sondern müssen sich mit „harmloseren" Fanggeräten begnügen. Deshalb ist auch die Ostseefischerei im Vergleich zur neuzeitlichen Dampfer- und Motorfischerei sehr arbeitsintensiv und wenig ergiebig.

Meeresgrund vielgestaltig

Die Gesteinsbrocken liegen übrigens auf sehr verschieden hohen „Stockwerken". Genauso vielgestaltig wie die umrandenden Küsten ist auch der Grund der Ostsee. Der Boden ist in zahlreiche Mulden und Rinnen unterteilt, und die Wassertiefen wechseln oft sprunghaft. In der „Tiefen Rinne" an der schwedischen Küste des Kattegats werden 50 m, in den Belten 40 m gelotet. In der Mecklenburger Bucht mißt man 20 m, und das „Arkonatief" steigt wieder auf 45 m hinab. Über dem „Adlergrund“ stehen, wie erwähnt, nur 6 m Wasser. In der Danziger Bucht aber hat man 113 m unter dem Kiel, und östlich von Gotland muß man mindestens 250 m Lotdraht zur Verfügung haben, um den Grund zu erreichen. Durch die Inselwelt der Aalandgruppe, die mit unterseeischen „Patschen“ geradezu gepflastert ist, führt eine Rinne von 250 m Tiefe. Den Rekord aber hält das „Landsorttief“, südlich der Stockholmer Schären, mit 462 m.

Steiniger Strand, aber ...

Man ahnt die „Jugend“ der Ostsee übrigens auch als Kurgast beim Baden am Strande. Hier fehlte es der Brandung bislang an Zeit, um den Gletscherschutt wie an der Nordsee restlos zu Feinsand zu vermahlen. Der Ostseestrand ist steinig, dafür bietet aber der Küstensaum landschaftliche Vorzüge durch die Fülle der Laubwälder an der dänischen und deutschen Küste. Dieser Holzreichtum hat die Ostseehäfen zum Schiffbauzentrum der Hanse gemacht. Es ist ein ausgesprochenes Wirtschaftswunder, daß die Werften ihre Stellung zu wahren wußten, als der organische Baustoff durch den „landfremden“ Stahl verdrängt wurde.

... keine Gezeiten und wenig Salz

Die Ostseebäder haben auch noch eine andere Annehmlichkeit: Man braucht nach fröhlich durchwachter Nacht nicht auf das Bad zu verzichten wie an der Nordsee, wenn das Hochwasser in die frühen Morgenstunden fällt. Die Ostsee ist bis auf drei schmale Durchlässe vom Ozean abgeriegelt, und die Gezeiten machen sich praktisch nicht bemerkbar. Bei Kopenhagen im Sund beträgt der Tidenhub etwa 15 cm, nimmt dann nach Osten bis auf wenige Zentimeter ab, um beim Eingang des Bottnischen Meerbusens wieder auf 15 cm anzuschwellen. Die Ursache für diese Erscheinung liegt in der Eigenschwingung der Ostsee. Dennoch gibt es gelegentlich als Folge von Stürmen beträchtliche Unterschiede im Wasserstand. 1872 stand das Wasser in Lübeck 3,38 m über Normalnull und richtete große Zerstörungen an.
Kriegt man beim Baden einen Schwall Wasser in den Mund, schmeckt er viel milder als bei Wangerooge, Amrum oder aus den „Biomaris“-Flaschen. In Ulu an der Bottenküste unterscheidet sich der Geschmack des Seewassers kaum von dem „gammeligen“ Trinkwassers. Der

dänische Inselriegel hemmt die Salzströme des Atlantiks, und Neva, Düna, Memel, Pregel, Weichsel und Oder sowie die zahlreichen Gebirgsflüsse „Fennoskandias“ sorgen für gründliche Verwässerung der herzhaften ozeanischen „Lake“. Der „Über-Fluß“ dieser Ströme macht sich übrigens Luft im Kattegat und setzt als „Baltischer Strom“ in das Skagerrak und weiter in die Nordsee. Dafür schleicht sich als Ausgleich unter der Meeresoberfläche ein salzhaltiger Tiefenstrom in die Ostsee und sorgt dafür, daß ihr Wasser nicht ganz „labberig“ wird. So ist der Rhythmus bis zum salzlosen Bad: Atlantik 3,62 %, Nordsee 3,2 %, Skagerrak 2,8 %, Kattegat 1,7 %, Rügen 0,8 %, Botten- und Finnenbusen 0,0%. Der bedeutende Unterschied im Salzgehalt von Nord- und Ostsee bedingt, daß ein Frachtschiff von etwa 3000 t Tragfähigkeit in der Nordsee ungefähr 100 t mehr verladen kann als in Hasparanda im Bottnischen Meerbusen. Daher erklären sich auch die Unterschiede in den Tieflademarken (siehe Seite 97).

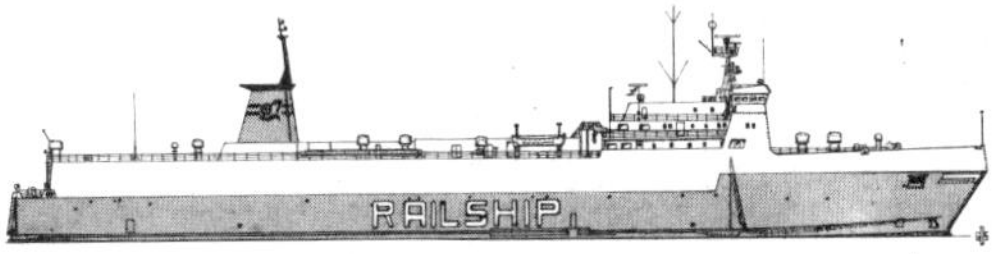

Eisenbahn-Fährschiff „RAILSHIP I“
1975 Rickmers Werft, Bremerhaven
Partenreederei Railship I, Hamburg – Länge 150 m – Breite 21,6 m – 5322 BRT – 7096 tdw – 20 000 PS – 20,5 kn – 27 Mann Besatzung – 10 Passagiere – 60 Waggons. Wird 1979 um 27 m für weitere 15 Waggons verlängert.

Kabbelige See und viel Eis

Wer die Ostsee wegen ihres Mittelmeercharakters für ein klimatisch „sanftes“ Gebiet hält, wird häufig während einer stürmischen Seefahrt eines anderen belehrt. Ihre kurzen, kabbeligen Seen haben es in sich, und die „Betroffenen“ werden hart an die bekannte Rundfunksendung „Das ist Jazz“ erinnert. – Im Winter ist die See natürlich besonders ruppig, dann blieben die Schiffer der Hansezeit fein zu Hause und machten „Freizeitgestaltung“, nicht nur der Stürme wegen. Es meldet sich dann auch das Eis. Im Winter frieren die Häfen des Bottens und des Finnischen Meerbusens regelmäßig zu. Sie sind in manchen Jahren über fünf Monate geschlossen. Die Salzarmut erweist sich dabei als ein getreuer Helfer der „Eisheiligen". – In harten Wintern werden auch die Südküsten vom Eis besetzt. In den Jahren 1349 und 1459 konnte man von der deutschen Küste zu Fuß nach Dänemark gehen. 1922 waren ähnliche Verhältnisse.

Denkmäler der Vergangenheit

Bis zum 16. Jahrhundert war die Ostsee der nördliche Schwerpunkt des welthistorischen Geschehens. Hier entfaltete die Hanse ihre großartige Mittlertätigkeit zwischen dem Süden und den skandinavischen Ländern. Hering und Stockfisch waren die Stapelgüter. Die großartigen Ruinen in Visby auf Gotland, die ragenden Türme von Lübeck zeugen noch heute von einstiger Größe der Hanse, die Schlösser von Kopenhagen und Stockholm von Macht und Glanz ihrer Überwinder. – Mit der Entdeckung des Seeweges nach Indien und des neuen Kontinents verloren Ostsee und Mittelmeer fast gleichzeitig ihre Bedeutung. Geschichte wurde jetzt an den Küsten des Atlantischen Ozeans gemacht. – Den Ausklang der großen Zeit Lübecks hat Thomas Mann in den „Buddenbrooks" geschildert.

Neue Blüte durch „zweite Eisenzeit"

Als das Industriezeitalter gleichzeitig mit dem Nachrichtenhunger anbrach, kam wieder Leben in die Ostsee. Die mächtigen Erzlager Schwedens waren zwar auch schon früher bekannt, aber ihre Erze ließen sich mit Holzkohle nicht verhütten, weil sie zu „sauer" waren. Die Initiatoren der neuen Wirtschaftsblüte hießen Friedrich Koening, Erfinder der Schnellpresse, und Sidney Gilchrist Thomas. Der Brite wurde erst durch seinen 1876 erfundenen „Konverter" mit den schwierigen Schwedenerzen fertig. Außerdem befruchtete er das Land im engeren Sinne des Begriffes mit dem Abfallprodukt der Verhüttung, das als phosphorhaltiges Thomasmehl von den Nutzpflanzen gern „genommen" wird. Die neuen Druckpressen aber, namentlich die Rotationsmaschinen, fraßen förmlich Papier, und dessen Rohstoff lieferten die unermeßlichen Wälder Schwedens und Finnlands. – In den Schleusen von Brunsbüttel und Holtenau kann man übrigens die Handelsstatistik des Ostseegebietes deutlich erleben. Holz und Erz sowie deren Veredelungsprodukte drängen in westlicher Richtung durch den Kanal; Koks, Mineralöl und Lebensmittel in umgekehrter Richtung.

Schnell und sicher mit der Bundesbahn ...
fährt man auch über die Ostsee. Sie ist das klassische Seegebiet der Eisenbahnfähren. Die Konstruktionsbüros der deutschen Bahn haben sich große Verdienste um die Entwicklung dieses schwimmenden Bahnhofs erworben. Sie haben auch nicht eher geruht, bis ihre Fähre dem Fluge der Zugvögel folgen konnte und die letzten Minuten für die Seefahrt herausgeholt worden sind.
Seltsam, uns „Wasserkant-ianer" regt diese Vogelfluglinie nicht so auf wie die Eisenbahner, weil uns jede Seefahrt ein Genuß ist.

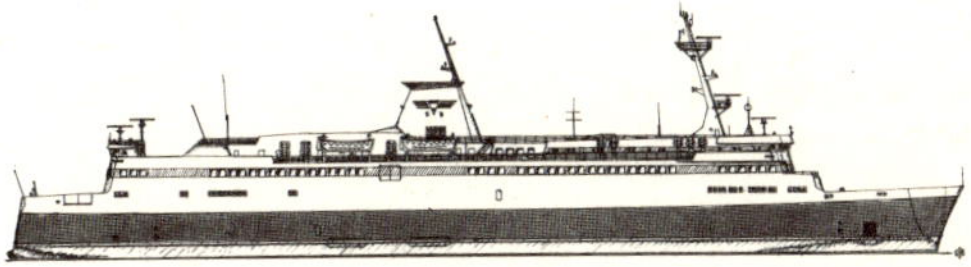

Fährschiff ES „DEUTSCHLAND"
1972 Werft Nobiskrug GmbH, Rendsburg
Deutsche Bundesbahn – Länge 144,1 m – Breite 17,35 m – 6119 BRT – 1600 tdw – 19 000 PS – 20,4 kn – 1500 Fahrgäste – 25 Mann Besatzung – 70 Personen Wirtschaftspersonal – 12 D-Zug-Wagen und 118 Pkw oder nur 358 Pkw – Einsatz aus der Vogelfluglinie Puttgarden–Rödby über die Ostsee

Der Nord-Ostsee-Kanal

Als diese große Wasserstraße am 21. Juni 1895 unter „majestätischen" Feierlichkeiten dem Verkehr übergeben wurde, hieß sie „Kaiser-Wilhelm-Kanal". Inzwischen hat sich der Name durch eine „politische" Lautverschiebung, in der die Männer des „Dritten Reiches" wacker mitschoben, in „Nord-Ostsee-Kanal" – übrigens den alten „Arbeitstitel" – verwandelt. Bei der Geburt standen zunächst strategische Gedanken im Vordergrund: Der Kanal sollte im Kriege die schnelle, ungefährdete Vereinigung der Nord- ud Ostseestreitkräfte unserer Kriegsmarine sicherstellen. Der erste Entwurf stammte von Bauinspektor Boden. Dessen von Geh. Oberbaurat Baensch überarbeitete Pläne kamen 1887 zur Ausführung. Die Baukosten betrugen 157 Mill. Mark. Von 1909 bis 1914 wurde der Kanal auf 102 m verbreitert und auf 11,3 m vertieft, um den neuen Großkampfschiffen die Durchfahrt zu ermöglichen. Kosten 239 Mill. Mark. Große Schleusen von 330 m Länge bei Brunsbüttelkoog an der Elbe und bei Holtenau in der Kieler Bucht sorgen für Ausgleich der Niveauunterschiede zwischen Nord- und Ostsee. Seit 1967 wird laufend an der Verbreiterung des Kanals um 60 m gearbeitet, weil durch die größer werdenden Schiffseinheiten die Uferböschungen in beängstigendem Maße ausgekolkt werden.

„Unterfahrt", erregendes Abenteuer

Der Kanal wird von sieben Hochbrücken überquert – zwei davon waren 1971 in Bau –, die Schiffen bis zu 40 m Masthöhe die Unterfahrt gestatten. Dies ist optisch sehr erregend, weil man von Deck aus zweifelt, ob die Sache klargeht. Geht aber bestimmt klar; dafür sorgt der „Mastmesser" der Kanalverwaltung. Schiffe mit Supertakelung fahren entweder Teleskop- oder Klappmasten. Seit 1961 ist der Kanal bei Rendsburg untertunnelt, weil die dort befindliche Drehbrücke den Schiffs- und Kraftfahrzeugverkehr gleichermaßen behinderte. Die Eröffnung der vierbahnigen Unterwasserstraße erfolgte am 25. Juli 1961.

Im Dienste der Handelsschiffahrt

Heute steht der Nord-Ostsee-Kanal vorwiegend im Dienste der Handelsschiffahrt, die wegen Zeitersparnis und Vermeidung der unruhigen Skagen-„Ecke" den Nord-Ostsee-Kanal gern benutzt. Die Wegeersparnis variiert mit den Abfahrtshäfen: Hamburg ist mit 427 Seemeilen Hauptgewinner; es folgen Bremen mit 325, Emden mit 283, Rotterdam, Antwerpen und London mit je 240 Seemeilen. Hull kann nur noch 180, Newcastle 110 und Edinburgh-Leith 85 Seemeilen für sich buchen. – Die Durchfahrt dauert bei einer zulässigen Höchstgeschwindigkeit von 15 Kilometern in der Stunde etwa acht bis neun Stunden; sie wird von Lenkungsstellen an den Endpunkten gesteuert. Für den bei großen Einheiten und allen beladenen Öltankern vorgeschriebenen Einbahnverkehr sind elf Ausweichen eingebaut, die gleichzeitig als Signalstellen dienen. Lotsenberatung ist vorgeschrieben; größere Einheiten müssen auch die Hilfe von Kanalsteuerern in Anspruch nehmen. Lotsenwechsel erfolgt bei „Halbzeit" in der Nähe von Rendsburg. Unter den Benutzern rangieren die Deutschen an erster Stelle, es folgen holländische und schwedische Schiffe.

Wetten, daß . . .

Bei illiquider Kassenlage im letzten Monatsdrittel kann man übrigens mit dem Nord-Ostsee-Kanal seine Finanzen durch – allerdings sittlich nicht ganz einwandfreie – Wetten aufbessern. Hier ein Rezept: Man steuert gesprächsweise über die ständigen politischen Konflikte im Nahen Osten Ägypten an und kriegt über Kairo, Port Said den Suezkanal beim Wickel. Ganz harmlos ergibt sich dann die Frage:
„Der Suezkanal ist doch wohl der längste Kanal?"
„Genau! So rund 150 km, glaub' ich."
„Etwas mehr, 161 km. – Welcher ist eigentlich Nummer zwei?"
„Der Panama, klar! . . . Klar wie Kloßbrühe!"
„Kloßbrühe? . . . Ist der Nord-Ostsee-Kanal nicht länger?"
„Ausgeschlossen, Mönsch! . . . Panama ist zweiter. Wetten, daß?"
Es *wird* gewettet, und der Partner fällt haushoch hinein. Der Panamakanal ist nämlich nur 81,6 km lang, der Nord-Ostsee-Kanal dagegen 98,65 km. Wenn Sie bei der „Siegerehrung" dann abschließend die Frage nach der Richtung stellen, in der der Panamakanal verläuft, ist des Staunens kein Ende. Sie sollten sofort einen Blick in den Atlas werfen und sich überzeugen.
Man kann die anrüchige Wette übrigens mit der *Verkehrsdichte* fortsetzen. Hier ist der Nord-Ostsee-Kanal

sogar „Weltmeister“. Im Jahre 1978 befuhren 57 222 Schiffe mit 83,94 Mill. BRT den Nord-Ostsee-Kanal mit 57,337 Millionen Tonnen Ladung. Wenn aber die Frage nach den Verkehrsleistungen gestellt wird, dann segelt natürlich unser Kanal gegenüber der ägyptischen und der panamaischen Konkurrenz erheblich achteraus. Bei uns herrschen die Kümos und die mittleren Frachtschiffe vor, während auf den beiden anderen Wasserstraßen die Großfrachter und -tanker dominieren. Leider haben die Panama- und Suezkanalverwaltungen besondere Vermessungsvorschriften, und ihre Verkehrszahlen lassen sich nicht ohne weiteres miteinander vergleichen, aber die von Ägypten für 1965 veröffentlichten 20 253 Durchfahrten mit 246,82 Mill. Nettoregistertonnen zeigen dennoch die klare Überlegenheit des Suezkanals gegenüber dem Nord-Ostsee-Kanal. Der Panamakanal buchte im Jahre 1965 12 118 Durchfahrer mit 76,47 Mill. Nettoregistertonnen.

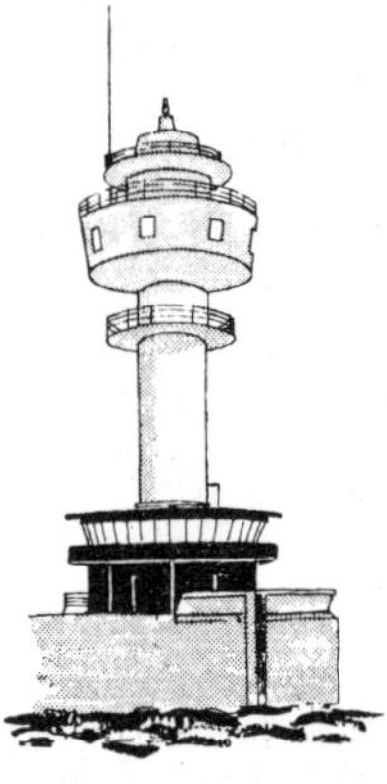

Kieler Leuchtturm

Fleet und Trawl

Seltsame Totenehrung

Am Steen zu Antwerpen lief das Volk zusammen. Karl V. von Habsburg, Kaiser des Heiligen Römischen Reiches Deutscher Nation und König von Spanien, setzte mit kleinem Gefolge über die Schelde. Drüben am anderen Ufer bestiegen sie bereitgehaltene Pferde und ritten gemächlich nach Norden. Biervliet in Seeländisch-Flandern war ihr Ziel, etwas binnenlands, fast an der Mündung des breiten Scheldestromes gelegen. Maria, Königin von Ungarn, seine Schwester, war mit dabei. Sie hatte ihn gebeten, an dieser Ehrung für den toten Beukelszoon teilnehmen zu dürfen. Den deckte wohl schon seit 150 Jahren die schwere Erde Flanderns. Gegen jedes höfische Zeremoniell verspeiste nämlich der Kaiser, in dessen Reich die Sonne nicht unterging, an jenem Sommertage des Jahres 1536 einen der berühmten holländischen „Maajekens Heringe" über dem Grabe des Toten. Karl tat es deshalb, weil – wie der Chronist zu melden wußte – Willem Beukelszoon dafür gesorgt hatte, daß den Erblanden des Kaisers durch die Heringsfischerei auf den Nordsee-Bänken jährlich „25 Millionen Thaler Banco, wovon siebenzehn Millionen reiner Gewinst", zugeführt wurden. Der Kaiser verspeiste übrigens nur den zarten Rücken, wie es die Fachmänner in Vegesack und Emden, in Leer und Glückstadt auch zu tun pflegten.

Dieser Beukelszoon hatte nämlich die Voraussetzungen für die Entwicklung der Hochseefischerei geschaffen. Bis dahin hatte man Heringe nur dicht unter der Küste fangen können, einfach deshalb, weil die Konservierungsmethoden unzulänglich waren. Die Fischerleute, die auf Schellfisch, Kabeljau, Köhler und Lengfisch gingen, waren viel besser dran. Diese „Rundfische" konnten schon einen Knuff vertragen, ihnen machten einige qualvolle Stunden in der Enge des Netzes nichts aus. Wenn der Fischer das Fanggerät gehievt hatte, warf man sie einfach in die „Bünn". Das war ein richtiges Hochseeaquarium, eine Abteilung in der Mitte des Schiffes, zu der aber – nach allen Seiten sorgfältig abgeschottet – das Seewasser durch Bohrlöcher im Schiffsboden freien Zutritt hatte. So konnte man den Seefisch springlebendig auf den Markt bringen. Deshalb heißen die Kabeljauarten und Plattfische

im Gegensatz zu den Heringen auch heute noch „frische Fische“, obwohl sie nun seit sieben Jahrzehnten jedenfalls in den meisten europäischen Ländern geschlachtet angeliefert werden.
Der Hering aber ist ein mimosenhaftes Tier, das diese Behandlung nicht verträgt. Deshalb sieht man ihn auch selten in Schau-Aquarien, und bis zum Beginn des 15. Jahrhunderts wurde er nur an der schottischen und norwegischen Küste sowie unter Schonen in Südschweden gefangen. In der Ostsee haben die hansischen Kaufleute im Mittelalter gute Geschäfte mit der Salzung und dem Verkauf der von dänischen Fischerleuten oft geradezu geschaufelten Heringe gemacht.

Auf See gekehlt, auf See gesalzen!

Beukelszoon hatte eine bessere Konservierungsmethode entdeckt, die man in Holland „Kaken“, an der deutschen Küste „Kehlen“ nennt. Dies geht so vor sich: Ein kleines Messer mit kurzer Klinge wird auf der Bauchseite des Herings eben unterhalb des Kopfes angesetzt und ein Schnitt gegen den Rücken geführt. Mit einer geschickten Bewegung entfernt der Fischer gleichzeitig den größten Teil der Eingeweide. Von großer Bedeutung aber ist es – und dies ist wohl die Erfindung von Willem Beukelszoon –, daß neben Milch und Rogen auch der zottenartige „Pförtneranhang“ des Magens in der Bauchhöhle bleibt. Die in diesen Zotten enthaltenen Enzyme, die für den schwimmenden Hering schon von lebenswichtiger Bedeutung sind, entfalten auch im Faß noch eine segensreiche fermentierende Tätigkeit. Sie machen den Hering nämlich konsumreif und verleihen ihm gleichzeitig den typischen „Heringsgeschmack“. Gut gesalzener Kabeljau riecht frisch nach Salz und Ozean, aber er ist noch nicht genießbar; Salzhering duftet nicht wie „4711“, ist aber geschmacklich nach der Wässerung ein Leckerbissen, besonders dann, wenn er in der Form des „Matjesherings“ gegessen wird, zu deutsch „Mädchenhering“, Hering in jungfräulichem Zustande, vor Beginn des Laichgeschäfts. Über die geschmacksneutrale Qualität des Herings hat Bismarck einmal gesagt, wenn der Hering so rar wäre wie Kaviar, stände er mit Recht höher im Preis als der Rogen des Störs. Dafür hat die dankbare deutsche Fischindustrie den marinierten Hering nach dem Altreichskanzler genannt und ihm in den „illustrierten“ Dosen ein Denkmal aus Weißblech gesetzt; dies scheint ebenso dauerhaft zu sein wie Bismarcktürme und Bronzegestalten, die den Bombensturm in den Städten überstanden haben; jedenfalls solange die Vorliebe für saure Heringe im deutschen Volk anhält. – Aus dem Bismarckhering entsteht übrigens durch „Zellteilung" und „rollende Reibung" um einen Gurkenkern ein hochgeschätztes Kind, der „Rollmops".

Das Fleet, die große „Gardine"

Die Landsleute von Willem Beukelszoon aber finden wir zu Beginn des 15. Jahrhunderts an allen Stellen der Nordsee, wo verschiedene Heringsrassen, sonst über die ganze Fläche verstreut, sich zum Hochzeitsfest zu versammeln pflegen und in der mit Flitterwochen nun einmal verbundenen erotischen Begeisterung leicht ins Garn gehen. Dieses erste große Herings-„Garn" wurde im Jahre 1416 in Hoorn an der Zuidersee angefertigt. Im gleichen Jahr lief hier auch ein neues Schiff vom Stapel, das mit der Tradition brach und sich über drei Jahrhunderte auf der Nordsee

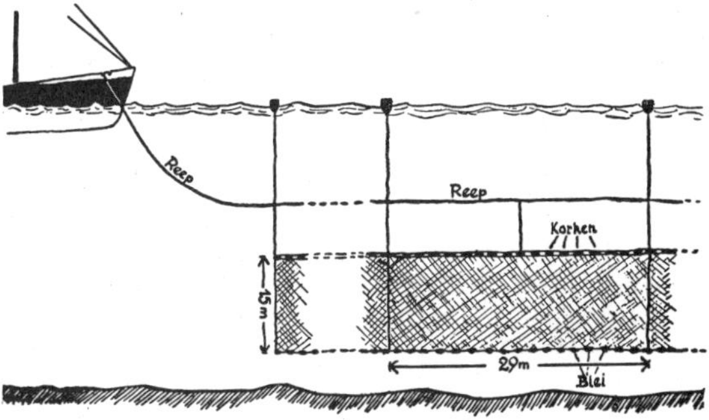

Heringsfleet

bewährt hat: die Herings-Buise. Das Fleet genannte Großnetz – heutzutage bis zu 4000 m lang – ist ein passives Fanggerät, ein Treibnetz, an dessen Ende das Schiff wie vor Anker liegt. Wie ein Tennisnetz oder eine Supergardine hängt das Fleet an einem dicken *Reep* (Tau), das seinerseits wieder von hölzernen Tonnen, sogenannten *Breils*, getragen wird. Die Netzwand setzt sich aus „Einzelgardinen" von 30 m Länge und 15 m Höhe zusammen, die aneinander-„gehäkelt" werden. Auf der Oberkante des Netzes sind Korkstücke angebracht, und die Unterseite ist mit Blei beschwert, damit die Gardine schön senkrecht hängt. Normalerweise schwebt die Netzoberkante 8–13 m unter der Wasseroberfläche, das heißt in einer Höhe, in der sich die Heringshochzeitsgesellschaft bei Einbruch der schummerigen Dämmerung aufzuhalten pflegt. Gefangen wird nämlich des Nachts, wenn der ohnehin verliebte Schwarm die Netzwand nicht sieht. Ihre Maschen sind so bemessen, daß der erwachsene Hering gerade seinen Kopf hineinzwängen kann. Dies wird ihm aber zum Verhängnis. Durch den Druck des Garnes auf seine Kehle spreizen sich die Kiemen. An diesen bleibt er dann beim „Rückwärtsmanöver" hängen und kann sich nicht mehr befreien.

Bei Eintritt der Morgendämmerung wird – heute maschinell – das Netz eingeholt, eine Arbeit, die ebenso wie das Aussetzen eine vorzüglich eingespielte, kräftige Mannschaft verlangt, weil das Reep, die Tonnen und das Netz voneinander getrennt und verstaut werden müssen. Die über eine breite Rolle seitlich an Bord kommenden Netzteile werden im Rhythmus von den Männern ausgeschlagen, und der Fang rauscht an Deck. – Das Aussetzen des Fleets dauert normalerweise 1½ bis 2 Stunden, das Anbordnehmen 4 bis 5 Stunden. Die Fangergebnisse schwanken zwischen 0 und 300 000 Stück – britischer Rekord – pro Nacht, je nach der „feinen Nase" des Kapitäns.

Es folgen das Kehlen, Salzen und Verstauen in die mitgebrachten Fässer, die *Kantjes* genannt werden, Ein geschickter Mann kehlt in einer Stunde 1700 bis 1800 Heringe, wobei gleichzeitig noch eine Sortierung in drei Größen erfolgt. Später, im Heimathafen, wird umgepackt, wobei sich die holländischen Kantjes in deutsche Fässer unter gleichzeitiger Vermehrung ihres Inhaltes auf 100 kg verwandeln.

Die Treibnetzfischerei ist in Deutschland Ende der sechziger Jahre ausgestorben. Das aus dem Mittelalter stammende Arbeitsverfahren paßte wohl nicht mehr in den Rhythmus der Zeit. Versuche, den Loggerbetrieb in Kooperation mit der Trawlfischerei durchzubringen, scheiterten. Die Heringsfanggesellschaften liquidierten. 1969 wurden noch vier Logger gezählt, die nach Westafrika verchartert waren.

Nur Franzosen – sie entwickelten den Logger –, Briten und Holländer betreiben noch mit schwankenden Ergebnissen die Treibnetzfischerei. Der Hering selbst gab Veranlassung für die wirtschaftliche Unsicherheit. Er hat sich auf den europäischen Fangplätzen in den letzten Jahren rar gemacht.

Die Aktivisten mit der „Otter"

Im Gegensatz zu den Loggerfischern, die geduldig harren, was ihnen Gott in das Netz schickt, sind die Fischdampferkapitäne ausgesprochene Aktivisten, die mit ihrem „Otter-Trawl" (gesprochen Tral) – „Otter-Schleppnetz" von den Engländern nach dem gefräßigen Fischfeind unter den Säugetieren genannt – den Meeresboden „schrubben", wie das reinliche Volk der Holländer sehr bildhaft sagt. Die Norweger, neben den Japanern das Fischervolk der Welt, halten nicht viel vom Grundnetz, und dieser Auffassung schließen sich, allerdings mit Einschränkungen, auch die Isländer an. Als ich vor dem Kriege meinen Freund Harald Sander aus Bergen bei mir zu Besuch hatte, zeigte ich ihm die Auktionshallen des Bremerhavener Fischereihafens, nächst Hull der größte Fischmarkt der Welt. Harald war erst still, weil ihn der Umfang des Betriebes beeindruckte, dann aber gab er meinem heimatlichen Gefühl des Stolzes eine eiskalte verbale Dusche: „I, ihr eßt ja tote Fische!" Mein Gegenargument, daß sie in Norwegen die Spanferkel auch nicht in der häuslichen Küche schlachten, wenn sie sich ein Wiener Schnitzel braten wollen, machte zwar einen gewissen Eindruck, konnte aber fischwirtschaftlich nicht überzeugend durchschlagen.

Hochseeaquarium in Norwegen

In Norwegen sind sie nämlich noch Anhänger des „Aquariumsystems" – siehe Seite 227 – und handeln genauso wie vor dem ersten Weltkriege noch die Milchhändler der Großstadt Barcelona. Weil die moderne Kältetechnik in Spanien noch keinen Eingang gefunden hatte, trieb man die Ziegenherden durch die Stadt und melkte einen Liter vor dem Hause des Konsumenten ab. Ähnlich in Norwegen: Dort kommt der Kabeljau aus der „Bünn", dem Hochseeaquarium, in den landgebundenen Wasserbehälter und wird am Markt vor den Augen der Hausfrau geschlachtet. Dies ist seit König Harald Haarfagar, dem Zeitgenossen Karls des Großen, so gewesen und wird beibehalten, weil . . . ja, jetzt wird's schwierig; wahrscheinlich, weil die norwegische Fischerei auch heute hauptsächlich noch von Motorkuttern und offenen Booten betrieben wird. Vornehm gesprochen, sie ist sehr arbeitsintensiv.

Man zählt dort rund 100 000 Fischer, die mit vielen Kleinfahrzeugen und einigen wenigen Fischdampfern über 1 Mill. Tonnen Fisch pro Jahr an Land bringen.

Smarte Amerikaner führen Eis und Eisenbahn in der Fischwirtschaft ein

Die ersten, die das Vorurteil gegen die Springlebendigkeit überwanden, waren die Amerikaner. Aufgeweckte Boys in den Neu-England-Staaten kamen 1837 auf die Idee, Eisenbahn und Natureis zum Versand der immerhin leicht verderblichen Ware ins Binnenland zu verwenden. Dieser Gedanke war für die Entwicklung der modernen Seefischwirtschaft die entscheidende Tat, weil der Kreis der Konsumenten schlagartig erweitert werden konnte. – England und Schottland wurden in Europa die Lehrmeister in der Fischversorgung des Binnenlandes. Auf den britischen Inseln hatte man schon lange in der „Smack“ und im „Kutter“ die geeigneten, vorzüglich segelnden Fahrzeuge, die in der Lage waren, ein sogenanntes Baumnetz über den Grund zu ziehen und größere Fänge anzulanden.

Die List der „Otter“

Die Massenfische, Kabeljau, Köhler und Schellfisch, äsen im Gegensatz zum Hering am Meeresgrund, und darauf war das Baumnetz sowohl wie das später eingeführte „*Otter-Trawl*“, der „Fischfresser“, eingestellt. Die große List beim Otternetz besteht darin, daß die Oberkante seines Netzmaules die Unterkante überragt. Siehe Zeichnung auf Seite 232. Dieses Netz wird über den Grund geschleppt. Durch die „schrubbende“ Unterkante werden die Fische aufgescheucht, suchen nach oben zu entkommen, stoßen auf ihrer Flucht aber gegen den vorkragenden Oberteil des Netzes und geraten nun in die sich verengende

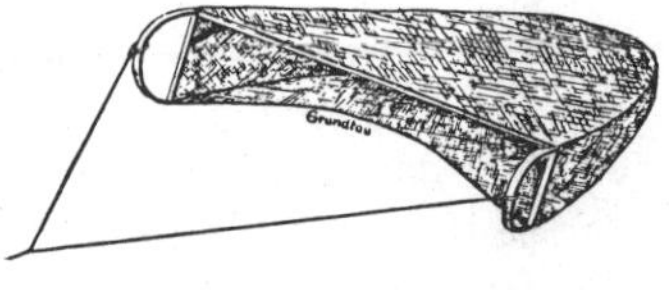

Baumnetz

Falle, aus der es kein Entrinnen mehr gibt. Das Aufreißen des Netzmaules besorgte zunächst ein rechteckiges Balkengerüst, später zwei eiserne Bügel, die durch einen Balken

– „Baum“ – in ihrer Lage gehalten wurden. Die englischen Fischer fingen im Verband, sogenannten Admiralschaften; der Tagesfang einer Flottille wurde jeweils von besonders schnellen Seglern auf See übernommen und den Fischereihäfen zugeführt. Dieses „Jager“-System hatten die Holländer beim Heringsfang erfunden; es hatte den Vorteil, daß immer frische Ware angeliefert wurde und die Fischkutter längere Zeit auf See bleiben konnten.

Der Dampfjager wird Trawler

Nachdem die Dampfschiffe einen größeren Grad der Vollkommenheit erreicht hatten, lag es nahe, die Segeljager durch das schnellere und zuverlässigere Verkehrsmittel zu ersetzen. – Die Jager hatten übrigens selbst ihre Wartezeit auf See immer mit Fischen ausgenutzt; und die Transportdampfer taten später das gleiche. So wurde der Fischdampfer im Jahre 1877 geboren. Seine höhere Leistung führte zur Vergrößerung der Netze. Hier kam man aber bald an eine Grenze, weil Aussetzen und Hieven des Baumnetzes namentlich bei schlechtem Wetter zu Beschädigungen von Schiff und Fanggerät führten.

Fischereischutzboot ES „MEERKATZE“
1977 F. Lürssen-Werft, Bremen-Vegesack
Bundesernährungsministerium – Länge 76,5 m – Breite 11,75 m – 1750 BRT – 2400 t Verdrängung – 3600 PS – 15 kn – 34 Mann Besatzung – 2 Meteorologen

Der Drachen hilft

Hilfe kam vom Spielzeug, dem Papierdrachen. Anstatt des starren „Maulaufreißers“ versuchte man es mit zwei an den Netzflügeln angebrachten Brettern, die, an den Netzschleppleinen ähnlich befestigt wie ein Drachen, dieselbe Wirkung ausüben. Diese beiden Bretter steigen allerdings nicht wie unser Kinderflugzeug, sondern „scheren“ wegen der Art der Aufhängung seitlich auseinander nach den Naturgesetzen, die uns allen als die Lehre vom Paralle-

logramm der Kräfte aus der Schulzeit noch in unangenehmer Erinnerung sind. – Die geistigen Väter dieser Scherbretter waren englische Kapitäne; die erste praktische Lösung mit der Aufhängung lieferte der dänische Kapitän Nielsen im Jahre 1895.
Jetzt klappte die Sache im besten Sinne des Wortes: Das Netz ließ sich beim Anbordkommen gewissermaßen zusammenfalten. Es konnte größer gemacht werden, weil es „handiger" geworden war. Natürlich gab es zunächst Mißtrauen bei den Fischerleuten, die noch „brauchbeständiger" sind als gewöhnliche Seeleute, weil es bei ihnen an Bord um Sicherheit und die Silberlinge geht. Fischerleute sind nämlich alle am Fang beteiligt, und der sichere Groschen erfreut sich größerer Wertschätzung als der am „neumodschen Krom" klebende nebelhafte Taler.

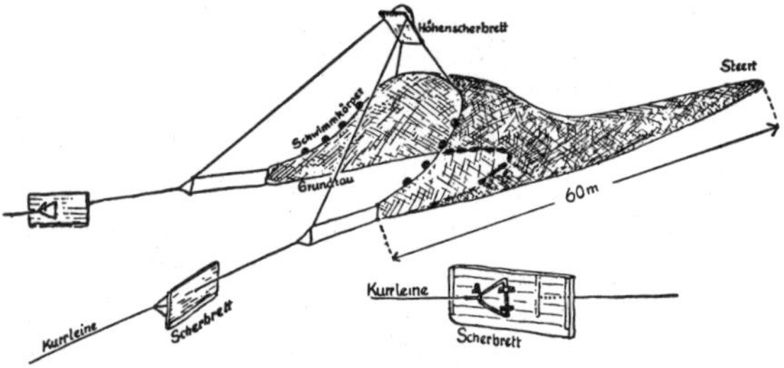

Neuzeitliches Grundschleppnetz

Friedrich Busse – Selfmademan und königlicher Kaufmann
Als im Jahre 1885 der Geestemünder Fischkaufmann Friedrich Busse, ein königlicher Kaufmann im besten Sinne, dem britischen Vorbilde folgte und den ersten deutschen Fischdampfer „Sagitta", 148 BRT, in Dienst stellte, hat das Schiff zunächst mit Langleinen gefischt und . . . sich auch gelegentlich als Vergnügungsdampfer auf Helgolandfahrten betätigt. Erst der Übergang zum Fang mit dem Grundschleppnetz brachte die erhofften Erfolge und das Vertrauen anderer unternehmungslustiger Reeder an der Weser und Elbe zum Fischdampfer.
Die neue Fangtechnik bedeutete damals eine Revolutionierung auch für die Häfen und ihre Fischmärkte. Der vergrößerte Aktionsradius ermöglichte das Aufsuchen weit entfernter Fangplätze. So wurden außer der Nordsee im Laufe der Zeit die Gewässer um Island und um die Bären-

insel, die Westküste Norwegens und die Barentssee von den deutschen Fischdampfern aufgesucht und erfolgreich befischt. Die Anlandungen nahmen in schnellem Tempo zu. Neuerdings ist die Fernfischerei wegen Erweiterung der Fischereigrenzen in Rußland, Norwegen und von Island noch ferner geworden. Die Küsten Grönlands, Labradors und in letzter Zeit Südafrikas sowie Argentinien und neuerdings sogar Australien sind Fanggebiete der deutschen Hochseefischerei geworden.

Das Männerschiff

Im Prinzip hat sich auf den älteren Schiffen, den Seitenfängern, seit der Einführung des Grundschleppnetzes wenig geändert. Nur die Schiffe sind größer geworden und damit auch die Netze und Fänge. Ein moderner Trawler hat einen Raumgehalt von 650 BRT. Der Arbeitsrhythmus aber ist der gleiche geblieben.

1. Akt: Anfahrt nach Island, gemächliche „Exposition der Handlung" Maschinentempo: Andante: „Is-land, Is-land". Fahrzeit fünf Tage.

2. Akt: „Utsetten", d. h. Aussetzen des Netzes, und dies ist gleichbedeutend mit dem Goethewort aus „„Faust": „Mein Ruh' ist hin, mein Herz ist schwer." Ein „Hol", ein Fischzug, dauert unter Island normalerweise drei Stunden, in der Nordsee sechs; Rekord: eine Viertelstunde. – Dann harte Arbeit beim Hieven des Netzes. Wieder aussetzen, noch härtere Arbeit beim Schlachten des Fanges, besonders im Winter. Dann Verstauen im Laderaum unter Beigabe von Eis. Ist der letzte Kabeljau des Fanges unter Deck, ist schon der nächste Hol wieder fällig, und so geht es weiter, bis die Fischräume gefüllt sind oder bei Petri-Unheil die Schrumpfung des Brennstoffvorrates die Heimfahrt erzwingt. Fischzeit: 10 bis 11 Tage.

3. Akt: Rückfahrt nicht so gemächlich wie die Ausreise. Tempo Allegro: „Bremer h a ven, Bremer h a ven!" Nicht immer geht es zum Heimathafen. Der Reeder dirigiert sein Schiff der Marktlage entsprechend gelegentlich auch nach Cuxhaven.

4. Akt: Ankunft. Mannschaft geht an Land, nimmt sich wohl einen oder zwei, versäuft aber keinesfalls Heuer und Fanganteil in einer Nacht, wie uns Radio und Schallplatte weismachen wollen. Auf das Schiff aber begeben sich bei Einbruch der Abenddämmerung – wegen der Nachtkühle –

Facharbeiter, um den Fang zu „löschen". Sie verwiegen den Fisch und legen ihn in Kisten in den Auktionshallen aus.

Fischauktion – toller Wirbel

5. Akt: Um 5 Uhr beschnüffelt die Veterinärpolizei den Fang und sondert ungeeignete Ware aus. Um 7 Uhr in der Frühe beginnt die Auktion und die Versteigerer donnern ihr nur für die Fischleute verständlichen Zaubersprüche in die Halle. Hier wird die Kupfermünze noch geachtet; gesteigert wird nämlich um Viertelpfennige. Das übliche Steigerungszeichen ist das Erheben der Hand. Gewitzte Großhändler bedienen sich auch der Hutkrempe oder arbeiten mit dem linken Augenlid. Ab und zu schlägt der Auktionator mit dem Hammer auf die ambulante Kanzel; dann hat es eingeschlagen. Das Geschäft ist perfekt. In zwei Stunden sind Mengen bis zu 20 000 Zentnern umgesetzt. Um 11 Uhr ist die Halle leer. Nachmittags rollen die Fischsonderzüge mit frisch vereister Ware in das Bundesgebiet. – Die Fischauktion ist eine Sehens- und Hörenswürdigkeit. Ein toller Wirbel! Manchmal auch für den Reeder. Es gibt keinen Erwerbszweig, in dem der Unternehmer so geringen Einfluß auf das Ergebnis hat wie bei der Hochseefischerei. Die Anweisungen des Reeders an den Kapitän beschränken sich in der Regel nur auf Bestimmung des Fanggebietes und des Löschhafens.

Strukturwandel

Seit dem Jahre 1959 ist die „presto"-Dynamik der Fischauktionen einem „allegro" gewichen, wie die Musikanten sagen. Es hat sogar den Anschein, als ob der Versteigerungsverkauf eines natürlichen Todes stirbt. Neuerdings müssen die Fänge in allen Häfen einer „Seefisch-Absatz-Gesellschaft" angeboten werden, die „von-bis"-Auktionspreise anordnet. Die Organisation ist außerdem berechtigt, Fische zur Herstellung von Fischmehl und Gefrierfilets vor der Versteigerung aus dem Markt zu nehmen. Sinn dieser Marktreform ist die Beseitigung der Turbulenz in der Preisbewegung, die für Reeder, Handel und Konsumenten gleichermaßen unerfreulich ist.
Das zusätzliche Heringssterben ist für die Hochseefischerei ein wirtschaftlicher Segen. Der Sommer, in dem der Konsum an Frischfisch nachläßt, und der früher Außerdienststellungen von Fischdampfern mit sich brachte, ist jetzt

auch in die „Saison“ einbezogen worden. – Heringsreisen gehen in die Nordsee; sie dauern bei guter Nase des Kapitäns oft nur eine Woche.

Kutter immer noch unentbehrlich

Die großen Trawler haben die kleinen Kutter aber nicht verdrängen können, obwohl deren Ende noch um die Jahrhundertwende unvermeidlich schien. Sie haben sich sogar bis heute gut gehalten, weil sie eine lohnende Aufgabe haben: den Fang von Feinfischen, von Seezungen, Steinbutt und Schollen; diese Edelfische stehen hoch im Preis. Der Lieblingschoral der Fischhändler lautet deshalb: „O, daß ich tausend Zungen hätte!“ – Seezunge sollte man nur „nach der Müllerin“ essen und Steinbutt gedünstet.
Eine Zeit lang fingen die Kutter auch Jungheringe zu Industriezwecken, um des Heringsöles willen. Uns will aber scheinen, daß diese Art der Fischerei vom Schöpfer nicht eingeplant war. 1955 z. B. wurden von deutschen Kuttern 49 000 t und von dänischen 142 000 t, zusammen fast 200 000 t „halbstarke“ Heringe angebracht und zu Fischöl verarbeitet. Fischereibiologen äußerten schon damals Bedenken, Praktiker aber meinten, man könne dem Hering unbesorgt noch größere Opfer zumuten. Tatsächlich haben internationale Schutzbestimmungen jetzt den Fang der dadurch gefährdeten Fischarten erheblich eingeschränkt. So sehen die deutschen Kutter heute wieder ihre Aufgabe in der Ergänzung des Konsumfischangebotes ihrer „großen Brüder“ mit dem Schwergewicht bei Feinfischen – wenn möglich. 1977 landeten sie z. B. 110 900 t im Wert von 118 Mill. DM an, davon 72 000 t Frischfische, aber nur noch 6300 t Heringe mit einem Erlös von 5,3 Mill. DM.

Die Fischereibilanz

Anfang 1978 setzte sich die Flotte der deutschen großen Hochseefischerei aus 66 Einheiten mit 111 447 BRT zusammen, im einzelnen 27 Fang- und Verarbeitungsschiffe – sogenannte „Vollfroster“ – mit 74 870 BRT sowie 39 Frischfischfänger mit 36 577 BRT. Der alte ursprüngliche Trawlertyp, der „Seitenfänger“, war nur noch mit 12 Exemplaren mit 10 962 BRT vertreten. Alle anderen Einheiten waren bereits die modernen, leistungsfähigeren Heckfänger. Das Durchschnittsalter der Flotte betrug 12,5

Jahre. In Bremerhaven waren 38 Schiffe registriert (darunter 31 Heckfänger), in Cuxhaven 15 (11), in Hamburg 4 (4) und in Kiel 9 (8).

An Loggern gab es noch 5 mit 1471 BRT, durchschnittlich 21 Jahre alt. 3 sind in der alten Logger-Hochburg Glückstadt an der Elbe beheimatet und je einer in Cuxhaven sowie in Fedderwardersiel – mitten unter Kuttern. Die Zahl der auf Trawlern und Loggern tätigen Fischersleute hat sich 1977 weiter leicht von 3003 auf 2912 verringert ... Die meisten der insgesamt 663 deutschen Hochseekutter sind in Schleswig-Holstein zu Hause: 198 an der Ostseeküste und 172 an der Nordsee. Niedersachsen kann 220 vorweisen, Hamburg mit dem berühmten Finkenwerder 55 und Bremen/Bremerhaven 18. Diese Flotte gibt 1750 Männern Beschäftigung. Dazu kamen noch, wie die Statistiker ermittelt haben, 538 kleinere Küstenfischereifahrzeuge u. a. zum Krabbenfang mit 428 Berufsfischern sowie 189 Nebenerwerbsfischern. Von diesen Kuttern waren 415 vor der Ostseeküste Schleswig-Holsteins tätig, 79 in der Nordsee, 23 in Hamburg, 15 in Niedersachsen sowie 7 im Lande Bremen.

Die 3 Zweige der deutschen Seefischerei erzielten 1977 Anlandungen in Höhe von 275 674 t und dafür Erlöse von über 432 Mill. DM. 1970 waren es noch 382 500 t für 91,8 Mill. RM gewesen. Darüber hinaus wurden 1977 an Fischen und Fischwaren einschließlich u. a. auch Süßwasserfischen 338 614 t im Wert von gut 1 Mrd. DM eingeführt. Fast ³/₄ der Eigenfänge stammte mit 174 924 t natürlich von der großen Hochseefischerei, den Trawlern. Die Kutter der kleinen Hochseefischerei steuerten 96 646 t und die Logger 4104 t bei. Dazu kamen übrigens noch 14 000 t Anlandungen im Ausland, die weitere gut 16 Mill. DM einbrachten. Auf Frischfische entfielen bei den Trawlern mit 81 300 t gut die Hälfte ihrer Fänge, während sie an bereits in See gefrosteter Ware 78 100 t im Wert von 234 Mill. DM lieferten, nahezu ³/₄ davon Fischfilet.

Zum „Brotfisch" der Kutter, die übrigens auch noch weitere 6800 t im Ausland – vorwiegend in dänischen Häfen – anlandeten, ist eindeutig der Kabeljau bzw. Dorsch mit 38 200 t geworden. Heringe kamen nur auf 6300 t, Krabben u. ä. dagegen auf 9263 t.

Aus den sieben Weltmeeren sind 1977 nach vorläufigen Zahlen der Welternährungsorganisation der UNO 73,5 Mill. t nach 74,72 Mill. t im Jahr davor „geerntet" worden.

Davon entfielen 32,6 Mill. t auf den Pazifischen Ozean und angrenzende Gewässer, 26,4 Mill. t auf den Atlantik sowie 10,8 Mill. t auf Binnengewässer. An erster Stelle steht unverändert Japan mit 10,73 Mill. t, dicht gefolgt von den Sowjets mit 9,35 nach noch 10,13 Mill. t in 1976. Die Volksrepublik China kam auf schätzungsweise 8 Mill., während als erste europäische Fischereination Norwegen 3,56 Mill. t vor den USA mit 3,1 Mill. t meldete. Peru – vor Jahren durch seine enormen Fischmehlfänge mit 10,1 Mill. t noch Spitzenfänger – ist durch Veränderungen am Weltmarkt weiter von 4,34 auf 2,53 Mill. t zurückgefallen. In der europäischen Rangliste liegt hinter Norwegen Dänemark mit 1,8 Mill. t, gefolgt von Spanien, Island und Großbritannien mit 1,45 bzw. 1,37 bzw. gut 1 Mill. t. Erst hinter Frankreich und Polen und knapp vor Italien finden wir dann die Bundesrepublik.
Etwa 10 000 Männer verdienten ihr Brot auf Fischereifahrzeugen. Sie führen ein hartes Leben. Denken Sie mal im Winter an die Fischerleute, wenn Sie sich vor der warmen Zentralheizung bei Windstärke zehn einen Bückling zu Gemüte führen. Steuermann Sengstake denkt dann auch an uns. Er pflegt, wenn der fliegende Sturm auf den Wanten jault und alles „über Stag geht", in der Messe grimmig zu sagen: „De armen Lü an Land!" Dabei hat er die Dachziegel im Auge, die unser Leben bedrohen. Ihm kann dies auf See nicht passieren.

Die Reedereien

Die Fischdampferreedereien sind um die Jahrhundertwende, vom Fischhandel ausgehend, meistens als „Partenreedereien", das ist eine Art „Hochsee GmbH", gegründet worden. Bei dem großen Kapitalbedarf, den heute der Reedereibetrieb erfordert – ein moderner Fang- und Verarbeitungstrawler kostet über 20 Mill. DM –, hatten diese Partenreedereien wirtschaftlich hart gegen den Wind aufzukreuzen. Die Großreederei verdrängte in Form der Aktiengesellschaft die mittelständischen Betriebe, und der Konzern zog diese in sein Kraftfeld. Heute gibt es praktisch nur noch 4 Reedereien: 3 in Bremerhaven und eine in Hamburg.

Die Stammrollennummer

Die Fischereifahrzeuge führen übrigens außer ihrem „Familiennamen" am Bug auch noch eine große „Stammrollennummer", wie sie suspekten Personen, Kriegs- und anderen Gefangenen aufgezwungen wird. Dieses Pseudonym besteht in der Regel aus zwei Buchstaben und einer Zahl. Ihr Sinn ist der gleiche wie bei Kriegsgefangenen: man soll schon von weitem erkennen können: „Da ist ein Fischereifahrzeug, das im Trüben, sprich innerhalb der Hoheitsgrenze, fischt", Gewässer, die den Landeskindern vorbehalten sind. Bei Schaffung dieser Sonderabzeichen waren „überstaatliche Mächte" – eine Vereinigung der Küstenstaaten – am Werke. Sie schlossen im Jahre 1882 einen diesbezüglichen Vertrag. Damals spielte übrigens auch der Hochseehandel mit Whisky, Doornkaat, Aquavit, Genever und Calvados eine Rolle. Oft bediente man sich dabei des primitiven Tauschverkehrs. So kam es dann an Bord gelegentlich zu „Trunkenheit im Dienst", die zuweilen mit Menschenverlusten endete. Die Fischereipolizei, die auch auf Einhaltung der Schutzbestimmungen achtet, wird von sogenannten „Fischereikreuzern" ausgeübt. Als

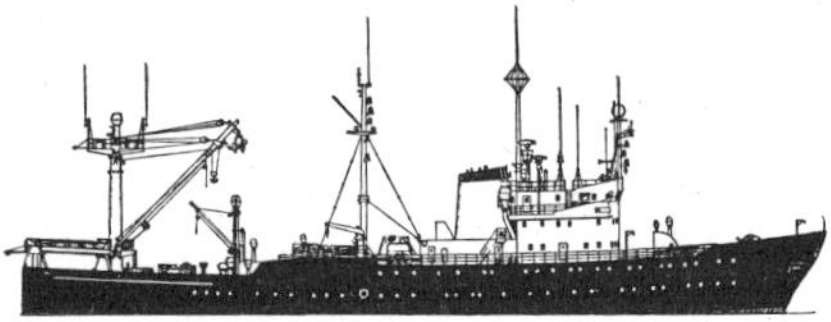

Fischereiforschungsschiff „ANTON DOHRN"
1963 Seebeckwerft der AG „Weser", Bremerhaven
Bundesernährungsministerium – Länge 83,5 m – Breite 12,5 m, 1987 BRT – dieselelektrischer Antrieb 3000 PS – 15 kn – Tiefgefriereinrichtungen – 38 Mann Besatzung – 14 Wissenschaftler. Erster Name „Walther Herwig"

schwimmende Hospitäler und Schiffsreparaturwerkstätten sind sie sehr geschätzt. Ist man aber einmal unter Island ein wenig vom rechten Kurs der Tugend abgewichen, dann sieht man das Wachtschiff mit der gezackten blauen Kreuzflagge ungern, weil man Fang und Netz einbüßt. Außerdem bekommt das Schiff auch noch eine empfindliche Geldstrafe aufgebrummt. – Die Bundesrepublik besitzt keine „Kreuzer", sondern unarmierte „Fischereischutzboote". Das frühere Flaggschiff hat merkwürdigerweise einen Affennamen mit auf den Kurs bekommen: „Meerkatze". Anscheinend war bei der Namenswahl ein zoologisches Mißverständnis am Werke.

Hier die Kennzeichen der wichtigsten Fischereihäfen:

BX	Bremerhaven	HH	Hamburg
BV	Bremen-Vegesack	A	Aberdeen (schott.)
HF	Finkenwerder	GY	Grimbsby (brit.)
AE	Emden	H	Hull (brit.)
AL	Leer	YM	Ymuiden (holl.)
SG	Glückstadt	O	Ostende (belg.)
SO	Kiel	E	Esbjerg (dän.)
FLE	Flensburg	BB	Bergen (norw.)
NC	Cuxhaven	BGE	Göteburg (schwed.)

Unterstützt wird unsere „blau-grüne Front" auch durch ein beachtliches Team von Forschern und Wissenschaftlern in Staatsdiensten. Ihnen steht seit 1955 das Forschungsschiff „Anton Dohrn" (963 BRT) zur Verfügung. Sein Namenspate ist der 1909 verstorbene Leiter der Deutschen Zoologischen Station in Neapel, über den Alt-Bundespräsident Heuss eine Monographie geschrieben hatte. Auf einer der ersten Fahrten entdeckte man mit diesem Schiff neue Fischgründe bei Island, die dann „Anton-Dohrn-Bank" getauft wurden.
Inzwischen kamen erheblich leistungsfähigere Neubauten dazu. 1963 das MS „Walther Herwig" (1943 BRT), das inzwischen aber den Namen des vor kurzem außer Dienst gestellten, zuvor zum Fischereischutzboot „Meerkatze" gewordenen ersten „Anton Dohrn" führt. „Walther Herwig" wurde dafür ein Neubau des Jahres 1972 mit 2250 BRT getauft, und speziell auf die Belange der Kutter- und Küstenfischerei ist die Typ-ähnliche „Solea" (337 BRT) vom Jahrgang 1974 zugeschnitten. Für ihre Aktivitäten sprechen die 1977 durchgeführten 31 Forschungsreisen bzw. 334 zwischen 1955 und 1977. An Seetagen weisen sie 629 (8827) auf, während die von ihnen zurückgelegte Fahrtstrecke 94 341 (1 458 838) Seemeilen beträgt. Dabei leisteten sie nebenbei auch noch in 6218 (19 056) Fällen ärztliche Hilfe in See und unterstützten auch die Wetterdienste mit 8622 (150 658) Meldungen, Beobachtungen u. a. m.
Durch die Ausweitung der Hoheitsgewässer und Wirtschaftszonen fast aller Länder in den letzten Jahren und den daraus resultierenden Entzug auch wichtiger Fischfanggründe für die allgemeine Nutzung hat die Forschung und Suche nach neuen Fangplätzen und Fischsorten besondere Bedeutung gewonnen. Dabei sind einige erste Erfolge

in noch „freien“ Seegebieten bzw. im „Europäischen Meer“ vor den Küsten der Länder der Europäischen Gemeinschaft (EG) gelungen. Am bekanntesten dürfte der in arktischen Gewässern gefundene „Krill“ geworden sein: kleine krebsähnliche Tiere in großen Schwärmen, die z. B. den Walen als Nahrung dienen. Z. Z. ist man bemüht, dieses „Spezies“ für den menschlichen Verzehr attraktiv zu machen, ein Problem, das auch bei anderen neu oder wieder entdeckten Fischarten noch zu lösen ist.

Der Heckfänger

Wenn man heutzutage eine „Schiffschlachterei“, eine Abwrackwerft, besucht, ist man verblüfft über die Zahl der „klassischen“ Fischdampfer, die hier zu handigen „Eisenpaketen“ verarbeitet werden und in den Hochofen wandern. Die Massenschlachterei hängt damit zusammen, daß diese Trawler, bedingt durch früher gewährte Kohlenverbilligung, unwirtschaftlich geworden sind. Zum anderen beanspruchen Staaten mit ertragreichen Fischgründen, die quasi vor der Haustür liegen, einen größeren Teil des „freien Meeres“ als Hoheitsgebiet, d. h. mehr als die berühmte Dreimeilengrenze, die sich auf Reichweite älterer Geschütze gründet. Unsere Fischereifahrzeuge müssen daher heute überseeische Fangplätze aufsuchen. Hierdurch erhöht sich die Reisedauer erheblich, und die übliche Konservierungsmethode durch Beigabe von Eis wird in zunehmendem Maße unzulänglich. Man hat deshalb einen neuen Typ mit vergrößertem Aktionsradius konstruiert, der den Trawler alter Art langsam verdrängt. Diese Motorschiffe fischen nicht mehr über die Seite, sondern vom Heck. Deshalb besitzen sie auch die von den Walfangmutterschiffen bekannte Aufschleppe – eine Öffnung am Heck mit anschließender Schräge, über die der Fang im Netz an Deck geholt wird. In einem darunter liegenden Schutzdeck befinden sich Maschinen, welche die Weiterverarbeitung des Fanges zu Frostfilets, das Einfrieren von Fischen und die Herstellung von Fischmehl gestatten.
Die Russen haben die Frostmethode in großem Maßstab eingeführt, nachdem die Engländer die ersten Versuche gemacht hatten. Wie früher die Holländer, gehen die Sowjets dem Kabeljau und Hering in „Admiralschaften“ zu Leibe. Ein mit allem wissenschaftlichen Gerät ausgestattetes Stabsschiff setzt die Einheiten in einzelnen Fanggebieten ein.

Dabei haben sie ähnlich ihrer Frachtschiffsflotte in den letzten Jahren auch die Fischereiflotte ständig weiter ausgebaut, so daß die Mitgliedsländer der osteuropäischen Wirtschaftsgemeinschaft (RGW) heute in diesem Bereich bereits führend in der Welt sind. Ende 1978/Anfang 1979 wurden rd. 5000 RGW-Fischereifahrzeuge mit über 7 Mill. BRT auf allen Ozeanen registriert. Allein 4382 Einheiten davon mit 4,1 Mill. BRT sind Fang- und Verarbeitungsschiffe, immerhin nach BRT fast die Häfte der gesamten vergleichbaren Fischereiflotte der Welt. Bei den Fischereifabrikschiffen einschließlich Fischtransportern – vor allem unter sowjetischer und polnischer Flagge – ist die Ostblockposition noch ausgeprägter, denn diese 620 Einheiten mit 3,2 Mill. BRT machen sogar fast 90 % der entsprechenden Kapazität in der Welt aus!

Eßt mehr Fisch

Alle „Fischerleute" und „Fischleute" möchten gern, daß viel Fisch, viel mehr Fisch gegessen wird. Natürlich ist es nicht nur Sorge um unsere Gesundheit und unsere „Spantung", unserer Figur, allein, die die „Fischwerbung" zu dieser kategorischen Forderung veranlaßt, sondern das ganze Gewerbe hat mehr vom Leben, wenn wir schön folgsam sind. Die „Fischlü" glauben, Berechtigung zur Unzufriedenheit mit dem deutschen Bundesvolk zu haben: Wir haben in unserem praktischen fischwirtschaftlichen Eifer nachgelassen. 1949 waren wir im besten Begriffe, mit 15,2 kg Verbrauch pro Kopf in die „Fischesser-Oberliga" aufzusteigen. Aber dies war zu Zeiten der Lebensmittelbewirtschaftung. Seitdem haben die Schlachter und Hühner mächtig aufgeholt; dennoch liegen wir gegenüber unserer Leistung von 1913 – 5 kg Fische – mit in den letzten Jahren annähernd konstant gebliebenen 10,5–11 kg erheblich höher. Mit dem Fischappetit anderer Europäer können wir uns allerdings nicht immer messen (Zahlen in kg für 1974):

Bundesrepublik	11	Großbritannien	15
Belgien/Luxemburg	9	Irland	7
Dänemark	22	Italien	10
Frankreich	15	Niederlande	11

Unseren Fischleuten schwebt das fischwirtschaftliche Verhalten Schwedens als erreichbares Nahziel vor. Deshalb gründeten sie die „Deutsche Fischwerbung e. V.", und die preist nun den Fisch mit allen Werbemitteln an.

Einer großartigen Idee schenkten die Fischleute bislang noch keine Bedeutung. Die verdanke ich meinem väterlichen Freunde, Kapitän Dietrich Reimers aus Vegesack. Der war mehr als ein Jahrzehnt an der chinesischen Küste zwischen Hongkong, Swatau, Shanghai und später auch nach Samoa gefahren. Eine weise chinesische Amah hatte seine Nachkommenschaft großgezogen. „Die hat den Kindern immer Fisch gegeben; täglich Fisch. Und Fisch enthält Phosphor, und Phosphor macht klug." Kapitän Reimers sagte dies im Hinblick auf die ausgezeichneten wissenschaftlichen Leistungen, mit denen Söhne und Töchter sein Vaterherz täglich erfreuten. Dies ist ein gänzlich neuer Gesichtspunkt, den die Fischwerbeleute sich nicht entgehen lassen sollten.

Eßt mehr Fisch! Fisch macht klug!

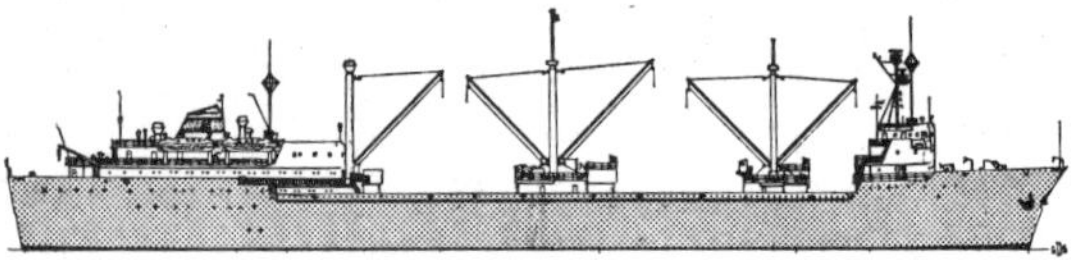

MS „KRONSTADTSKAJA SLAVA"
1966 Kieler Howaldtswerke AG
Fischfabrikschiff der sowjetischen Staatsreederei – Länge 167,3 m – Breite 24,0 m – 16 389 BRT – 11 086 t Tragfähigkeit – 5000 PS – 14 kn – Besatzung 270 Personen – Verarbeitungskapazität täglich 350 t Frostfische

Morbus marinus

Über die Seekrankheit unterhalten wir uns am besten in Fröhlichkeit. Man soll sie nicht zu ernst nehmen. Sie ist keine Krankheit, sondern ein Zustand, der überwunden werden muß. Die Mediziner rechnen die Seekrankheit zu den „Kinetosen", zu den Bewegungskrankheiten, die auch im Flugzeug, im Karussell, in der Eisenbahn und im Kraftwagen auftreten. Übrigens würgen auch Seevögel, Möwen und Albatrosse an Bord von Schiffen ebenso erbärmlich wie die von Männern bei Erwähnung unglaublicher Ereignisse oft zitierten Pferde. Nur Säuglinge und Taubstumme „stehen ihren Mann". Deren Immunität gab auch einen Hinweis auf die Ursache: Die Symptome werden durch Reizung der Bogengänge des Gleichgewichtsorganes im Ohr hervorgerufen. Deshalb ist die Übelkeit auch keine Angelegenheit des persönlichen Schneids. Selbst die Geburt an der Küste gibt kein Vorrecht auf Seefestigkeit. Das Schicksal wütet geradezu blind. Man hat Meisterboxer schwach werden und schwache Damen stark bleiben gesehen. Der Mann, dem dieses Unheil auf der Hochzeitsreise passiert, hat die schöne Gleichberechtigung, ja die ganze Partie fürs Leben verspielt, weil seltsamerweise die Anfälligkeit für Seekrankheit als ein Zeichen von schlapper Haltung gilt. Deshalb schiebt ein Fahrgast, der am Abend vor der Kabine nicht zu übersehende Symptome von sich gegeben hat, die Schuld auf starken Alkoholgenuß, während, umgekehrt, trinkfreudige Herren ihren mißtrauischen und an Kummer gewöhnten Gattinnen gegenüber eruptive Erscheinungen den harten Schiffsbewegungen anlasten.

Man darf unbedenklich sagen, fast alle Menschen zeigen bei bewegter See Symptome von Seekrankheit. Die starken Erscheinungen können fehlen. Schwächere Anzeichen dagegen, Unbehagen, Schweigsamkeit, Appetitmangel zeigen sich bei vielen Menschen zu Beginn eines Sturmes, werden aber von vielen niedergekämpft. Diese Glücklichen erreichen schon nach kurzer Zeit den begnadeten Zustand der Seefestigkeit fürs ganze Leben. Andere, auch Seeleute, müssen sich diesen Zustand bei Beginn jeder Reise neu erwerben. Nur etwa 3 bis 4 % der Menschheit gehört zu den unglücklichen Naturen, bei denen selbst anhaltende systematische Übung keinen Meister macht. Wird solchen

Menschen vom Schicksal die Führung eines Staates anvertraut, dann kann seine Anfälligkeit die maritime Politik eines Landes im negativen Sinne beeinflussen. Hermann „Meier"-Göring, von Hitlers Gnaden Marschall im Dritten Reich, mochte beispielsweise die Marine gar nicht, und dies kam so: Auf einer unruhigen Fahrt eines Kreuzers von Helgoland nach Kiel hatte er Neptun seinen Tribut gezahlt. Deshalb ernannte ihn später ein unbeschwerter Leutnant in der Offiziersmesse zum „Reichsfischfuttermeister" mit der Berechtigung, ein goldenes Netzhemd zu tragen. Göring war böse, bitterböse; verlangte Bestrafung des Unbekümmerten und verließ sofort nach dem Ankermanöver auf der Förde den Kreuzer, voll von echtem Grimm. Man sagt, er habe nie vergessen. Der Leutnant wurde befehlsgemäß verknackt, aber stillschweigend von hohen Stellen weiter gefördert, denn wir hatten ein Volksheer, eine Kaiserliche Marine und eine nationalsozialistische Luftwaffe. Was nämlich den letzten Kaiser anbelangt, so hatte er nichts gegen eine Frotzelei, die in Wilhelmshaven auf den Kasinoabenden über die Marine-Kabarettbühne ging.

Ein Seekranker ist seelisch am Boden zerstört und läßt als Soldat jede kämpferische Haltung vermissen. Diese Sorge quälte im zweiten Weltkrieg den Verteidigungsminister der USA vor Beginn der Operation „Overlord", der Landung in der Normandie. Die Amerikaner haben viel Geld in die Erforschung der Seekrankheit und die Schaffung von Heilmitteln gesteckt. Auch diese US-Pillen gehören zu den unzähligen Mitteln, die sich alle bewährt haben . . . mehr oder weniger bewährt haben. Nur e i n todsicheres meldet die Fachliteratur: Sich unter einen Eichbaum legen. Unser ganzes Denken, Fühlen und Wollen in dem Augenblick, wenn das Unheil seinen Lauf nimmt, drückt dieses in Verse gefaßtes Eigenerlebnis aus:

„Mens sana in corpore vasano"
Hoffnungsvoll begann die Reise. –
Man trennt sich, steigt ins Bettgehäuse,
Denn dort voraus die Wolkenfetzen
Erfüll'n die Seele mit Entsetzen.
Die Bö fällt ein, die Wanten singen.
Ihm fällt es leicht, sich zu bezwingen.
Denn eben noch schien ihm die Welle
Dort vorn am Bug 'n Bagatelle. –

Doch jetzt fängt's an, dich hochzuheben,
Du fühlst dich leicht, du denkst zu schweben.
Um gleich, wie nach geheimen Winken,
Genauso leicht hinabzusinken.
Ins warme, weiche Bettgefühl.
Schon wieder hoch. – Dir wird es schwül,
Denn auf geheimnisvolle Weise,
Dreht sich dein Bettgestell im Kreise,
Entgegen dem Gesetz der Schwere.
Dir kommt der Schweiß, du starrst ins Leere.
Verloren hast du jede Richtung,
Und jetzt beginnt die Selbstvernichtung.

Trotz aller Ruderbootroutine
Kommt's hoch. Du denkst: „Die Ölsardine
Des Abendbrots, die hat dein Magen" –
So trügst du dich – „nicht gut vertragen."
Raus aus dem Bett, daß es so flitzt!
Pardautz! Du fällst, mit dir der Sitz,
Weil's Schwerpunktlot bei deiner Schwäche
Rückt aus der Unterstützungsfläche.

„Kausalität ist hier kein Trost",
So denkst du dunkel und erbost.
Du fühlst, wie deine Adern Strotzen,
Vergeblich wird's, dem Sturm zu . . . trotzen.
Man sieht dich sichtbarlich erbleichen,
Du rülpst, dies ist das letzte Zeichen,
Verschwunden jeder Kastengeist, jetzt bist du Mensch, kurzum: du speist,
Und mit der Eruptionslawine
Kehrt heim ins Reich . . . die Ölsardine.

Alle Film- und Vertonungsrechte vorbehalten

Wie gesagt, nicht zu ernst nehmen: Man muß mit Energie Herr beziehungsweise Dame des Übels oder der Übelkeit zu werden versuchen. Die Männer an Bord gehen hart mit den Seekranken unter der Besatzung um, sonst würden die Neulinge es nie lernen.
Sollten Sie unglücklicherweise von der Seekrankheit befallen werden, befolgen Sie Goethes Rat: horizontale Lage, Weißbrot-Rotwein-Diät und ein starkes Arbeitspensum. Sie brauchen nicht gerade an einem klassischen Drama zu

arbeiten, wie der Dichter es auf der Reise von Neapel nach Palermo machte, die Lektüre des „Tasso“ genügt auch schon (Italienische Reise, 30. März 1787).
Was aber die den Vagusnerv eindämmernden Mittel anbelangt, so halten wir uns an das Urteil eines bewährten Promenadendecksgasten: „Vasano, Herrschaften, is nich slecht. Man kriegt'er ein' herrlichen Durst von.“
Im Namen aller Stewards, Stewardessen und Matrosen wollen wir dieses Kapitel mit einer Laudatio auf den „braven Mann“ aus der Fliegerei schließen, der die praktischen Tüten erfand, die „nach Gebrauch zu schließen und auf den Boden zu stellen“ sind. Sie haben das Hochseeleben unserer Schiffsmänner und -frauen um viele Grade angenehmer gemacht. Auch die Passagiere erweisen sich als dankbar, weil keine Pestilenz so ansteckend ist wie die Seekrankheit.

Laßt Zahlen sprechen

Nachdem wir jetzt im Geiste seefest geworden sind und erheblich an persönlicher Stabilität gewonnen haben, drängt sich doch die Frage auf: „Wo stehen wir in der Welt und in Deutschland mit Schiffahrt und Schiffbau?“ Deshalb müssen wenigstens einige Zahlen aufmarschieren, damit die im Lotto „sterilen“ Leser bei Privatwetten entschädigt werden können.

Kriegsverluste der Welthandelsflotte wie Flohstiche

Seit der Jahrhundertwende hat sich die Weltschiffahrt unbeschwert weiter entwickelt. Auf ihrem Rücken beziehungsweise Kiel wurde die größte Last der beiden mörderischen Kriege ausgetragen, und dennoch zählte sie nicht zu den „Kriegsversehrten“. In den Jahren 1914 und 1918 sanken 13 Mill. BRT, das waren damals etwa 28 % des Bestandes auf den Meeresgrund. Im zweiten Weltkrieg waren es 24 Mill. BRT Handelsschiffraum oder rund 32 % der Gesamtkapazität, die durch Kampfmaßnahmen verlorengingen. Als nach Beendigung beider Kriege zum ersten Male die Schiffslisten von Lloyd's Register in London wieder herauskommen, spürt man nichts mehr von diesen gewaltigen Aderlässen. Es sieht fast so aus, als ob der Floh den Elefanten gestochen hätte. Hier die „Abschluß- und Eröffnungsbilanzen“:

Jahr	Schiffs-zahl	Mill. BRT	Jahr	Schiffs-zahl	Mill. BRT
1914	30 758	49,0	1939	31 186	69,4
1920	31 484	57,3	1948	29 340	80,3

Diese Zusammenstellung ist der zahlenmäßige Ausdruck für ein echtes Produktionswunder in den USA und unsere eigene Unzulänglichkeit im maritimen Denken. Die beiden letzten Zahlen verdienen besondere Beachtung: Die Tonnage steigt bei abnehmender Zahl der Einheiten. Die Schiffe sind also im Durchschnitt größer geworden.

Wir mußten unterliegen!

In der ersten „globalen“ Auseinandersetzung kamen die Amerikaner im Höhepunkt des deutschen U-Boot-Krieges auf den Gedanken, das Schiff zu typisieren und gewissermaßen zur Massenproduktion am Band überzugehen. Als diese Idee mit einem „Plansoll" von 6 Mill. Tonnen jährlich im Jahre 1917 bekanntgemacht wurde, lachte man nicht nur in Berlin, sondern auch die Lords der Admiralität in London setzten spöttische Gesichter auf: „Schiffe sind Persönlichkeiten! Diese Yankees, die seit 80 Jahren nichts mehr auf den Ozeanen zu bestellen gehabt haben, wollen u n s zeigen, wie man Schiffe baut?! 6 Mill. Tonnen?! Das wäre ja dreimal soviel, wie wir in unseren besten Jahren und 13mal soviel wie das schiffbaumäßig gleichstarke Deutschland gebaut haben!" Der Erste Seelord und das Reichsmarineamt, obwohl politische Gegner, waren sich in dieser technischen Frage einig. – Und hier die kräftige Antwort der Amerikaner auf den Heiterkeitsausbruch an Spree und Themse.

D „NUEVA FORTUNA"
Liberty-Schiff – Länge 134,6 m – Breite 17,3 m – 7176 BRT, Tragfähigkeit 10 865 t – 2500 PS – 11 kn – 45 Mann Besatzung

Im Jahre 1918 wurden 2,5 Mill. BRT, im Jahre 1919 3,6 Mill. BRT auf den Werften der USA hergestellt. Die „fabrizierten" Schiffe waren zwar „Gefäße", aber bannten die U-Boot-Gefahr und gewannen den Krieg.

„Sechs Millionen Tonnen werden die Amerikaner mit ihren Erfahrungen aus dem ersten Weltkrieg höchstens schaffen." So meinte man am Tirpitzufer in Berlin kurz nach Beginn des zweiten Weltkrieges. Doch auch diese Schätzungen erwiesen sich als fehlerhaft. Die Yankees aber lachten und bauten, bauten, bauten. Hier sind ihre Produktionszahlen in den bedeutungsvollen Jahren:

Jahr	Mill. BRT	Jahr	Mill. BRT
1936	0,1	1944	9,3
1941	1,0	1945	6,0
1942	5,7	1946	0,5
1943	11,6!	1947	0,1

Als „Liberty“- und „Victory“-Schiffe sind ihre „Bandeinheiten“ berühmt geworden. – Auch die sich aus dem Nelsonwort herleitenden deutschen Hoffnungen: „Männer kämpfen, nicht die Schiffe“, erwiesen sich als trügerisch. Es gelang den „Leuten drüben“, auch Schiffsoffiziere und Ingenieure gewissermaßen am Band zu produzieren: Bei der Ausbildung in der Nautik spielte eine zwölfbändige astronomische Zahlentafel von Mammutumfang eine bedeutende Rolle, mit der die Ortsbestimmung nach Gestirnen zu einem Exempel der Klippschule degradiert wurde. Im Vorwort hieß es stolz: „Die Kosten für die Herstellung dieses wissenschaftlichen Werkes entsprechen den Aufwendungen für den Bau der ägyptischen Pyramiden.“

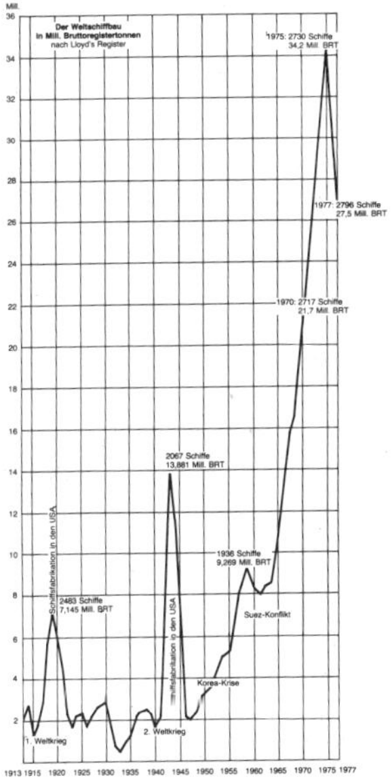

Die „Liberty“-Schiffe waren „gemütliche“ Dampfer von rund 7500 BRT, mit der alten „unzerbrechlichen“ Dreifach-Expansionsmaschine ausgerüstet, die „schlechte“ Behandlung vertrug und 9 bis 10 Knoten schaffte. Dagegen erwiesen sich die später gebauten „Victories“ mit ihren leistungsfähigen Turbinenanlagen als schnellaufende, vollwertige Schiffe, die auch heute noch ihren Seemann stehen.

D „HAITI VICTORY“
Victory-Schiff – Länge 137 m – Breite 18,7 m – 7608 BRT – Tragfähigkeit 10 850 t – 6000 PS – 15 kn – 54 Mann Besatzung

Geradezu tragisch und den Schiffahrtsleuten in den USA Kummer bereitend ist das ruckartige Absinken der amerikanischen Schiffs„fabrikation“ nach Abblasen des Kriegsalarms. Im Jahre 1956 mußten die USA als einzige Schifffahrtsnation einen Tonnageverlust von 284 357 BRT buchen.

Das Öl siegt auf der ganzen Linie

Der auf den Seiten 56 bis 60 geschilderte Kampf zwischen Öl und Kohle endigte mit einem vollständigen Sieg des flüssigen Brennstoffes. Kohlenbrenner gehören zu den Seltenheiten, und schon die Nachbarschaft eines solchen „kohlenden“ Dampfers in einem Hafen bringt den Leitenden Offizier eines blitzsauberen Motorschiffes zu Unmutsausbrüchen, unter denen die ganze Besatzung und . . . seine Frau in der Heimat – brieflich – zu leiden haben. Neue Kohlenbrenner werden kaum noch hergestellt.

Im Schiffsantrieb hat sich die Dieselmaschine für die Regelfrachtschiffe durchgesetzt. Bei größeren Einheiten und höheren Geschwindigkeiten behauptet die Turbine mit ölgefeuerten Kesseln weiter erfolgreich ihre Position. Lloyd's Register hat ausgerechnet, daß die Welthandelsflotte am 30. Juni 1977 aus 69 020 Einheiten über 100 BRT mit insgesamt 406 001 Mill. BRT bestand. 4861 Schiffe mit zusammen 138,8 Mill. BRT „dampften" noch.

Sie gebrauchten also das in Kesseln brodelnde Wasser als Mittler, um die uns früher so nahestehenden Kalorien der Brennstoffe in mechanische Energie zu verwandeln, das heißt, die „Mühle zum Drehen zu bringen", entweder mit Kolbenmaschinen oder Turbinen.

Die Reeder von 64 159 Einheiten mit 267,2 Mill. BRT verbrannten Gas- oder neuerdings auch Schweröl unmittelbar in den Zylindern von Dieselmotoren und „tuckerten" als Motorschiffe durch die Ozeane. Das „Wahlergebnis der Schiffseigner sah 1977 so aus:

	Einheiten	Mill. BRT	%
1. James Watt, Kolbenmaschine	2 043	2,943	0,7
2. Charles Parsons, Turbine	2 818	135,860	33,6
Koalition Dampf	4 861	138,803	33,7
3. Robert Diesel, Verbrennungsmotor	64 519	267,199	66,7
zusammen	69 020	406,001	100,0

Von den „Turbinern" waren 152 Dampfer mit 406,001 Mill. BRT mit turbo-elektrischem Antrieb ausgestattet, das heißt, die schnellaufenden Turbinen treiben elektrische Generatoren, die ihrerseits langsamlaufende im Hinterschiff placierte und mit den Schiffsschrauben gekuppelte Elektromotoren in Gang setzen. Die Vorteile der Anlage: Wegfall der langen Schraubenwellen, direkte Umsteuerungsmöglichkeiten von der Brücke. Nachteil: Dreifache mit Verlusten verbundene Energieumwandlung – thermisch, elektrisch, mechanisch – und hohe Anlagekosten. – Unter den Motorschiffen befanden sich 1009 Einheiten mit 2,6 Mill. BRT, die dieselelektrischen Antrieb besaßen. Der elektrische Antrieb der Schiffsschrauben kommt im allgemeinen nur für hochwertige Einheiten in Frage.

6882 Tanker kreuzen die Weltmeere
Die Revolutionierung im Schiffsantrieb und die weitgehende Motorisierung landgebundener Fahrzeuge hatte die Schaffung von Spezialschiffen, den Tankern, im Gefolge. Den Schweden gebührt der Ruhm, im Jahre 1877 das erste Schiff zur Beförderung von Petroleum in Tanks gebaut zu haben. Es faßte 250 Ladetonnen und verkehrte im Schwarzen Meer. Veranlassung für den Bau dieser Spezialschiffe gab nach Entdeckung der Erdölquellen im Kaukasus der Mangel Rußlands an Hartholz zur Herstellung von Petroleumfässern. – Der erste Ozeantanker wurde im Jahre 1886 auf einer englischen Werft für die deutsche Ölfirma W. A. Riedemann gebaut, die bis vor einigen Jahren noch unter der Firmenbezeichnung „WARIED" in Hamburg tätig war. Dieser erste „Petroleumdampfer", wie man ihn damals nannte, hieß „Glückauf". Bis dahin hatte man das Erdöl in blauen Fässern, „Barrels", von Amerika verschifft, und die „Petroleumklipper", die Segler, waren aus Sicherheitsgründen Verkehrsträger für dieses mit Mißtrauen betrachtete, gefährliche Ladungsgut gewesen. In Geestemünde hieß deshalb der erste Tanker „Flieg auf". – Vor Ausbruch des ersten Weltkrieges gab es bereits 1500 Tanker mit rund 1,5 Mill. BRT. Mitte 1977 war ihre Zahl auf 6882 Einheiten mit 175 035 Mill. BRT angewachsen. Die Tanker machen jetzt bereits 43,1 Prozent der Welthandelsflotte aus, und wenn man heute den Englischen Kanal durchfährt, glaubt man, es gäbe fast nur noch Tanker, weil sie jetzt in Mammutgröße auftreten.

„Es steigt das Riesenmaß der Leiber . . ."
Von Jahr zu Jahr wurden in der letzten Dekade diese schwimmenden Kanister größer. 1953 galt die auf den Howaldtswerken, Hamburg, erbaute „Tina Onassis" des Griechenreeders Aristoteles Onassis mit 25 010 BRT und 42 230 t Tragfähigkeit als größter Tanker der Welt. Bei aller Mächtigkeit war das Schiff doch ebenso elegant wie seine schöne Taufpatin. Und nur durch Maßnahmen im inneren Gefüge" kam der gleichgroße Nachbau „Al-Malik Saud Al-Awal" ein Jahr später auch für Onassis bereits auf 46 548 tdw. 1957 wurde zur „Miß Tanker" das TS „Universe Leader" mit 84 750 tdw, und die 100 000-t-Marke überschritt 1959 als erster „Universe Apollo" mit 105 000 tdw bei 74 868 BRT, beide in Japan entstanden. 1962 geht der US-Neubau „Manhattan" mit 108 400 tdw nur kurz in

Führung, um später nach Umbau in einen Arktistanker durch eine Versuchsreise durch das Eis im Norden Nordamerikas berühmter zu werden. Noch 1962 wird nämlich von der Sasebo-Werft bei Nagasaki die „Nissho Maru" mit 132 334 tdw fertiggestellt und benötigt nur 59 Mann Besatzung. Dieser Riese blieb in der Länge zwar noch um 23 m hinter dem britischen Musikdampfer „Queen Elizabeth" (1) mit 63 673 BRT als größtem Schiff der Welt zurück, übertraf den Cunarder in den Hüften aber bereits erheblich; die „Queen" kann nur 36,2 m vorweisen, die „Geisha" aber rund 43 m. Schon 2 Jahre später fällt 1968 die 200 000-t-Marke mit der „Idemitsu Maru", mit der auch erstmalig die 100 000-BRT-Marke überschritten wird: 107 313 BRT und 209 413 tdw. 33 000 Pferde machen den Koloß immerhin 16,5 kn schnell, und durch weitgehende Automatisierung kommt der Dinosaurier mit nur noch 29 Mann Besatzung aus. In der Folge dreht sich das „Riesen-Karussell" schneller denn je, denn noch im

TT „BATILLUS"
1976 Chant. de l'Atlantique, St. Nazaire
Soc. Maritime Shell, Paris – Länge 414,2 m – Breite 63 m – 273 550 BRT – 553 662 tdw – 2 × 32 400 PS – 16,7 kn – 44 Mann Besatzung

gleichen Jahr wird auch die 300 000-t-Hürde übersprungen: der Japan-Bau „Universe Ireland" für Interessenten in New York trägt bereits 326 585 t. TS „Nisseki Maru" dann vom Jahrgang 1971 trägt bei 347 m Länge und 54 m Breite sogar 372 648 t. und 1973 liefert die gleiche Kure-Werft in Japan an einen Inder in London die„Globtik Tokyo" und „Globtik London" mit je 483 684 bzw. 483 960 tdw ab. Noch etwas höher kommt 1975 die „Nissei Maru" mit 484 332 tdw. Nun mischt auf einmal auch Frankreich in diesem Wettlauf mit, denn 1976 stellte die französische Shell den in St. Nazeire erbauten „ultra-großen Rohöl-Carrier" (ULCC) mit Namen „Batillus" in Dienst, der stolze 553 662 t Ladung befördern kann. Ein halbes Jahr später folgt das Schwesterschiff „Bellamyia" und im gleichen Abstand als Dritter im Bunde „Pierre Guillaumat" mit sogar 555 034 tdw bei 273 550 BRT für eine andere französische Ölgesellschaft, die noch ein Schwesterschiff in Auftrag hat, dessen Lieferung allerdings vorerst zurückgestellt wurde. Zur Abfertigung dieser „Mastodonte" wurde vor Le Havre ein besonderer Löschhafen mit genügend Wassertiefe für ihren Tiefgang um 28,6 m angelegt.

Massengutfrachter – ein Neuling auf den Weltmeeren

Im Laufe des letzten Jahrzehnts ist ein neuer Typ, der Massengutfrachter, entstanden, der eine frappierende „Familienähnlichkeit" mit dem Tanker aufweist. Die Schiffahrtsleute bezeichnen ihn mit dem englischen Ausdruck „Bulk-Carrier". Früher war die Beförderung von Schüttgut, Getreide, Kohle und Erz die Domäne der „Tramps", der „Landstreicher" der Ozeane. Folgerichtig müßten sie eigentlich mit „Seestreicher" bezeichnet werden. Die alten Tramps waren robuste Einheiten mit einfachem Ladegeschirr; sie konnten einen Knuff vertragen und bewegten sich mit mäßiger Geschwindigkeit. John Masefield, der britische Dichter der Seefahrt, hat diesen Schiffstyp in seinen Versen „Schiffsladungen" folgendermaßen charakterisiert:

„Schwarzer Britenfrachter,
Schornstein salzverkrustet,
stampfend durch den Kanal im tollen Märztag,
Schwer beladen mit Kohle,
Schienen und Bleierz,
Grubenholz, Eisengut und billigem Blechzeug."

Dieser Tramp war das Rückgrat der britischen Schiffahrt. Schwerpunkt des Geschäftes bildete die Ausfuhr englischer Kohle nach Südamerika und der Import argentinischen Weizens von dem La Plata nach Liverpool, Glasgow und London. Der Tramp sucht sich seine Ladung, wo sie ihm preisgünstig angeboten wird; er fährt also nicht wie der „Liner" nach festem Fahrplan, sondern strolcht über die Meere. Der Typ war so wandlungsfähig, daß er bei großem Schiffsraumbedarf auch zum Transport von Stückgut herangezogen werden konnte. Er stellte ein ausgesprochenes Allerweltsschiff dar.

In diese Turbulenz der großen Frachtmärkte brach nun auf Grund guter Erfahrungen mit dem Tanker das Spezialschiff, der Massengutfrachter, ein und macht den Trampreedern das Wirtschaftsleben schwer.

Äußerlich gleichen die Bulk-Carrier den Tankern und erreichen auch in ihren Abmessungen die Großbauten, ohne allerdings deren Spitzengrößen – dies ist durch die Schwere von Erz und Kohle bedingt – zu erreichen. Ihre Maschinenanlage befindet sich im Achterschiff, und auf eigenes Ladegeschirr wird verzichtet. Der Massengutfrachter ist auf landseitige mechanische Ladungs- und Löscheinrichtungen angewiesen, die ihre Arbeit in kurzer Zeit verrichten. – Der Bulk-Carrier unterscheidet sich von außen auf den ersten Blick vom Großtanker eigentlich nur durch das Fehlen des langen Laufsteges, der von der Brücke aus das Schiff überspannt. Zahl und Raumgehalt des neuen Bulk-Carriers haben sich in den letzten Jahren so stürmisch entwickelt, daß Lloyd's Register dem Massengutfrachter im statistischen Abriß seit 1966 ein besonderes Kapitel gewidmet haben. Die zahlenmäßige Zusammenstellung von 1977 weist 4557 Einheiten mit 106,5 Mill. BRT aus, das sind gut 26 % der Welthandelsflotte. Die Weltrangliste sieht folgendermaßen aus:

Liberia	967 Schiffe mit 24,1 Mill. BRT
Japan	453 Schiffe mit 13,4 Mill. BRT
Griechenland	701 Schiffe mit 12,9 Mill. BRT
Norwegen	222 Schiffe mit 8,4 Mill. BRT
Großbritannien	252 Schiffe mit 7,8 Mill. BRT
Panama	308 Schiffe mit 4,8 Mill. BRT
Italien	141 Schiffe mit 4,2 Mill. BRT
Indien	103 Schiffe mit 4,2 Mill. BRT
BR Deutschland	66 Schiffe mit 2,1 Mill. BRT
Schweden	49 Schiffe mit 1,9 Mill. BRT

Aus Tanker und Massengutfrachter hat sich nun ein Sowohl-als-auch-Typ entwickelt, der von den Fachleuten als OBO-Schiff bezeichnet wird. Das neue Stummelwort ist eine Abkürzung aus Ore = Erz, Bulk, Oil (Siehe Seite 126).

Der schwimmende Kühlschrank

Eine andere Neuerscheinung macht jetzt auch von sich reden: der schwimmende Kühlschrank. Wenn wir heute fast das ganze Jahr über „mehr" Bananen, Sinasäpfel sowie Weintrauben essen können und die Fruchtländer „gesund werden", so verdanken Kaufleute und Kunden diese Annehmlichkeit den neuen Kühlschiffen. Der Bundesrepublik sagt man die modernste Kühlschiffsflotte der Welt nach. Ende 1978 waren es 17 Einheiten mit zusammen 109 323 BRT und 138 750 tdw. Weltweit dürfte es ein halbes Tausend geben. Dazu kommen erheblich mehr normale Frachter auch mit Kühlladeräumen. Ihr Fassungsvermögen bezifferte das Bremer Institut für Seeverkehrswirtschaft Ende 1978 auf insgesamt 331,754 Mill. Kubikfuß bzw. rd. 100 Mill. Kubikmeter (cbm). Nicht imponierend, meinen Sie? . . . Man bedenkt nie, daß die dritte Dimension „es in sich hat"! Der Würfel wächst im Geiste, wenn man sich vergegenwärtigt, daß man die ganze kribbelnde Menschheit noch vor wenigen Jahrzehnten in einem Würfelsarg von 1000 m Seitenlänge verstauen konnte. – Glaubt übrigens kein Mensch. Stimmt aber; deshalb sichere Sache für nicht ganz einwandfreie Wetten.

Ozeanriesen

Auf den Weltmeeren dominieren die „Regelfrachtschiffe" von 10 000 bis 15 000 BRT mit rd. 22 000 Einheiten. Die Zahl der Ozeanriesen über 100 000 BRT hat in den letzten beiden Jahren durch die Konstruktion von Supertankern und Massengutfrachtern erheblich zugenommen. Lloyd's Register verzeichnet für 1977 insgesamt 708 Einheiten.
Hier ist die kleine Rangliste der Fahrgastschiffe der Gruppe über 30 000 BRT:

Name	Reederei	BRT	kn
France	C.G.Transatlantique	66 348	29,5
Queen Elizabeth 2	Cunard Line	65 863	26,0
Canberra	P & O Line	45 270	27,0
Raffaelo	Italia	45 933	26,5
Michelangelo	Italia	45 911	26,5
Oriana	P & O Line	41 923	27,5
Rotterdam	Holl.-Amerika-Linie	38 645	20,5
Nieuw Amsterdam	Holl.-Amerika-Linie	36 667	21,0
Windsor Castle	Union Castle Line	36 123	23,5
Leonardo da Vinci	Italia	33 340	22,8
Eugenio C	Linea C, Genua	30 567	27,0

Die Windhunde mit dem „Blauen Band"

Seit dem Jahre 1897 hatten die Schnelldampfer des Norddeutschen Lloyd und die „Deutschland" der Hamburg-Amerika-Linie das „Blaue Band des Nordatlantik" errungen und erfolgreich gegen die britische Konkurrenz verteidigen können. Zehn Jahre später wurde ihnen die symbolische Auszeichnung von der „Lusitania" der Cunard Linie genommen, die es 1909 ihrer Schwester „Mauretania" überlassen mußte. Dieses vortreffliche Schiff hat den Rekord mit 26,85 Knoten bis zum August 1929 gehalten. Dann wurde die „Mauretania" von den beiden Großbauten des Norddeutschen Lloyd, „Bremen" (28,51 Knoten) und „Europa" (27,91 Knoten), geschlagen. – Das britische Schiff endigte nach 28jähriger glücklicher Fahrt im Jahre 1935 auf einer Abwrackwerft. Die „Mauretania“ war zuletzt auf Kreuzfahrten eingesetzt worden. Ihr Raumgehalt betrug 35 677 BRT. Die nächsten Rekordschiffe waren:

Jahr	Name	kn	Reederei
1933	Rex	28,92	Italia
1935	Normandie	30,31	C. G. Transatlantique
1936	Queen Mary	30,63	Cunard Line
1937	Normandie	30,99	C. G. Transatlantique
1938	Queen Mary	31,69	Cunard Line
1952	United States	35,59	United States Lines

Die „United States“ legte auf ihrer Rekordreise im Jahre 1952 die Strecke über den Atlantik vom Leuchtturm Bishops Rock am Kanalausgang bis zum Ansteuerungsfeuerschiff „Nantucket“ östlich von New York in 3 Tagen, 10 Stunden und 40 Minuten zurück.
Im Jahre 1935 wurde von einem internationalen Ausschuß das symbolische Blaue Band – wahrscheinlich von der Farbe des Hosenbandordens herrührend – durch einen kostbaren Wanderpreis im Werte von 2500 £ ersetzt, den ein Mitglied des britischen Parlaments, Mr. Hayles, gestiftet hatte. Als die „Queen Mary“ im Jahre 1938 ihre Rekordfahrt gemacht hatte, lehnte die Cunard Line die Trophäe mit der Bemerkung ab, sie halte nichts von Ozeanrennen mit Siegespreisen. Der Wanderpreis wurde deshalb von einem englischen Juwelier auf Lager genommen. Nach Kriegsende dachte man zunächst, das „gute Stück“ wäre das Opfer einer Bombe geworden. In diesem Fall hätte es kein wertvolles Kulturgut getroffen, denn das Attribut „kostbar“ bezieht sich lediglich auf die Kosten dieses „Gebildes“. In künstlerischer Qualität unterscheidet sich der Preis in keiner Beziehung von den versilberten Fußballspielern, Keglern und Speerwerfern, die man auf unseren Kampfbahnen zu überreichen pflegt. Es ist nur alles viel pompöser: die Zahl der Figuren und das Material. Als Sondermerkmal sei nur das Fotoporträt des Spenders hervorgehoben, der sich auf der Schauseite just über der Viktoria unter Email hat verewigen lassen. Bei einer Inventur kam der Blaubandpreis nach 14 Jahren doch wieder ans Tageslicht und konnte am 12. November 1952 dem Kapitän der „United States“ bei einem Festessen in

New York überreicht werden. – Im Augenblick ruht die Hayles-Trophäe an Bord der ruhenden „United States". Das repräsentative Schiff der USA wurde wegen Unwirtschaftlichkeit 1968 aus dem Verkehr gezogen und aufgelegt.
Der Ausdruck „Blaues Band" als Auszeichnungssymbol für die Schiffahrt kam übrigens erst im Jahre 1902 in England auf. Bis dahin hatte man nur hervorragend beurteiltes Rindvieh mit „Blauen Bändern" geschmückt.

Linienverkehr stirbt

Inzwischen ist der Kampf um dieses „Blaue Band" ausgekämpft. Das Flugzeug wurde unbestrittener Sieger. Die Jets erreichen in einigen Stunden die Neue Welt, wozu das Schiff die gleiche Anzahl Tage benötigt. Die transozeanische Passagierschiffahrt liegt im Sterben. Nur zum Wechsel des Einsatzgebietes oder zur Vornahme von Überholungsarbeiten kreuzen die Schiffe noch die Ozeane.
Ihr Geschäft suchen und finden die Liner bei Kreuzfahrten. Der Schwerpunkt dieses Verkehrs liegt in der Karibik. Immer mehr Spezialschiffe entstehen und versuchen, auf diesem amerikanischen Markt Gewinne herauszuwirtschaften. Das Gedränge im Meeresraum zwischen den Westindischen Inseln wird von Tag zu Tag größer, und man wundert sich, daß bislang ein Chaos vermieden wurde.
Während des Frühjahrs kehren die Schiffe der meisten europäischen Linien in ihre Heimathäfen zurück und veranstalten Kreuzfahrten im Mittelmeer-Gebiet. Im Sommer sind sie dann an der norwegischen Westküste, bei Island und Spitzbergen sowie in der Ostsee anzutreffen. Anschließend kehren sie nach der amerikanischen Küste zurück und nehmen die Westindien-Fahrten wieder auf. Für dieses Fahrtgebiet hat ein findiger Schiffahrtsmann einen neuen Gedanken entwickelt: Man erspart den Kreuzfahrern die im Winter oft unangenehme Fahrt über den Westatlantik und startet die Vergnügungsreisen in Port Everglades an der Westküste Floridas. Die Anreise zur Einschiffung erfolgt im Flugzeug. Durch diese Maßnahme hat man die Palmeninseln sozusagen gleich vor der Hafenausfahrt.

Das große Länderspiel

Mit Ausnahme der Fußballtabellen werden zahlenmäßige Zusammenstellungen grundsätzlich nur von „Fanatikern" gelesen. Das wissen die „Tabellenknechte" natürlich auch, und deshalb gibt es zu jeder „mörderischen“ Statistik einen Kommentar, in dem das, was mühsam „erarbeitet“ worden ist und eigentlich für sich selbst sprechen sollte, noch einmal „herausgestellt“ wird. Hier ist die Übersicht. Sie gibt die Entwicklung der Schiffahrt in den wichtigsten Ländern an ihren zeitlichen Wendepunkten wieder:

Raumgehalt der Welt-Handelsflotte in Mill. BRT

	1914	1939	1948	1970	1978
1. Liberia	–	–	–	33,3	80,2
2. Japan	1,7	5,6	1,0	27,0	39,2
3. Griechenland	0,8	1,8	1,3	10,9	33,9
4. Großbritannien	18,9	17,9	18,0	25,8	30,9
5. Norwegen	1,9	4,8	4,3	19,3	26,1
6. Sowjetunion	0,9	1,3	2,1	14,8	22,3
7. Panama	–	0,7	2,7	5,6	20,7
8. USA	4,3	11,4	29,1	18,5*	16,2
9. Frankreich	1,9	2,9	2,8	6,5	12,2
10. Italien	1,4	3,4	2,1	7,4	11,5
11. BR Deutschland	5,1	4,5	0,3	7,9	9,7
12. Spanien	0,9	0,9	1,1	3,4	8,1
13. Singapur	–	–	–	–	7,5
14. VR China		nicht bekannt			5,2
15. Schweden	1,0	1,6	2,0	4,9	6,5
16. Indien	–	–	0,3	2,4	5,7
17. Dänemark	0,8	1,2	1,2	3,3	5,5
18. Niederlande	1,5	2,9	2,7	5,2	5,2
19. Brasilien	0,3	0,5	0,7	1,7	3,7
20. Polen	–	0,1	0,2	1,6	3,5
21. Südkorea	–	–	–	–	2,9
22. Kanada	–	1,2	2,0	2,4*	2,9
23. Zypern	–	–	–	1,1	2,6
24. Jugoslawien	–	0,4	0,2	1,5	2,4
25. Finnland	–	0,6	0,4	1,4	2,4
26. Kuweit	–	–	–	–	2,2
27. Argentinien	0,2	0,3	0,7	1,3	2,0

* In diesen Zahlen ist auch die Flotte der Großen Seen enthalten. Sie umfaßte 1977 für die USA einen Raumgehalt von 1,7 Mill. BRT und für Kanada 1,8 Mill. BRT.

Großbritannien, das seine führende Rolle unter den Schifffahrtsnationen nach dem zweiten Weltkrieg, jedenfalls statistisch, an die Vereinigten Staaten abgeben mußte, ist bis 1978 weiter auf Platz 4 in der Flotten-Weltrangliste zurückgefallen, nachdem seine Tonnage 1975 den Höchststand mit 33 157 422 BRT – verteilt auf 3622 Einheiten über 300 BRT – erreicht hatte. Stattdessen hat sich erst nach dem letzten Kriege das westafrikanische Land Liberia, das zu den sog. „Bequemlichkeits-Flaggen" – weil steuerfrei – zählt (siehe Seite 254), mit ständigen Wachstumsraten unangefochten an die Spitze gesetzt.

Die amerikanische Kauffahrtei ist heute ebenfalls zurückgefallen und muß sich sogar mit nur Platz 8 begnügen. Dabei ist jedoch zu berücksichtigen, daß in seinem Bestand von 16,188 Mill. BRT 1,7 Mill. BRT Tonnage von Schiffen auf den Großen Seen enthalten sind, die nicht als eigentliche Hochseeschiffe gelten. Dazu kommt andererseits eine große Flotte in stillen Buchten „eingemotteter" Handelsschiffe aus dem letzten Kriege als sog. strategische Reserve. Anfang der 70er Jahre waren es noch rd. 6,5 Mill. BRT. Wie groß der Wert dieser jetzt über 30 Jahre alten überwiegend Serien- bzw. Standardschiffe heute tatsächlich noch ist, läßt sich angesichts der rasanten technischen Entwicklung seitdem nur schwer beantworten.

Dennoch spielen die Amerikaner heute eine ähnlich wichtige Rolle wie in der Mitte des vorigen Jahrhunderts, als die schönste Seglerflotte der Welt von New York, Baltimore und den Häfen der Neuengland-Staaten „rund um die Hoorn" in Rekordzeiten nach Kalifornien schipperte. Durch die unerhörten Chancen, die der „wilde Westen" nach Erschließung durch die Eisenbahnlinien in den 70er Jahren bot, mußte sich innerhalb kurzer Zeit die Handelsflotte der Vereinigten Staaten mit einer zweitrangigen Stellung auf den Weltmeeren begnügen. Die Statistik von 1914, die die USA in unmittelbare Nachbarschaft von Deutschland brachte, täuscht in dieser Beziehung. Fast die Hälfte der mit 5,3 Mill. BRT ausgewiesenen Tonnage war auf den Großen Seen beschäftigt, und die Tätigkeit der Ozeanschiffe beschränkte sich im wesentlichen auf den allerdings ausgedehnten Küstendienst. Die alte Vormachtstellung der USA auf den Weltmeeren wiederzugewinnen, war das Ziel des blutmäßig seeverbundenen – seine Vorfahren kamen aus den Niederlanden – Präsidenten Franklin Delano Roosevelt, der sich schon als höherer Verwaltungsbeamter unter Präsident Wilson während des ersten Weltkrieges für den Ausbau der amerikanischen

Handelsflotte eingesetzt hatte. Unter seiner Präsidentschaft brachte er in den 30er Jahren das Schiffahrtsgesetz durch, das den systematischen Ausbau der amerikanischen Handelsflotte bezweckte. – Die Amerikaner haben übrigens wegen des hohen Lohnniveaus erhebliche Schwierigkeiten, mit ihren Schiffen ohne Staatshilfe zu konkurrieren. Das Aufblähen der Handelsflotten Liberias und Panamas geschieht deshalb mit stiller Duldung von Washington.

Schlechthin Bewunderung verdient die Leistung Norwegens, das ohne nennenswerten eigenen Großschiffbau sich an die ehemalige Stelle Deutschlands gesetzt hat. Die norwegische Flotte zählt zu den modernsten der Welt. Sie hatte zwischen den Jahren 1958/59 einen Zuwachs von 1,06 Mill. BRT und konnte 1965 und 1966 sogar einen Gewinn von 1,94 Mill. BRT buchen. Mit 2646 Einheiten und 26,128 Mill. BRT ist Norwegen dem Vereinigten Königreich mächtig nahegrückt. Die Schiffe Norwegens betätigen sich auf allen Ozeanen, vorzugsweise als Trampfahrer im Ölgeschäft, und ihre Besatzungen sind an jahrelangen brieflichen Gedankenaustausch mit ihren Angehörigen in Bergen oder Drontheim, Stavanger oder Haugesund, gewöhnt.

Deutschland, 1914 hinter Großbritannien führend, hatte sich nach dem Zusammenbruch von 1918, der seine Schiffahrt praktisch auslöschte, in zäher Wiederaufbauarbeit vom „Tampen", vom Schluß der Reihe, auf einen ehrenvollen fünften Platz nach vorn geschoben, als das zweite große Unheil seinen Anfang nahm. Seit 1951 änderte auch dieser eisige „Potsdamer Wind" seine Richtung, und wir segeln wieder mit in der Ausgleichsklasse der internationalen Schiffahrtsregatta. Infolge des verdammt schlechten Starts mit 0,3 Mill. Tonnen Schiffsraum ältester Kähne hingen wir 1955 mit 2,7 Mill. Tonnen noch am Schluß des staatlichen Feldes. Seit Beginn des Jahres 1956 haben wir die 3-Mill.-Tonnen-Grenze überschritten.

Anfang 1979 wehte die Handelsflagge der Bundesrepublik über 2213 Handelsschiffen mit 8 949 851 BRT. Im „Lloyds Register" rangierte die Bundesrepublik Mitte 1978 an 11. Stelle mit 1210 Einheiten (über 300 BRT) und 8 835 778 BRT. Und die Statistik des Verbandes Deut-

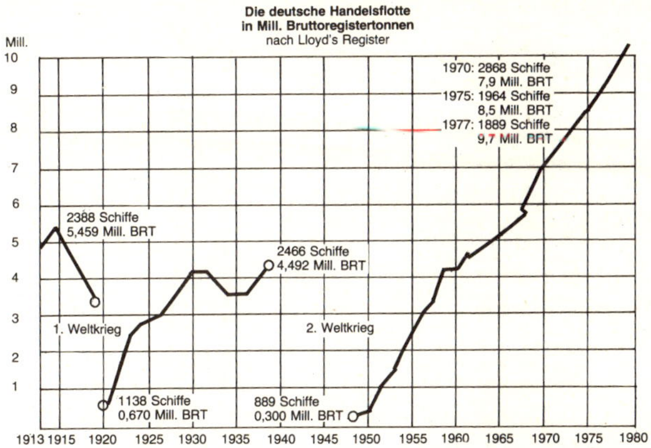

scher Reeder (VDR) erfaßte zu Jahresbeginn 599 Handelsschiffe mit 8,737 Mill. BRT und 14,32 Mill. t Tragfähigkeit (tdw), was eine Verminderung in 1978 um 37 Einheiten und 329 000 BRT bedeutet. Denn nach vielen Jahren des Ausbaus hat aufgrund der konjunkturellen Flaute, vor allem aber spezifisch deutscher Probleme wie z. B. Besetzungsvorschriften und damit verbundene hohe Betriebskosten eine entgegengesetzte Bewegung eingesetzt. Typisch dafür, daß sich unter den VDR-Schiffen 57 mit 682 000 BRT befinden, die zwar in deutschen Registern aufgeführt werden, die aber unter ausländischen Flaggen fahren. An weiteren 204 mit 2,362 Mill. BRT auch unter ausländischen Flaggen haben deutsche Reedereien maßgebenden Einfluß, es sind sog. „ausgeflaggte" Schiffe im Besitz ausländischer Tochterfirmen.

Nach den Angaben des Bundesverkehrsministeriums (RVM) umfaßte die deutsche Tankerflotte 141 Einheiten mit 3 075 160 BRT, darunter 13 Gastanker mit 39 524 BRT. Unter den dominierenden Trockenfrachtern finden sich 63 RoRo-Frachter und Fähren mit 192 109 BRT im Vergleich zu erst 49 mit 110 625 BRT Ende 1976. Die Zahl reiner Containerschiffe ist seitdem von 32 mit 600 395 BRT auf 51 mit 1 019 068 BRT gestiegen, während Kühlschiffe von 36 mit 221 750 BRT auf 17 mit 109 323 BRT schrumpften. Vor allem durch Ausflaggen ging der Umfang der Massengutflotte von 77 mit 2,0 Mill.

BRT auf 69 mit 1,8 Mill. BRT zurück. An Passagierschiffen aller Art – einschließlich Fördedampfer! – wurden 134 (131) mit 91 201 (90 367) BRT erfaßt.

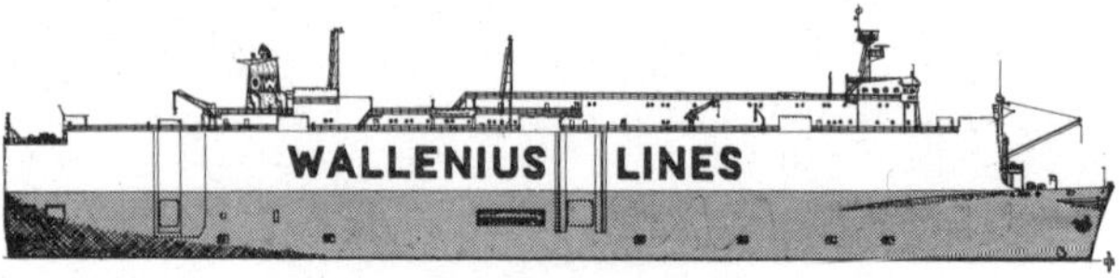

Autotransporter „TRAVIATA"
1977 Hitachi-Werft, Innoshima
Olof Wallenius, Stockholm – Länge 190 m – Breite 32,2 m – 17 510 BRT – 13 446 tdw – 15 660 PS – 19,3 kn – 19 Mann Besatzung – 12 Decks mit Platz für 5315 Mittelklasse-Pkw – Umschlag durch 2 Pforten an Steuerbordseite

Trotz dieser z. T. negativen Aspekte zählt die bundesdeutsche Handelsflotte mit ihrem geringen Durchschnittsalter und ihrem technischen Standard zu den führenden in der Welt. Ihr Durchschnittsalter ging 1978 von rd. 6,6 auf rd. 6,5 Jahre zurück. Unter den Trampfahrern betrug es sogar nur 6 Jahre. Sind in der Welthandelsflotte jetzt 10 % älter als 20 Jahre, trifft das in der deutschen nur auf knapp 1 % zu! Dafür machten ihre Schiffe unter 5 Jahren 45,2 % aus, die in der Welt jedoch nur 34,3 %.
Eine Analyse der deutschen Handelsflotte zeigt weiter, daß in ihrer Struktur die Küstenmotorschiffe eine sehr bedeutsame Rolle spielen. Allerdings ist entsprechend dem allgemeinen Zug zum „Großen" auch bei ihnen ein deutliches Anwachsen der Schiffsgröße – und damit verbunden die Ausweitung ihrer Fahrtgebiete über den eigentlichen Küstenbereich bis z. B. ins Mittelmeer, ja sogar über den „großen Teich" in die Karibik festzustellen. Ende 1978 umfaßte die Kümo-Flotte 633 Einheiten mit zusammen 373 080 BRT/833 000 tdw im Vergleich zu 626 mit 345 000 BRT/757 000 tdw. Dabei war die Neubautätigkeit im Hinblick auf die nicht rosige Konjunkturlage mit 35 Einheiten und 35 000 BRT/85 000 tdw verhaltener als sonst. Immerhin kostet ein Kümo heute auch schon 6,5 bis 18 Mill. DM, je nach Größe und Ausstattung.
Die Schiffahrt der DDR ist seit 1960 in Lloyd's Register aus der Anonymität der Übrigen aufgestiegen und hat in der Reihe der Schiffahrtsnationen einen festen Platz „Germany (East)" erworben. Am 30. Juni 1978 verfügte die

DDR über 452 Schiffe mit 1 539 994 BRT/1 982 259 tdw. Diese Einheiten sind teils durch Kauf erworben, teils auf den eigenen Werften entstanden. 1957 wurde MS „Frieden“ ein 10 000-Tonner, als erster Neubau in Dienst gestellt. – Zu der altrenommierten Neptun-Werft in Rostock entstand ein leistungsfähiger Großbetrieb, die Warnow-Werft in Warnemünde. Beachtliche Produktionszahlen können auch die Mathias-Thesen-Werft in Wismar und die „Trawlerfabrik“ in Stralsund aufweisen. Auch die an Elbe, Havel und Saale gelegenen Binnenschiffswerften wurden für den Bau kleinerer Hochsee-Einheiten herangezogen. In der Flotte befinden sich 17 Tanker mit 275 651 BRT sowie 19 Bulker mit 258 895 BRT. Beachtlich ist die Fischereiflotte u. a. des Rostocker Kombinats mit 161 Einheiten und 112 466 BRT sowie 9 Spezial-Fischtransportern mit 55 950 BRT, die die Fänge der monatelang in „Flottillen“ auf den Weltmeeren arbeitenden Trawler nach Hause befördern, ein gerade im Ostblock zu hoher Vollkommenheit entwickeltes Verfahren.

Japan und Italien, die beiden Kriegsverbündeten Deutschlands, starteten nach Einstellung der Feindseligkeiten beide mit über 1 Mill. BRT. Italien erhielt darüber hinaus als Morgengabe eine kleine Flotte von Liberty-Schiffen. Die leistungsfähige Werftindustrie des Landes, die verlegenheitsbeschäftigt war, sah dieses amerikanische Geschenk nicht mit leuchtenden Augen. Die Italiener betreiben noch immer das Fahrgastgeschäft nach Nord- und Südamerika mit gut ausgestatteten Neubauten. Auch am Auswandererverkehr nach Australien sind die Italiener beteiligt. Hohe staatliche Subventionen ermöglichten diese Entwicklung. In den letzten Jahren ist dabei allerdings auch ein Wandel eingetreten, da dem Staat bei der inflationären Entwicklung diese Aufwendungen zu hoch geworden sind. Infolgedessen mußten die Musikdampfer zum größten Teil aufgelegt oder verkauft werden.

1975 im Jahr der höchsten Schiffbau-Produktion der Welt wurden im Land der aufgehenden Sonne sogar 930 Seeschiffe mit zusammen 16,99 Mill. BRT fertiggestellt, fast die Hälfte der Werftleistung der ganzen Welt! Durch die wenig später einsetzende wirtschaftliche Flaute mußte sich Japan 1977 mit nur noch 11,7 Mill. BRT begnügen. 1978 waren es sogar nur noch 6,28 Mill. BRT. Gleichzeitig sind die so beispielhaft aufgebauten Schiffbaubetriebe in ernste Beschäftigungsprobleme geraten, und ein halbes Hundert mittlerer sowie kleinerer Werften hat bereits Pleite gemacht. Selbst einige der Großen haben mit Liquiditäts-Engpässen zu kämpfen, nicht zuletzt Auswirkungen der früheren Finanzpolitik. Am Auftragsbestand des Weltschiffbaus war Japan Anfang 1979 mit 4,675 Mill. BRT noch mit 1,361 Mill. BRT beteiligt und am Welt-Auftragsbestand von 15,5 Mill. BRT mit 6,5 Mill. BRT. Japans Handelsflotte, die vor dem ersten Weltkrieg hinter Deutschland rangierte, hat sich gleichfalls blendend erholt und liegt jetzt mit 39,182 Mill. BRT zwar in weitem Abstand, aber doch recht deutlich auf Platz 2 in der Welt-Tonnagebilanz.

Von Japans Schiffahrt las und hörte man wenig. Seine neue Flotte wuchs in der Stille, und sie arbeiteten mächtig. Am 27. Februar 1957 überraschte Lloyd's Register die Welt mit der Nachricht, daß im Jahre 1956 ein Land erstmalig in der Geschichte – mit Ausnahme der Kriegsjahre – Großbritannien in der Schiffsproduktion den Rang abgelaufen hatte. Japan konnte die im Jahre 1977 zu Wasser gebrachte Tonnage von 828 730 BRT auf 2,4 Mill. BRT steigern.

Frankreich und die Niederlande konnten trotz erheblicher Kriegsverluste ihre Position von 1939 verbessern. Für Holland, das vor dem Konflikt mit Indonesien eine hervorragende Rolle im Fracht- und Passagierverkehr nach Südostasien spielte, stellt das zähe Halten der Position in der Weltrangliste schon eine beachtliche Leistung dar.

Rußlands in der Zwischenkriegszeit relativ bescheidene Handelsflotte wuchs während des letzten Jahrzehnts sprunghaft und wird zielbewußt der politischen Bedeutung des Landes angepaßt. Einige in der Schlußphase des Krieges auf Flüchtlingstransporten in der Ostsee versenkte deutsche Schiffe bildeten nach Hebung und Wiederherstellung, die größtenteils auf der neuen Warnow-Werft erfolgte, einen beachtlichen Grundstock von Passagierdampfern und Walfangmutterschiffen. Auch der Neubau wurde systematisch betrieben, wobei man die Binnenschiffswerften der DDR zu intensiver Mitarbeit heranzog. Seit 1960 beträgt die Zuwachsrate der Sowjetunion etwa 1 Mill. BRT pro Jahr.

Rußland hat heute mit 7991 Handelsschiffen und 22 261 927 BRT laut Lloyds Register selbst einst so bedeutende Schiffahrtsnationen wie Frankreich und Italien überflügelt und nimmt jetzt den 6. Platz hinter Griechenland, Großbritannien und Norwegen ein. Diese die Belange des eigenen Handels weit überschreitende Expansion – die übrigens eine Parallele im Bereich der Sowjet-Kriegsmarine hat – führte bereits zu ernsten Kontroversen und Schwierigkeiten für die Reedereien und Länder der westlichen Welt. Sowjetschiffe drängelten sich auf allen sieben Meeren in die bestehenden Handelsverbindungen und werben mit Hilfe von Frachtratenunterbietungen Kunden ab. So beförderten ihre Schiffe 1976 schon 13 Prozent des zwischen den USA und der Bundesrepublik anfallenden Gütervolumens. Und am Gesamtfrachtverkehr über den Atlantik nach Nordeuropa und ins Mittelmeer dürften sie mit einem Viertel beteiligt sein. Nach vielen mündlichen Protesten sind seit kurzem erste behutsame Gegenmaßnahmen der westlichen Länder angelaufen, die ja am Außenhandel der UdSSR kaum Anteil haben.

Sehr geschickt kaufen die Sowjets auch überall in der Welt Schiffe modernster Typen ein, um technisches Know-how zu gewinnen und noch besser konkurrieren zu können – von militärischen Aspekten wie Nachschubtransportraum und Bildung von Personalreserven mit „Seebeinen" – irgend jemand prägte dazu den Satz „Der russische Bär ist dabei, schwimmen zu lernen" – ganz zu schweigen. Das gilt übrigens sogar für die Passagierschiffe, die sich im Westen kaum niemand mehr auf privatwirtschaftlicher Basis leisten kann. Dank ihrer niedrigeren Preise sind die Sowjetliner – darunter eine große Zahl Neubauten – beliebte Charterobjekte für deutsche Reise- und Urlaubsveranstalter geworden.

Rußland hat die Bundesrepublik weit überflügelt und nimmt jetzt den sechsten Platz in der Weltrangliste ein. Britische Schiffbausachverständige rechnen mit einem weiteren steilen Anstieg der sowjetischen Produktionskurve.

Die New Comers

Am interessantesten in Lloyds Tabelle sind aber die „new comers", die Neulinge auf der Hochsee. Bei den Schweizer Eidgenossen hat das Beispiel der USA gezündet. Auch sie haben nach dem zweiten Weltkrieg ihre kleine, für die Versorgung des Landes erworbene Handelsflotte nicht wieder verkauft, sondern sie zielbewußt ausgebaut. Die Schweiz verfügte Anfang 1979 über 27 Schiffe mit 243 090 BRT.

Damit hält diese Flagge den Platz 60 unter den 138 Ländern, die Anfang 1979 Handelsflotten unterhielten.

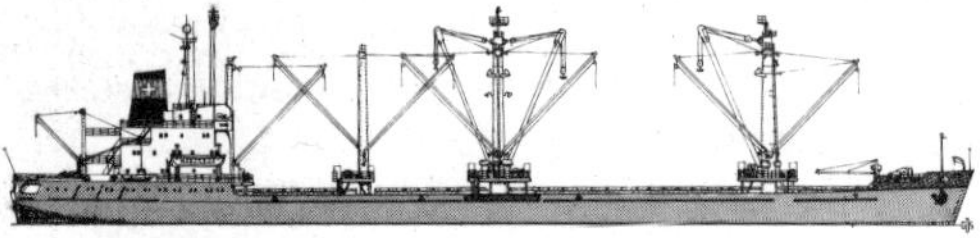

MS „ASCONA“
1971 Rickmers Werft, Bremerhaven
Alpina Reederei AG, Basel – Länge 139,7 m – Breite 21 m – 9600 BRT – 14 955 tdw – 7800 PS – 16 kn – Serienfrachter vom Typ „German Liberty“

Auch die Tschechoslowakei hat jetzt eine eigene Handelsflotte. Ihre Flagge weht über 15 Ozeanschiffen mit insgesamt 151 129 BRT.
Selbst Ungarn, das auf eine alte Seeverbundenheit zurückblicken kann, zeigt wieder seine Flagge auf 23 Schiffen mit 77 738 BRT, was Platz 79 bedeutet.
Auch Österreich ist den Kursen seiner Nachbarstaaten, wenn auch in sehr bescheidenem Umfange, gefolgt. Die Tabelle von Lloyd's Register notiert 10 Seeschiffe mit zusammen nur 46 148 BRT. Österreichische Unternehmen haben außerdem ein starkes Interesse an einer leistungsfähigen Bremer Reederei genommen. In diesem Zusammenhang ist besonders interesssant, daß die Werft der Donaudampfschiffahrts-Gesellschaft in Korneuburg zu Zeiten der Hochkonjunktur auf bundesdeutschen Werften einige Seeschiffe für deutsche Reedereien hergestellt hat. Die Konstruktionspläne lieferte die Unterweser-Werft in Bremerhaven. Die Schiffe wurden nach dem Stapellauf soweit ausgerüstet, wie es die Wasserführung der Donau und die Brückendurchfahrten zuließen. Die Schlußmontage erfolgte in einem der Donau-Mündungshäfen.
Zu den jüngsten unter den Neulingen zählen die westafrikanische Republik Togo, die zu den Großen Antillen gehörende Inselrepublik Haiti, die östlich von Puerto Rico gelegenen Jungfern-Inseln sowie der ostafrikanische Staat Sambia. Die Flagge wieder gestrichen haben dagegen 1978 Gibraltar und die Caiman-Inseln in der Karibik.
Die Chinesische Republik verfügt über 713 Einheiten

mit 5 168 898 BRT, während Taiwan seine Flagge auf 444 Schiffen von zusammen 1,62 Mill. BRT zeigen konnte. Seit der großen Öffnung des Reichs der Mitte nach Maos Tod zeigen die neuen Herren auch ein deutlich stärkeres maritimes Interesse. Das ist u. a. daran zu erkennen, daß sie im letzten Jahr über 100 Schiffe überall in der Welt aufgekauft haben. Daneben lassen sie sich aber auch viele neue Schiffe bauen, und zu ihren bevorzugten Lieferanten gehörte bislang z. B. die Bremerhavener Seebeckwerft.

Steuerfreie Flaggen

Nichts mit Kriegserfahrungen zu tun hat dagegen die große Schiffsinflation, die Panama seit 1948 erlebt. Seine Flagge wurde 1978 von 3640 Schiffen mit 20,75 Mill. BRT gezeigt. Hinter dieser Expansion stehen die Steuerberater und Techniker. In Mittelamerika ist die Sozial- und Steuergesetzgebung nicht so weitgehend „verfeinert" wie in Europa. Diese „Zurückhaltung" wirkt sich freundlich auf die Bilanzen und anziehend auf die Reedereiflaggen aus. Sie sind deshalb in Panama „Kontorflaggen" im engeren Sinne geblieben. –

Im letzten Jahrzehnt ist diesem Staat eine mächtige Konkurrenz entstanden, die seine Monopolstellung gebrochen hat: Liberia wurde ein erfolgreicher Wettbewerber und hat nach kurzem Anlauf im Jahre 1956 Panama überrundet. In Lloyd's Register von 1979 hat Liberia mit 2523 Einheiten von 80,2 Mill. BRT den ersten Platz in der Weltrangliste erobert.

Odysseus 1957

Auch der inzwischen gestorbene Reeder Aristoteles Sokrates Onassis wählte für die schöne „Tina" zunächst die Flagge Liberias. Der amerikanische Journalist Korry sagt über diesen klugen Kaufmann in der Zeitschrift „Look": „Er wurde in der Türkei von griechischen Eltern geboren und besitzt jetzt die argentinische Staatsangehörigkeit. In New York, Paris und Montevideo ist er ‚zu Hause' und unterhält Büros in London, Buenos Aires, Hamburg und Kiel, New York und Paris. Er spricht sechs Sprachen und ist Reeder einer Flotte, die in Westdeutschland gebaut, mit amerikanischem Geld finanziert und in Honduras, Costarica, Liberia sowie Panama registriert wurde. Die Schiffe werden in den USA und Großbritannien versichert, ihre Kapitäne aber sind Griechen."

Von 1959 bis 1966 weist der Flottenbestand Griechenlands einen Zuwachs von 1008 Schiffen mit rund 5,01 Mill. BRT auf. Bei diesem Sprung handelt es sich aber nicht um Neubauten, sondern sozusagen um „Spätheimkehrer", die bislang am Heck die Flaggen Liberias oder Panamas geführt hatten. Durch steuerliche Maßnahmen hat die griechische Regierung die eigenen Küstenstädte als Heimathäfen wieder „interessant" gemacht. Hellas kam durch diesen Zuwachs in der „Liga"-Tabelle vom 13. auf den siebten Platz und hat die Bundesrepublik hinter sich gelassen. Man sollte die Geschichte der griechischen Reeder schreiben. Der Titel ist schon da. Den stellt Homer: „Die Odyssee, des Gedichtes zweiter Teil." Und Mitte 1978 hatten sich seine Nachfahren sogar auf den stolzen Platz 3 in der Weltrangliste auf 3666 Schiffe mit 33,956 Mill. BRT vorgearbeitet.
Die ganze Schipperei ist überhaupt eine mächtige Odyssee. Besonders für die Reeder. An stetige rechtweisende Kurse ist kaum zu denken. Immer gibt es neue Probleme, die zu schaffen machen: Fährschiffe, Massengutfrachter, Schließung des Suez-Kanals und schließlich die „Containeritis" mußten geschluckt werden. Und dann die Frachtraten. Jahrelang waren sie down. Erst 1966 zeigte der Frachtenmarkt endlich wieder ein freundliches Gesicht. Die Raten haben die Tendenz nach oben, wie unsere Lebenshaltungskosten. In dieser Entwicklung wurzelt auch das „mittschiffs" im Buche erwähnte und von echtem Mitgefühl zeugende Wort des Steuermanns August Sengstake: De armen Lü an Land!

Für sie wurde dieses Buch geschrieben. Es ist zu

Ende